utb 5428

Eine Arbeitsgemeinschaft der Verlage

Böhlau Verlag · Wien · Köln · Weimar
Verlag Barbara Budrich · Opladen · Toronto
facultas · Wien
Wilhelm Fink · Paderborn
Narr Francke Attempto Verlag / expert verlag · Tübingen
Haupt Verlag · Bern
Verlag Julius Klinkhardt · Bad Heilbrunn
Mohr Siebeck · Tübingen
Ernst Reinhardt Verlag · München
Ferdinand Schöningh · Paderborn
transcript Verlag · Bielefeld
Eugen Ulmer Verlag · Stuttgart
UVK Verlag · München
Vandenhoeck & Ruprecht · Göttingen
Waxmann · Münster · New York
wbv Publikation · Bielefeld

HISTORISCHE QUELLEN INTERPRETIEREN

herausgegeben von Benjamin Ziemann

Astrid Möller

Quellen der Antike

Ferdinand Schöningh

Die Autorin:

Astrid Möller lehrt Alte Geschichte an der Albert-Ludwigs-Universität Freiburg.

Online-Angebote oder elektronische Ausgaben sind erhältlich unter www.utb-shop.de

Bibliografische Information der Deutschen Nationalbibliothek

Die Deutsche Nationalbibliothek verzeichnet diese Publikation in der Deutschen Nationalbibliografie; detaillierte bibliografische Daten sind im Internet über http://dnb.d-nb.de abrufbar.

© 2020 Ferdinand Schöningh, ein Imprint der Brill-Gruppe
(Koninklijke Brill NV, Leiden, Niederlande; Brill USA Inc., Boston MA, USA;
Brill Asia Pte Ltd, Singapore; Brill Deutschland GmbH, Paderborn, Deutschland)

Internet: www.schoeningh.de

Das Werk, einschließlich aller seiner Teile, ist urheberrechtlich geschützt. Jede Verwertung außerhalb der engen Grenzen des Urheberrechtsgesetzes ist ohne Zustimmung des Verlages unzulässig und strafbar. Das gilt insbesondere für Vervielfältigungen, Mikroverfilmungen und die Einspeicherung und Verarbeitung in elektronischen Systemen.

Printed in Germany.
Herstellung: Ferdinand Schöningh, Paderborn
Einbandgestaltung: Atelier Reichert, Stuttgart

UTB-Band-Nr: 5428
ISBN 978-3-8252-5428-5

Inhalt

Zur Einführung 7
  Die Antike als Epoche 7 – Positionen zur Quelleninterpretation in der
  Alten Geschichte 8 – Der Einfluss der *cultural turns* auf die althistorische Forschung 11 – Was ist eine Quelle? 14 –
  Die Klassifikation der Quellen 15 – Kritik an der traditionellen
  Interpretation der Quellen 17 – Die Interpretation der Quellen nach
  Kontexten 19 – Der Inhalt 20 – Die Kontexte 22 – Die Bedeutung 23 –
  Aufbau des Bandes 24 – Zusätzliche Bemerkungen 25

1. **Historiographie** 27
  Genese und Gebrauch 27 – Neuere Forschungsansätze 30 – Historiographie als Quelle für die römische Frühgeschichte 32 – Beispiel:
  Livius über den Heldentod der Fabii in der Schlacht am Cremera
  (Livius 2,48,8–50,11) 33 – Inhalt 37 – Kontexte 39 –
  Bedeutung 43 – Leitfragen für die Interpretation 45

2. **Antike Lebensbilder** 47
  Genese und Gebrauch 47 – Neuere Forschungsansätze 49 – Antike
  Lebensbilder als Quellen für Werte und Normen 50 – Beispiel:
  Plutarch über den Feldherrn Pompeius in seiner Rolle als Politiker
  (Plutarch, Pompeius 23,1–4) 52 – Inhalt 53 – Kontexte 55 –
  Bedeutung 59 – Leitfragen für die Interpretation 64

3. **Attische Komödie** 65
  Genese und Gebrauch 66 – Neuere Forschungsansätze 67 –
  Komödien als Quellen für den demokratischen Diskurs 70 –
  Beispiel: Aristophanes über demokratisches Kommunikationsverhalten der Athener (Aristophanes, Die Ritter 624–682) 71 –
  Inhalt 74 – Kontexte 76 – Bedeutung 82 – Leitfragen für die
  Interpretation 84

4. Inschriften 85
Genese und Gebrauch 85 – Neuere Forschungsansätze 86 – Inschriften als Quellen für die römische Sozialgeschichte 88 – Beispiel: Freigelassene und ihre soziale Rolle (CIL X 1030: Grabmonument der Naevoleia Tyche und des Gaius Munatius Faustus) 90 – Inhalt 91 – Kontexte 92 – Bedeutung 103 – Leitfragen für die Interpretation 104

5. Fachtexte 105
Genese und Gebrauch 105 – Neuere Forschungsansätze 106 – Fachtexte als Quellen der Geschlechtergeschichte 108 – Beispiel: Xenophon über die Rollen von Frau und Mann (Xenophon, Über die Haushaltsführung 7,18–29) 109 – Inhalt 111 – Kontexte 113 – Bedeutung 118 – Leitfragen für die Interpretation 120

6. Antike Bilderwelt 121
Genese und Gebrauch 121 – Neuere Forschungsansätze 122 – Bilder als Quellen der kognitiven Welt 124 – Beispiel: Eine Hydria im Blick antiker Betrachter (London British Museum 1836,0224.169) 125 – Inhalt 127 – Kontexte 128 – Bedeutung 136 – Leitfragen für die Interpretation 138

Schlussbemerkung 139
Danksagung 141
Abbildungsverzeichnis 143
Bibliographie 145
Glossar 165

Zur Einführung

Quellen stehen im Zentrum der wissenschaftlichen Beschäftigung mit Geschichte. Wie schon der Historiker Johann Gustav Droysen (1808–1884) feststellte, erschließt sich die Vergangenheit nur aus den Quellen, sie liegt nicht mehr unmittelbar, sondern nur in vermittelter Weise vor. Vergangenheiten lassen sich nicht objektiv herstellen, sondern nur als Auffassung, Anschauung oder Gegenbild aus den Quellen erforschen, vermitteln oder wissen (1977, 484). Daraus ergibt sich als Aufgabe der historischen Forschung die sorgfältige Untersuchung der Quellen. Aber was bedeutet das? Was ist eine sachgerechte Quelleninterpretation? Wer das Studium der Geschichte aufnimmt, wird bald mit der Erfahrung konfrontiert, dass Quelleninterpretation nur am konkreten Beispiel gelernt werden kann. Vorliegendes Buch macht aus der Not eine Tugend. Anhand von sechs ausgewählten Beispielen führt es exemplarisch in die moderne Quelleninterpretation der Alten Geschichte ein und legt die Möglichkeiten verschiedener Interpretationen und die Vielzahl von Lesarten der Quellen dar. Andererseits will es verallgemeinerbare methodische Hinweise geben, die sich jedoch immer erst am konkreten Beispiel als nützlich erweisen.

Die Epoche der Antike, mit der sich das Fach „Alte Geschichte" beschäftigt, stellt durch die relative Übersichtlichkeit der Quellenlage einen besonders günstigen Fall innerhalb der Geschichtswissenschaft dar. Dennoch gilt keinesfalls die häufig in studentischen Arbeiten geäußerte Aussage: „Die Quellenlage ist schlecht." Dieses pauschale Urteil mag für bestimmte Fragestellungen gelten, für andere hingegen nicht, und bedarf einer differenzierten Betrachtung. Der leicht überschaubare Bestand an Quellen muss daher mit besonderer methodischer Gründlichkeit bearbeitet werden, was während des Studiums zu einem sicheren Einstieg in die Quellenarbeit sowie einem klaren Methodenbewusstsein führt.

Die Antike als Epoche

Die Epoche der Antike wird hier, sowohl zeitlich als auch räumlich eng begrenzt, als die Kulturen der Griechen und Römer aufgefasst, die sich im gesamten Mittelmeergebiet mit den nördlich und östlich angrenzenden Gebieten ausgebreitet haben, und vom 8. Jh. v.Chr. bis ins 6. Jh. n.Chr. datiert werden (Martin 2009, 291f.). Diese Kulturen haben bedeutende literarische und philosophische Werke hinterlassen. Die griechische und die lateinische Sprache, jeweils von wortgewaltigen Rednern geformt, geben einen Einblick in das politische Denken ihrer Zeit. Umfangreiche Gesetzessammlungen, von spätantiken Kaisern im 5. und 6. Jh. n.Chr. zusammengestellt, dokumentieren das Rechtsdenken der Römer. Unzählige Inschriften in griechischer und lateinischer Sprache überliefern Beschlüsse politischer Institutionen, Ehrungen bedeutender Persönlichkeiten, Epitaphe, Bekanntmachungen aller Art und viele Belege für Erinnerungskultur. Unübersehbar ist die Menge an Überresten materieller Kultur: Bauwerke, Infrastruktur, Kunstwerke und Kunsthandwerk, Waffen und Alltagsgegenstände. Die griechisch-römischen Kulturen haben ein reiches, anhaltendes Nachleben entfaltet, und in diversen Renaissancen wurde bewusst an die antike Tradition angeknüpft.

Positionen zur Quelleninterpretation in der Alten Geschichte

Noch immer gilt, was der Althistoriker Hermann Bengtson einst in seiner „Einführung in die Alte Geschichte" von der ersten Auflage 1949 bis zur achten Auflage 1979 an den Beginn des Kapitels zur Überlieferung stellte: „Jede Beschäftigung mit dem Altertum hat auszugehen von dem Studium und von der Kritik der Quellen." (1979, 64). Allerdings hat sich im Laufe der letzten Jahrzehnte die Art und Weise, wie die Quellen kritisch studiert werden, stark gewandelt. Noch immer behandeln Einführungen in das Studium der Alten Geschichte regelmäßig in knapper und schematischer Form die althistorische Quelleninterpretation, um sich dann ausführlicher den Quellengattungen und ihren Besonderheiten zu widmen (Günther 2004; Blum/Wolters 2006). In Bezug auf die Quellenkritik und -interpretation wird meist auf einschlägige Werke der mittelalterlichen oder neuzeitlichen Geschichtswissenschaft verwiesen. Innerhalb des Fachs „Alte Geschichte" haben sich nur wenige explizit und ausführlicher mit Methoden und Theorien der Quelleninterpretation beschäftigt, im Allgemeinen jene, die über die Grenzen ihrer Epoche hinaus historische Arbeit geleistet haben.

Der Grund für das eher geringe Interesse an der Erarbeitung einer systematischen althistorischen Quelleninterpretation dürfte darin liegen, dass sich die Alte Geschichte im 19. Jahrhundert als Sachphilologie aus der Klassischen Philologie heraus entwickelt hat und damit deren Methoden übernahm (Gehrke 1995, 160). Die Alte Geschichte bildet noch heute gemeinsam mit der Klassischen Philologie und der Klassischen Archäologie die Klassischen Altertumswissenschaften, ist aber seit der zweiten Hälfte des 20. Jahrhundert immer stärker auch in die Diskurse der Geschichtswissenschaften eingebunden. Zunächst beruhte die enge Verbindung zwischen moderner und antiker Geschichte auf der Vorstellung, dass die Antike, in Deutschland vor allem die griechische, als Vorbild und Ideal gelten könne. Nach dem Zweiten Weltkrieg ging die Bedeutung des Humanistischen Gymnasiums zurück und die griechisch-römische Antike stellte nicht mehr das Orientierungswissen für Bildung bereit (Fuhrmann 2002). So geriet das Fach „Alte Geschichte" unter zunehmenden Legitimationsdruck, der eine stärkere Öffnung zu den Geschichtswissenschaften bewirkte.

Der Althistoriker Christian Meier hielt 1966 einen Vortrag zum Thema „Was soll uns heute noch die Alte Geschichte?" Er suchte den Nutzen einer Geschichte der Antike für die Geschichtswissenschaft im Ganzen zu bestimmen, indem er auf ihre Bedeutung als folgenreiche und zentrale Epoche der Weltgeschichte hinwies und auf die Erkenntnisse für die gesamte menschliche Zivilisation, die sich aus einer genauen Betrachtung der griechischen und römischen Kulturen gewinnen ließen. Besonders hob er ihre Bedeutung für das Erlernen der methodischen Regeln des Umgangs mit Quellen hervor, da deren relativer Mangel zu einer Entwicklung feinster Interpretationsmethoden nötige. Auch die Methoden des Vergleichs könnten hier insofern leichter entwickelt werden, als der Bestand an antiken Quellen mit einer Vollkommenheit organisiert worden sei, die bei der Suche nach Material von vielem entlaste (1993).

Diese zielgerechte Organisation verdankt die Alte Geschichte der philologischen Tradition. Zahlreiche Langzeitprojekte an deutschsprachigen Akademien der Wissenschaften widmen sich der Edition, Aufarbeitung und Sammlung antiker Quellen (Wirbelauer 2007, 474). So teilt die Alte Geschichte als Teil der Altertumswissenschaften ihr Material mit der Klassischen Philologie und Archäologie, stellt jedoch andere Fragen und verwendet andere Konzepte (Gehrke 1995, 175). Diese Fragen und Herangehensweisen sind häufig durch Anregungen aus den Geschichts- und Kulturwissenschaften beeinflusst. Welche historischen Fragen sich überhaupt mit dem vorhandenen Material beantworten lassen, muss dabei ständiges Thema einer eigenen Reflexion sein.

Auf der Suche nach systematischen Überlegungen zur Methode der Quelleninterpretation im Bereich der Alten Geschichte stößt man auf den oben bereits erwähnten Johann Gustav Droysen. Droysen begann seine Karriere als außerordentlicher Professor für Klassische Philologie und Alte Geschichte in Berlin und stand selbst im Schnittpunkt der altertumswissenschaftlichen Tradition und dem Beginn des Historismus. Mit seiner Hinwendung zur methodologischen Reflexion unterzog er Leopold von Rankes (1795–1886) Methodik der Quellenforschung einer radikalen Kritik und wies nach, dass die Voraussetzungslosigkeit der Aufgabe, „zu zeigen, wie es eigentlich gewesen", illusorisch ist. Jede Beschäftigung mit Droysens Gedanken zu einer Theorie der Geschichte als Wissenschaft muss auf seinen Vorlesungen über die Theorie der Geschichtswissenschaft basieren, die auch unter dem Titel „Historik" bekannt wurden. Er hielt sie zwischen 1857 und 1882/83 an den Universitäten Jena und Berlin insgesamt 17 Mal und publizierte sie selbst nur als äußerst knappen Grundriss in jeweils veränderter Form (Leyh 1977).

Auch wenn die Leistungen des Historikers Droysen nicht unumstritten und zeitgebunden sind (Nippel 2008), eignen sich einige seiner Aussagen noch immer als Ausgangspunkt für eine kritische Reflexion über Quelleninterpretation. Eine Bemerkung in einem Brief von 1837 an den Verleger Friedrich Perthes zeigt das innovative Potenzial seiner Überlegungen:

„Das wahre Faktum steht nicht in den Quellen... Man braucht einen höheren Gesichtspunkt als das Kritisieren der Quellen, und die Richtigkeit der zu erzählenden Fakta ist stets prekär." (Christ 1979, 65).

Heute gehört das geschärfte Bewusstsein über die Standortgebundenheit jeder Fragestellung und die Unsicherheiten bei der Ermittlung historischer Fakten zu den Grundüberzeugungen der Geschichtswissenschaft.

Unter dem Begriff Heuristik befasste sich Droysen mit Fragen nach der Natur der Quellen und der Art und Weise des historischen Fragens, das die Quellen „zum Sprechen" bringen soll. Erst die richtige Art zu fragen, mithin die methodische Sicherheit, kann als Grundlage einer gelungenen historischen Darstellung dienen:

„[...] man muß zuerst wissen, was man suchen will; erst dann kann man finden; man muß die Dinge richtig fragen, dann antworten sie, und die *apódeixis* [Darstellung, AMö] zeigt nur auf, was man zu suchen verstanden hat." (1977, 58).

Die Befragung der Quellen steht auch im Mittelpunkt der kleinen Abhandlung über die Spielregeln des Studiums der Alten Geschichte, die der italienische Althistoriker Arnaldo Momigliano (1908–1987) 1974 verfasste. Jeder Historiker müsse entscheiden, was er wissen wolle und sein Thema, seine Quellen, seine Methode und seine Form der Darstellung selbst wählen. Der „höhere Gesichtspunkt" hänge mithin von persönlichen Voraussetzungen und Interessen ab. Damit jedoch die Interpretation der Quellen nicht zur reinen Willkür werde, müssten die Charakteristika der jeweiligen Quellen beachtet werden. Diese Voraussetzungen ergäben eine unterschiedliche Qualität historischer Arbeit, wobei nur ein großer Historiker in der Lage sei, interessante Fragen zu stellen (1980, 20).

Wie man die richtigen Fragen findet, beschäftigte auch den Althistoriker Moses I. Finley (1912–1986). Die richtigen, das heißt signifikanten Fragen ergeben sich nach Finley vor allem aus der Anwendung von Modellen. Ohne ein theoretisch begründetes konzeptuelles Schema ließen sich die spärlichen und unzuverlässigen Quellen mangels Kontrollmöglichkeiten in alle Richtungen manipulieren (1987, 29). Unter Modellen verstand Finley vor allem die Idealtypen Max Webers, wie etwa jenen der antiken Stadt. Sie verhelfen durch ihre aus real vorfindbaren Daten abstrahierte Gestalt zu weiteren Fragen, die sich an neues empirisches Material stellen lassen. Sie dienen der Hypothesenbildung, ohne die es keine Erklärung geben könne, nur antiquarische Forschung im engsten Sinne (1987, 76–83).

Der Einfluss der *cultural turns* auf die althistorische Forschung

Am Ende des 20. Jahrhunderts erreichten die Auswirkungen der vielfältigen *cultural turns* auch die Alte Geschichte. *Turns*, auch übersetzt mit „Wenden", wird im Plural gebraucht, da sich in verschiedenen Disziplinen eine Vielzahl an neuen Fragestellungen, theoretischen Ansätzen und methodischen Zugriffen etablierte, die auch nebeneinander verwendet werden (Bachmann-Medick 2010). Grundlage der *cultural turns* ist ein erweiterter Kulturbegriff, der alle Bereiche des gemeinschaftlichen Lebens einbezieht, diese in verschiedenen Medien aufsucht und auch alle nicht-schriftlichen Formen wie performative Akte, Körper, Rituale und Habitus zu ihrem Gegenstand macht. Kultur entsteht durch das Tun und Handeln der Menschen, das die Symbole und Zeichen hervorbringt, mit deren Hilfe sie sich auf die Welt beziehen. Kultur ist dadurch nichts Statisches, sondern bleibt ständig im Fluss. Alle *cultural turns* beziehen sich auf Tendenzen, die zu Beginn des 20. Jahrhunderts die Sprachphilosophie veränderten und unter dem Begriff des *linguistic turn* oder der „sprachkritischen Wende" zusammengefasst werden (Bachmann-Medick 2006, 33–36). Die Sprachfähigkeit wird als notwendige Bedingung des Denkens angesehen, sie gibt aller menschlichen Erkenntnis ihre Struktur vor. Die Sprachverwendung lenkt die Kognition, die Menschen können sich von ihren Wahrnehmungen, die sie ja in Sprachzeichen fassen, nicht trennen. Vor allem wird die Wirklichkeit durch die menschliche Sprache nicht bloß abgebildet, sondern mittels ihrer Kategorien und Unterscheidungen auch erst hergestellt.

Neben dem erweiterten Kulturbegriff und der sprachlichen Konstitution der Welt ist als wichtiger Bezugspunkt der Kulturwissenschaften der Sozialkonstruktivismus der 1960er Jahre zu nennen. In ihrem Buch „Die gesellschaftliche Konstruktion der Wirklichkeit. Eine Theorie der Wissenssoziologie" entwarfen Peter Berger und Thomas Luckmann eine wissenssoziologische Theorie über die Alltagswelt und die Wahrnehmungsweisen der in ihr lebenden Individuen. Wissen spielt dabei die zentrale Rolle für die Konstitution von Gesellschaft. Nicht nur, dass dieses Wissen über die Welt einem ständigen Wandel unterworfen ist, es konstruiert und legitimiert die gesellschaftlichen Institutionen. Während die Gesellschaft einerseits durch die Objektivierung menschlicher Erfahrung im gesellschaftlichen Handeln, in sozialen Rollen, Sprache, Institutionen und Symbolsystemen zur objektiven Wirklichkeit wird, weist sie durch die Stellung des Individuums, dessen Sozialisation und Identitätsbildung eine subjektive Wirklichkeit auf (1980). Die Sprachwissenschaft bildete bei der Frage nach dem Wissensvorrat der Gesellschaft nur eine Wurzel neben der Philosophie, Anthropologie und Sozialpsychologie. Ohne dass bereits mit einem erweiterten Kulturbegriff gearbeitet wurde, ging es im Kern um die Grundüberzeugung, die später die Kulturwissenschaften prägen sollte: Soziale Wirklichkeit wird durch das Handeln von Menschen und durch deren darauf bezogene Interpretationen produziert und reproduziert.

Im Gefolge der sprachkritischen Wende wurde das Augenmerk auf die sprachlichen Äußerungen gerichtet, die als Ausdruck einer bestimmten Wirklichkeitskonstruktion aufgefasst wurden. Unter „Text" verstand man nun nicht nur jede längere sprachliche Äußerung, die in sich zusammenhängt, einen bestimmten Inhalt hat und als mündliche oder schriftliche Äußerung vorliegt, ein erweiterter Textbegriff schloss vielmehr jede Form kommunikativen Handelns, sei es als Bildsequenz oder ritualisiertes Verhalten, mit ein. Diese Erweiterung des Textbegriffs führte zur Vorstellung der „Kultur als Text", die mit Clifford Geertz (1926–2006) verbunden wird.

Geertz vertrat eine „interpretative" Kulturanthropologie. Mit Max Weber sah Geertz den Menschen als das Lebewesen, das in selbstgesponnene Bedeutungsgewebe verstrickt ist, wobei Kultur eben dieses Gewebe darstellt. Die gesellschaftliche Praxis soll danach wie ein Text gelesen werden, dessen Bedeutung durch „dichte Beschreibung" ermittelt wird (1987, 9f.). Sie führt allerdings zu keiner allgemeinen Theorie, sondern zur genauen Interpretation eines spezifischen Phänomens. Insbesondere von Geertz gingen Impulse aus, die Selbstdeutungen vergangener oder fremder Gesellschaften ernst zu nehmen, das heißt, sie nicht aus heutiger Sicht zu bewerten, sondern im Hinblick auf ihre Funktion für die Handlungsorientierung der beteiligten Gesellschaftsmitglieder zu verstehen.

Besonders nachhaltig ist der Einfluss von Geertz in der Historischen Anthropologie, an deren Herausbildung als neue Disziplin die Alte Geschichte einen wesentlichen Anteil hatte (Winterling 2006). Eigentlich betrachtet die Anthropologie die unhintergehbaren und unwandelbaren Konstanten der Menschennatur. Die Historische Anthropologie untersucht dagegen die Grundphänomene des menschlichen Daseins in ihrer historischen Veränderlichkeit, da sie die Zeitlichkeit als „ein Wesensmerkmal des zu untersuchenden Humanum" (Martin 2009, 200) sieht. Besonders fruchtbar wurde dieser Ansatz in der Alten Geschichte bei Arbeiten zur römischen *familia* (Martin 2009, 311–327; Harders 2008), zur Geschlechterkonstruktion (Späth 1994), zu den Rollen von Frauen und Männern (Zoepffel/Martin 1989), zur Sexualität (Meyer-Zwiffelhoffer 1995) und zum Gabentausch (Wagner-Hasel 2000).

Die Gleichsetzung von Kultur mit Text wird dennoch aus geschichtswissenschaftlicher Sicht scharf kritisiert. Unter dem Einfluss des französischen Poststrukturalismus wird der Text so verabsolutiert, dass Texte immer nur auf andere Texte verweisen und sich sowohl von ihren Autoren als auch den Kontexten lösen. Der Althistoriker Egon Flaig spricht sich gegen eine solche stark verengte Textmetapher aus, die die Deutung kultureller Phänomene zu häufig auf den sprachlichen Zugang begrenze, während Kultur doch die gesamte kulturelle Praxis umfasse. Er lehnt daher den radikalen und systematischen Verzicht auf den Kontext ab. Ein Text verweist ihm zufolge nicht nur auf andere Texte, sondern auch auf Kontexte, wie sie auch immer heißen mögen (1998, 360).

Auswirkungen auf Forschungsfelder der Alten Geschichte hatte insbesondere auch die Sprechakttheorie von John L. Austin (1911–1960) und John R. Searle

(*1932). Sprachliche Äußerungen wie zum Beispiel eine Namensgebung, ein Eid, ein Befehl, eine Beleidigung, beschreiben nicht nur Sachverhalte und stellen Behauptungen auf. Sie stellen selbst Handlungen dar, die – im vorgesehenen institutionellen Rahmen vollzogen – eine genau charakterisierte Veränderung der dazugehörigen sozialen Umgebung bewirken. Sprechakte greifen so aktiv in den Lauf der Welt ein. In den Kulturwissenschaften begann man, sich mit Sprechakten unter dem Aspekt der Inszenierung und ihres öffentlichen Vollzugs zu beschäftigen, das heißt ihrer Performanz.

Der geschärfte Blick auf die Aufführung und Darstellung von Handlungen rückte anstelle sozialer Institutionen und Strukturen die Akteure und ihre Handlungsfähigkeit ins Zentrum der Analyse. Eine solche Akzentverschiebung lässt sich besonders gut am Beispiel der Beurteilung des römischen Diktators Gaius Iulius Caesar (100–44 v.Chr.) nachvollziehen: Während Christian Meier ihn als in den Strukturen gefangen darstellt (1980), betont Martin Jehne seine Handlungsmöglichkeiten (1997). Die Hinwendung zur Untersuchung des konkreten Vollzugs einer Handlung bewirkte zudem, dass Situationsbedingungen und dialogische Austauschprozesse, Körperlichkeit, Ritualisierungen und Transgressionen zu Untersuchungsobjekten wurden. Dabei geht es nicht nur darum, Rituale des Umgangs als solche zu analysieren, sondern mit deren Hilfe die Inszenierungsseite des sozialen und politischen Handelns erkennbar zu machen. So öffnete sich der Blick auf die symbolische Wirkungsmacht von Darstellung, Ausdruck und Aufführung in historischen Prozessen. Beispiele dafür sind die Herausbildung und Inszenierung gesellschaftlicher Rollen (Beck 2008) oder die Neubewertung von gestischer, ritueller und symbolischer Kommunikation in der soziopolitischen Ordnung Roms (Flaig 2003; Hölkeskamp 2017).

Zu den poststrukturalistischen Methoden und Theorien, welche in der Alten Geschichte Aufnahme fanden, gehört auch die Diskursanalyse. Ursprünglich mit dem Namen Michel Foucaults (1926–1984) assoziiert, wurde sie in vielen geistes- und sozialwissenschaftlichen Disziplinen weiterentwickelt, wie auch in der Geschichtswissenschaft (Landwehr 2008). Der Althistoriker Thomas Späth definiert Diskurse als Ensemble von Regeln, welche darüber bestimmen, was in einer gegebenen historischen Situation erkennbar, denkbar, sagbar und handlungsorientierend sei. Erweitere man den Diskursbegriff über die (sprachliche) Aussage hinaus auf soziale Praktiken, dann bilden Diskurse die Bedingungen gesellschaftlichen Handelns. Diskurse bestimmen nicht nur soziale Praktiken wie Institutionen, Verhaltensmuster, die Vermittlung und Verbreitung von Denkformen und Handlungskategorien, sie formen sich zugleich innerhalb dieser gesellschaftlichen Praktiken. Späth betont, dass es nicht einerseits den Diskurs und andererseits dessen Gebrauch gebe und das Ensemble von Regeln keine Existenz außerhalb diskursiver Praktiken habe: Diskurse zeigen sich sowohl in sprachlichen Äußerungen als auch in Institutionen, Handlungsabläufen und Verhaltensweisen. Sie erlangen somit nur Realität in sich ständig verändernden Praktiken (2007, 387). Hierdurch gewinnt die historische Perspektive eine besondere Relevanz. Diskurse haben, wie

Achim Landwehr betont, keine andere Basis als ihre eigene Historizität (2008, 98f.).

Aus den unterschiedlichen Richtungen und Ansätzen, die der erweiterte Kulturbegriff und die Anerkennung der sprachlichen Konstitution der Welt hervorgebracht hat, soll hier eine kulturwissenschaftlich aufgeklärte Quelleninterpretation entwickelt werden, die durch möglichst allseitige Kontextualisierung der Quellen vor allem nach ihrer Bedeutung in dem ursprünglichen Entstehungszusammenhang fragt.

Was ist eine Quelle?

Das Wort „Quelle" ruft mannigfaltige Assoziationen hervor, von der Wasserquelle, die klar hervorsprudelt, über die Lichtquelle, die einen Gegenstand erhellt, bis zur Spur, die durch weitere Indizien zur Lösung eines Kriminalfalls führt (Zimmermann 1997). Die historische Arbeit gleicht in der Tat häufig eher der kriminalistischen Tätigkeit, wobei am Ende nur ein höchst unvollständiges Ergebnis steht.

Eine häufig zitierte Definition des Begriffs „Quelle" stammt von dem Mittelalterhistoriker Paul Kirn: „Quellen sind alle Texte, Gegenstände oder Tatsachen, aus denen Kenntnis der Vergangenheit gewonnen werden kann." (1968, 29). Dem Althistoriker Klaus Meister ist dies nicht präzise genug, da auch aus der modernen Fachliteratur Erkenntnisse über die Vergangenheit gewonnen werden können. Daher schlägt er vor, unter Quellen alle ursprünglichen, das heißt der Antike entstammenden Texte, Gegenstände oder Tatsachen zu verstehen. Auf dieser Basis sind mit Meister die Bezeichnungen „Sekundärliteratur" für moderne Publikationen und „Primärliteratur" für literarische Quellen der Antike abzulehnen. In der Alten Geschichte gibt es nur antike „Quellen" und moderne „Literatur" (1997, 16), eine Position, der hier gefolgt wird.

Wer entscheidet eigentlich, ob ein antikes Schriftzeugnis oder ein Gegenstand zur Quelle wird? Es sind die von der Historikerin erarbeiteten Fragen, die entscheiden, ob sich ein antiker Text oder Gegenstand als Quelle eignet. Hinzu kommt das individuell geprägte, aber durch fachliche Ausbildung kontrollierte Interesse, aus ihnen Kenntnis der Vergangenheit zu gewinnen. Ein Bonmot lautet denn auch: „Quellen sind das, was der Historiker dazu macht." Reinhart Koselleck brachte es auf den Punkt, geht aber auch zugleich auf die Bedeutung der Interpretation ein:

> „Jede Quelle, genauer jeder Überrest, den wir erst durch unsere Fragen in eine Quelle verwandeln, verweist uns auf eine Geschichte, die mehr ist oder weniger, jedenfalls etwas anderes als der Überrest selber." (1992, 204).

Die Klassifikation der Quellen

Seit Droysen unterscheidet man in der historischen Quellenkunde zwischen Überrest und Quelle. Der Historiker Ernst Bernheim (1850–1942) etablierte diese Unterscheidung leicht modifiziert als Überrest und Tradition in der mittelalterlichen Quellenkunde. Dabei sind Überreste alles, was unwillkürlich und eher zufällig von den Begebenheiten übriggeblieben ist und nicht absichtlich für die Nachwelt tradiert wurde. Überreste geben keine mitgelieferte Meinung, wohl aber eine mitgelieferte Bedeutung, die es zu entziffern gilt. Tradition hingegen ist alles, was absichtlich von den Begebenheiten überliefert, mit Überlegung verfasst und zur Weitergabe bestimmt wurde. Traditionen tragen ein Maß an mitgelieferter Meinung und Bedeutung, das kritisch zu beleuchten ist. Allerdings ist diese Einteilung keinesfalls trennscharf. So gehören die Denkmäler, Droysens dritte Gruppe, sowohl zu den Traditionen als auch zu den Überresten. Ebenso führt die Unterscheidung zwischen primärem Material und sekundärer Überlieferung zu unlösbaren Problemen. Eine aus anderem Material abgeleitete Quelle kann unter bestimmter Fragestellung eine primäre Quelle sein. Für die Quellenkritik können diese Unterscheidungen zwar durchaus sinnvoll sein (Blum/Wolters 2006, 40–42), aber nur, wenn man sich über die Fragestellung im Klaren ist. Einteilungen der Quellen in Überrest, Tradition, Denkmal, nach unwillkürlicher oder willkürlicher Überlieferung oder in primäres oder sekundäres Material unterliegen demnach dem gewählten Gesichtspunkt und sind keine essentiellen Eigenschaften der Quellen.

Traditionell werden in der Alten Geschichte die Quellen auf eine Art und Weise unterschieden, die im Laufe der Zeit eigene Fächer und sogenannte Grundwissenschaften hervorgebracht hat. Jede dieser Grundwissenschaften und Nachbarfächer stellen die Quellen in Editionen und Sammlungen zur Verfügung. Für das wissenschaftliche Arbeiten in der Alten Geschichte sind sie unverzichtbar, was in den Einführungen in das Studium der Alten Geschichte näher erläutert wird.

Diese Einteilung beruht auf der Unterscheidung der Überlieferungsträger, wodurch die Frage nach der Materialität der Quelle zentral wird. Materialität ist zum einen ganz konkret das Material, auf dem der Text geschrieben oder bildliche Informationen gegeben sind. Zum anderen umfasst der Begriff auch den Aspekt des Gebrauchs der Quelle, der sich aus dem Material erschließen lässt. Auf der Grundlage der verschiedenen Überlieferungsträger lassen sich Quellen in folgende Materialitätsgattungen unterteilen:

- *Inschriften* – Auf dauerhaftem Material wie Stein, Bronze oder Ton wurden Texte eingeritzt oder aufgemalt. Sie geben verschiedene Inhalte wieder, unter anderem Gesetze, auch Kultgesetze, (Staats-)Verträge, Urkunden, Ehrungen und Grabepigramme, möglicherweise auch literarische Texte. Mit diesen Überlieferungsträgern und den dazugehörigen Texten beschäftigt sich die Epigraphik.
- *Papyri* – Das Material Papyrus hat sich aufgrund der spezifischen klimatischen Verhältnisse fast ausschließlich in Ägypten erhalten. Mit den auf Papyrus ge-

fundenen Texten beschäftigt sich die Papyrologie. Dem Inhalt nach finden sich Verträge jeglicher Art, Wirtschaftstexte, literarische Texte und Korrespondenz.
- *Münzen* – Münzen, aus verschiedenen Metallen geprägt, stellen nicht nur eine Materialitätsgattung dar, sondern zugleich eine Mediengattung, denn die Materialität und der übermittelte Inhalt sind nicht zu trennen. Münzen zeigen meistens Bilder und Texte, die in vielen Bereichen der Alten Geschichte wie der Sozial- und Wirtschaftsgeschichte oder politischen Geschichte als Quellen dienen. Sie werden von der Numismatik bearbeitet.
- *Materielle Zeugnisse* – Diese Gruppe umfasst mehrere Medien, die als Vermittlungsträger von Informationen dienen und aus ganz unterschiedlichen Materialien bestehen, wie bemalte Tongefäße, Skulpturen oder Bauten. Sie werden von verschiedenen Richtungen der Archäologie bearbeitet, geordnet und publiziert, je nach Zeit und Raum ihrer Produktion (Ur und Frühgeschichtliche, Klassische, Provinzialrömische, Christliche und Byzantinische Archäologie).

Diese Art der Gattungseinteilung bezieht sich auf die Überlieferungssubstanz der Quelle, nicht jedoch auf deren Inhalt. Warum ist die Frage nach der Materialität einer Quelle wichtig? Wir haben es immer mit einem trümmerhaften Zustand der Überlieferung zu tun. Die Zuordnung einer Quelle in eine Materialitätsgattung gibt Hinweise auf ihren medialen Kontext, der dazu dient, ihre ursprüngliche Gestalt innerhalb eines Kommunikationszusammenhangs wiederherzustellen.

Bei *literarischen Quellen* wird im Allgemeinen nicht nach Materialitätsgattungen, sondern nach Textgattungen unterschieden, da durch die Editionstätigkeit der Klassischen Philologie der Aspekt der Materialität im Alltag historischer Forschung verloren geht. Die Texte sind meist in byzantinischen und lateinischen mittelalterlichen Handschriften überliefert, die für den täglichen Gebrauch erst als lesbarer Text herausgegeben werden müssen. Die literarischen Quellen werden im Allgemeinen nach ihrem Inhalt geordnet und umfassen ein ganzes Bündel verschiedener literarischer Textgattungen wie Epos, Dichtung, Drama, Historiographie, Biographie (Lebensbilder), Philosophie, politische Abhandlungen, Fachtexte, Reden, Romane, religiöse Abhandlungen, Korrespondenz. Bei der Interpretation sollte beachtet werden, dass diese Gattungseinteilungen nicht immer dem antiken Verständnis entsprechen und daher in die Irre führen können. So fällt die moderne Vorstellung von Biographie keineswegs mit derjenigen eines antiken Lebensbildes zusammen.

Eine Einteilung nach Materialitäts- oder Textgattungen ist nicht ohne Überschneidungen möglich. Entscheidet man sich für eine Klassifizierung nach der Überlieferungssubstanz, so fasst man viele, inhaltlich zu unterscheidende Texte in einer Gruppe zusammen. Ordnet man die Quellen nach Inhalten, so gelangen unterschiedlich überlieferte Texte in eine Gattung. Ein konkretes Problem der Einteilung nach materiellen Gattungen ergibt sich zum Beispiel bei antiken Gesetzestexten: Archaische Gesetzestexte sind als Inschriften überliefert, einige Gesetze des klassischen Athen finden sich in Gerichtsreden, solche des hellenistischen Ägypten auf Papyrus, und schließlich sind die kaiserzeitlichen Gesetze in spätantiken Gesetzessammlungen (Codices) ediert worden. Jede Klassifikation ist folglich vom jeweiligen Erkenntnisinteresse abhängig und bleibt meist unscharf.

Kritik an der traditionellen Interpretation der Quellen

Gemäß traditioneller Praxis wird in der Alten Geschichte zwischen Quellenkritik und Quelleninterpretation unterschieden. Die Quellenkritik, der eigentlichen Interpretation vorgeschaltet, soll helfen, die Quelle anhand äußerer und innerer Merkmale nach ihrem Wahrheitsgehalt einzuordnen und Möglichkeiten und Grenzen ihrer historischen Aussagekraft zu bestimmen. Die Frage nach dem Wahrheitsgehalt erscheint heute allerdings unter dem Einfluss der sprachkritischen Wende als schwer zu beantworten: Texte beziehen sich nämlich nicht einfach auf die (vergangene) Wirklichkeit, sondern konstruieren sie ihrerseits, wodurch sie erst Realität schaffen. Folglich ist es leichter, die Mittel der Wirklichkeitskonstruktion zu analysieren, als Tatsachen zu ergründen. Die Untersuchung der Wahrnehmung der Tatsachen ersetzt (teilweise) die Erforschung der Tatsachen selbst.

Wollte man traditionell die Glaubwürdigkeit einer Quelle anhand der W-Fragen (Was? Wer? Wann? Wo? Wie? Warum? Wozu?) erschließen, so geht die kulturgeschichtlich informierte Quelleninterpretation der Frage nach den Bedingungen und Möglichkeiten der Aussagekraft einer Quelle nach. Um diese umfassend zu erschließen, wird hier ein kontextueller Ansatz der Quelleninterpretation vorgeschlagen, wodurch nicht nur die strikte Trennung in Quellenkritik und Quelleninterpretation hinfällig wird. Die Kontexte eröffnen neue Perspektiven auf die jeweilige Quelle, indem andere Fragehorizonte aufgezeigt und die Austauschbeziehungen zwischen Quelle und ihren Kontexten beleuchtet werden.

Im Folgenden sollen zunächst anhand der W-Fragen die Unterschiede zwischen der traditionellen und der kulturgeschichtlichen Quelleninterpretation verdeutlicht werden. Der Akzent liegt auf den Perspektiven, welche sich durch den kontextuellen Ansatz eröffnen.

Was für eine Art von Quelle liegt vor?

Diese Frage bietet sowohl der äußeren als auch der inneren Quellenkritik das Material, an dem die Glaubwürdigkeit einer Quelle eingeschätzt werden kann. Die oben vorgeschlagene Einteilung in Materialitäts- und Textgattungen ordnet die Quelle in ihren medialen und situativen Kontext ein und hilft, ihre zeitgenössische Wirksamkeit zu verstehen. Da Studierende den epigraphischen oder papyrologischen Quellen im Normalfall ediert, das heißt in gedruckten Büchern oder in online publizierten Corpora begegnen, ist es umso wichtiger, sich die Unterschiede der verschiedenen Quellengattungen bewusst zu machen. Gerade Inschriften sind nicht einfach nur Texte, sondern Texte in einem ganz bestimmten situativen und medialen Kontext. Es reicht daher nicht aus, eine Quelle als Inschrift zu erkennen, es ist vielmehr unabdingbar, zu berücksichtigen, wo und wie sie aufgestellt war.

Wer hat die Quelle verfasst?
Während die traditionelle Quellenkritik anhand der Lebensdaten und des Werkes eines Autors dessen Standort, Tendenz und Intentionen ermittelt, um daraus die Glaubwürdigkeit seiner Aussagen und eine möglicherweise versteckte Meinung abzuleiten, nimmt die kulturgeschichtlich aufgeklärte Quelleninterpretation solche Informationen als Kontexte wahr. Sie dienen dazu, den antiken Autor und dessen Text zeitlich und geographisch in eine konkrete historische Situation einzuordnen. Die kulturgeschichtliche Quelleninterpretation fragt darüber hinaus auch nach der Position des Erzählers wie des Lesers im Text selbst. Wie ist der Autor im Text präsent? Wie sind die unterschiedlichen Stimmen, die er einsetzt, motiviert? Kommentiert er implizit oder explizit seinen eigenen Text?

Wann und wo wurde die Quelle verfasst?
Die traditionelle Quellenkritik fragt nach dem zeitlichen Abstand zum Geschehen, um die historische Verlässlichkeit der Quelle zu überprüfen. Je näher am Geschehen, als desto vertrauenswürdiger gilt die Quelle. Jetzt eröffnet diese Frage den Horizont der situativen und historischen Kontexte. Der Komplex aus gattungsgeschichtlicher Tradition, historischer Einordnung und räumlicher Verortung bildet die Grundlage zum Verständnis der Quelle und trägt dazu bei, ihre Bedeutung für die Zeitgenossen einzuschätzen.

Wie wurde die Quelle verfasst?
Die Frage nach den vom Autor verwendeten Quellen gilt in der traditionellen Quellenkritik als signifikantes Kriterium zur Bestimmung der Glaubwürdigkeit. War der Autor Augenzeuge, so begründet seine Nähe zum Geschehen die höhere Verlässlichkeit. Allerdings kennt man durch das Phänomen verschiedener Augenzeugenberichte bei Verbrechen auch die Schwierigkeiten dieser Grundlage zur Wahrheitsfindung. Verwendete der Autor die Berichte anderer, konsultierte er selbst Archive, hatte er Zugang zu internen Informationen oder kompilierte er die Werke anderer? Je nachdem ergeben sich unterschiedliche Kriterien der Beurteilung. Stellt man hingegen die Frage nach dem Produktionskontext, richtet sich die Aufmerksamkeit auf die Arbeitsbedingungen des Autors und dessen soziales Umfeld, das durch politische, soziale und religiöse Institutionen bestimmt wird. Die Frage der Glaubwürdigkeit wird zur Frage nach der Bedeutung der Quelle in ihrem Entstehungszusammenhang.

Warum oder wozu wurde die Quelle verfasst?
Die übliche Frage nach dem Zweck der Quelle dient dazu, die Intentionen des Autors oder seines Auftraggebers zu klären, was wiederum Annahmen über die

Glaubwürdigkeit der Quelle stützt. Die *Cui-bono*-Frage (Zu wessen Nutzen?) kann hierbei zu dem bekannten Fehlschluss *cum hoc ergo propter hoc* („mit diesem, folglich deswegen") führen: Aus dem gemeinsamen Auftritt von Intention und Werk wird voreilig auf eine kausale Abhängigkeit zwischen Werk und Intention geschlossen. Stellt man hingegen die Frage nach dem Verwendungskontext, so geraten stärker die Adressaten in den Blick und die textuellen Strategien des Autors (Argumentation, Stilistik, Rhetorik) werden zum Gegenstand der Untersuchung.

Die Interpretation der Quellen nach Kontexten

Der *linguistic turn* hat eine grundsätzlich veränderte Einstellung gegenüber den Textquellen zur Folge: Indem der Text zum primären Untersuchungsobjekt wird, fokussiert man dessen Merkmale unvergleichlich schärfer. Damit fällt die pauschale Frage nach seiner Glaubwürdigkeit weg und es eröffnen sich bisher übersehene Möglichkeiten der Interpretation. Früher als unglaubwürdig eingestufte oder als historisch eher belanglos erachtete Texte – zum Beispiel die attische Komödie oder Teile der antiken Historiographie – werden dadurch zu wertvollen Quellen für die Selbstdeutung der antiken Kulturen; ihre Berücksichtigung trägt zu einem vollständigeren Bild der Antike bei. Selbst Fälschungen werden nicht mehr einfach verworfen, sondern, in ihren eigenen historischen Kontext eingebettet, geben sie Antworten auf Fragen nach den zeitgenössischen Diskursen, nach Autorisierungsstrategien und intertextuellen Zusammenhängen.

Gemäß traditionellem Verständnis dienten die Quellen als Indizien für eine verschwundene Realität, die es aus ihnen zu rekonstruieren galt (Momigliano 1980, 20). Wenn nun aber die Quellen nicht mehr einfach als Zeichen einer untergegangenen Welt betrachtet werden, sondern als Repräsentationen einer vergangenen Welt, entstanden in Kommunikationssituationen unter dem Einfluss sozialer, wirtschaftlicher, religiöser, kultureller Bedingungen, dann muss ihr Verhältnis zum Kontext notgedrungen anders definiert werden: Text und Kontext treten in eine Wechselbeziehung. Es geht nun nicht mehr darum, die historische Wahrheit anhand eines ausgewählten Textes herauszufinden, sondern die Bedeutung des ausgewählten Textes in seinem historischen Kontext unter Beachtung ihrer gegenseitigen Beeinflussung zu verstehen.

Die Begriffe „Text" und „Kontext" werden hier nicht im engeren sprach- oder literaturwissenschaftlichen Sinne verstanden, insbesondere wird Kultur oder Geschichte nicht auf Textualität reduziert. Demzufolge gehen Kontexte auch nicht in Intertextualität auf. Quellen sind sowohl sprachliche als auch materielle Artefakte, Kontexte bilden die ideelle und materielle Umwelt, in welcher die Quellen als Medien für die Vermittlung antiker Diskurse fungieren. So verstanden, bildet der Kontext keine ausschließlich über einen ausgewählten Text rekonstruierbare Größe. Die Diskurse finden ihren Niederschlag sowohl in der Quelle als auch in den Kontexten der Quelle; sie interagieren miteinander, in deren Interaktion aber offenbaren sich die sozio-politischen Machtverhältnisse.

Im Rahmen seiner historischen Diskursanalyse schlägt Landwehr die Analyse von vier Kontexten vor: dem situativen, dem medialen, dem institutionellen und dem historischen Kontext (2008, 105–110). Hier werden im Folgenden sieben Kontexte unterschieden, die zum Teil denen von Landwehr entsprechen, zum Teil diese differenzieren und erweitern, indem zum Beispiel der institutionelle Kontext in den sozialen und den Produktionskontext unterschieden wird. Der historische Kontext wird hier als alles umfassender Kontext verstanden und daher nicht speziell behandelt, wohl aber insbesondere innerhalb des Produktionskontextes, des situativen und des kognitiven Kontextes.

In den sechs folgenden Kapiteln werden ausgewählte Quellen beispielhaft in jeweils drei Schritten interpretiert: Inhalt, Kontexte und Bedeutung.

Der Inhalt

Am Beginn steht im Falle einer schriftlichen Quelle eine Textanalyse, die dazu befähigen soll, den Inhalt sowie die stilistischen und rhetorischen Eigenheiten des Textes zu erfassen, im Falle einer Bildquelle aber die genaue Beschreibung dessen, was man zu sehen vermeint. Natürlich ist schon dieser erste Schritt keineswegs voraussetzungslos, sondern von subjektiven Umständen – Fragestellung, Vorwissen, persönliche Interessen – geprägt. Die Inhaltsangabe sollte bereits eine gedankliche Gliederung der Quelle enthalten. Ein wichtiger Schritt zur Texterschließung ist die Erklärung nicht bekannter Begriffe und der für den Text oder den Autor charakteristischen Schlüsselwörter, was aber nur am Original sinnvoll ist. Wer sich nicht in der griechischen und lateinischen Sprache auskennt, muss eine oder besser mehrere historisch zuverlässige Übersetzungen zu Rate ziehen. Besonders ist auf den Bedeutungswandel zu achten, dem Begriffe im Laufe der Zeit unterliegen. In Rom verstand man etwas Anderes unter „Familie" als heute, auch wenn unser Begriff vom lateinischen *familia* abgeleitet wurde. Ähnlich verhält es sich mit „Demokratie", „Monarchie", „Diktatur" oder „Freiheit", Begriffe, die im historischen Lexikon „Geschichtliche Grundbegriffe" behandelt werden (Brunner/Conze/Koselleck (Hg.) 1972–1997). Ebenso wichtig ist die Analyse von Metaphern und anderen rhetorischen Formen und deren Funktion für das Argument des Textes. Aus der Analyse der Erzählstrukturen, der Stringenz der Begründungen, der Schlussfolgerungen und der Nachvollziehbarkeit der Aussagen erschließen sich die textuellen Strategien des Autors.

Der Inhalt literarischer, insbesondere historiographischer Quellen wird vermehrt mit Hilfe erzähltheoretischer Modelle analysiert, was nicht zuletzt eine Folge der Arbeiten von Hayden White ist (1991a, 1991b). Durch die Anordnung geschichtlicher Ereignisse nach einem klaren Handlungsschema (englisch *plot*) wird das, was als wenig verständliche Kontingenz des Faktischen erlebt wird, durch narrative Strukturen überformt und dadurch vertraut und verständlich gemacht. Die literarische Form stellt hierbei eine zusätzliche Dimension der Sinnbildung dar und hilft die Geschichte zu verstehen. Zwar untersuchte White neuzeitliche historiographische Texte, aber die antike Geschichtsschreibung läßt sich ebenso narratologisch beleuchten. Häufig genug finden sich wiederkehrende Erzählschemata (Martinez/Scheffel 1999, 135), die zum Beispiel die Gründung einer neuen Polis oder die Beendigung einer inneren Krise durch einen Gesetzgeber grundsätzlich gleichartig schildern.

Die narrative Struktur einer Quelle lässt sich durch die Untersuchung der Zeitgestaltung, des Modus und der Stimme erfassen. Die Zeitgestaltung betrifft nicht nur die Chronologie der berichteten Ereignisse, sondern insbesondere das Verhältnis zwischen der Zeit der Erzählung und der Zeit des Geschehens. Untersucht man den Modus einer Erzählung, so fragt man nach der Perspektive, aus der erzählt wird, wie mittelbar oder unmittelbar das Erzählte präsentiert wird. Betrachtet man die Stimmführung, so stellt man Fragen nach Erzähler und Leserin, ob die erzählende Stimme am Geschehen beteiligt ist und welche sprachliche Ebene dabei gewählt wird. Dabei können Metaphern oder andere rhetorische Formen verwendet werden, die auf ihre Funktion für das Argument des Textes und deren Wirkung auf den intendierten Adressaten befragt werden können.

In der Erzähltheorie wird im Allgemeinen zwischen fiktionalem und faktualem Erzählen unterschieden. Das heutige Konzept von Fiktionalität ist modern, bis ins 17. Jahrhundert hat der in der Antike herausgebildete konstitutive Wahrheitsanspruch der Literatur das europäische Verständnis bestimmt. Kunst war dem griechischen Verständnis zufolge – ausgesprochen in aller Deutlichkeit durch den Philosophen Aristoteles (384–322 v.Chr.) – Nachahmung der Natur und damit wahr. An einer immer wieder kommentierten Stelle seiner *Poetik* erweiterte er das Konzept des Wahren auf das Mögliche:

„Denn der Geschichtsschreiber und der Dichter unterscheiden sich nicht dadurch voneinander, dass sich der eine in Versen und der andere in Prosa mitteilt...; sie unterscheiden sich vielmehr dadurch, dass der eine das wirklich Geschehene mitteilt, der andere, was geschehen könnte." (poet. 1451b1–5, Übersetzung M. Fuhrmann)

Da gerade die antike Geschichtsschreibung durch ihren hohen rhetorisch-literarischen Anspruch charakterisiert ist, lässt sich auf sie die Trennung von Fiktivem und Faktualem nicht ohne Weiteres anwenden. So lassen sich Erzählschemata beobachten, die zwar historisch, das heißt kausalitätsbezogen und streng chronologisch argumentieren, die durch ihre Wiederholungen und Wanderanekdoten aber gleichzeitig Zweifel an der historischen Zuverlässigkeit aufkommen lassen. Eine narratologisch informierte, kulturhistorische Quelleninterpretation wird die Texte der antiken Historiker allerdings nicht als unglaubwürdig abqualifizieren, sondern im Gegenteil gerade auf Grund ihrer Eigenheiten zu verwerten wissen.

Die Kontexte

Nach der Textanalyse kommt die Verankerung der Quelle in ihren Kontexten. Bei der traditionellen Quelleninterpretation dient die Einordnung in den historischen Kontext deren besserem Verständnis. Im Rahmen der kulturhistorisch aufgeklärten Quelleninterpretation erweitern die Kontextualisierungen das Fragespektrum erheblich und zeigen Wechselwirkungen zwischen dem Text (oder Artefakt) und seiner sozialen Umwelt, den kognitiven Voraussetzungen der involvierten Handlungsträger und den institutionellen Machtverhältnissen. In den folgenden Kapiteln kann allerdings die Reihenfolge von der hier gewählten abweichen, und nicht jeder Kontext ist bei jeder Quelle relevant.

Der *mediale Kontext* verweist auf die Materialität der Quelle. Ihre materielle Gestaltung bietet nicht nur das Medium zur Vermittlung einer historischen Wirklichkeit, sondern sie erzeugte einst aktiv Arten der Raum-, Zeit- und Gegenstandswahrnehmung unter den Zeitgenossen (Landwehr 2008, 107). Die Einordnung in eine Materialitätsgattung klärt über einen Teil der Tradition auf, in der die Quelle steht, und welchen Stellenwert sie in dieser Tradition einnahm. Daraus ergeben sich Hinweise auf ihre Wirksamkeit im zeitgenössischen Kommunikationszusammenhang.

Der *Produktionskontext* ordnet die Quelle in ein zeitliches, räumliches und intellektuelles Umfeld ein. Die Arbeitsbedingungen des Autors oder Handwerkers und sein soziales Umfeld zeugen von der historischen Situation, in der die Quelle entstand. Die Diskursanalyse hält den Gestaltungsspielraum der Autoren für äußerst gering. Es gibt jedoch auch Historiker, die eine „diskursive Kreativität" (Brauer 2013, 18f.) oder individuelle Positionierungsmöglichkeiten (Landwehr 2008, 93f.) gegeben sehen. Es ist auch zu beachten, ob der Autor selbst Hinweise auf seine Autorisierungsstrategie, die Arbeitsbedingungen und seinen Umgang mit der Tradition gibt oder sie kommentiert. Ebenfalls können politische, soziale und religiöse Institutionen den Rahmen für die Herstellung von Quellen normativ bestimmen.

Der *Fundkontext* bezieht sich zunächst auf Quellen, die aufgrund ihrer Materialität unzweifelhaft einzuordnen sind und dadurch Rückschlüsse auf den Umgang mit diesen Objekten und ihrer Bedeutung zulassen. Für literarische Quellen kann hier die Überlieferungsgeschichte genauer betrachtet werden. Sie erlaubt Aussagen über die Rezeption der Texte in einer gegebenen Zeitspanne.

Der *Verwendungskontext* lenkt das Augenmerk auf die Adressaten: Ergeben sich aus dem Text selbst Hinweise auf die Kommunikation zwischen Autor und Adressatenkreis bzw. auf die jeweils auf beiden Seiten wirkenden Erwartungshorizonte?

Der *situative Kontext* ordnet die Quelle in Raum und Zeit ein. Er soll die historische Situation möglichst genau erfassen, in der die schriftliche (oder ursprünglich auch mündliche) oder materielle Quelle bekannt wurde. Fragen nach performativen Handlungen sowie nach den ursprünglich adressierten und tatsächlich erreichten Personen gehören hierher.

Jede Quelle steht in Wechselbeziehung zu ihrem *sozialen Kontext*. Texte und materielle Zeugnisse entstehen im Rahmen interaktiver Begegnungen und sind durch gesellschaftliche Normen beeinflusst, wirken aber auch ihrerseits auf die sie hervorbringende Gesellschaft ein.

Bei der Betrachtung des *kognitiven Kontextes* liegt das Augenmerk auf dem impliziten Wissen, dass die Urheber und Adressaten der Quelle teilten und welches die Art und Weise bestimmte, wie das Geschehen von ihnen wahrgenommen, gedanklich verarbeitet und bewertet wurde. Schon Finley wies auf die Bedeutung der Frage hin, warum eine Gesellschaft eine Frage stelle oder nicht, warum sie etwas aufzeichne oder nicht; Unterlassungen könnten ebenso gut Einsichten in die Funktionsweise einer Gesellschaft gewähren (1987, 127). Über die antiken Menschen wissen wir einiges in Bezug auf ihr Denken, ihre Emotionen, ihr kulturelles Gedächtnis, ihre Raumwahrnehmung, ihre Werte und Normen. So kann zum Beispiel untersucht werden, inwiefern ein bestimmter Diskurs eher bildlich als sprachlich gefasst wurde und als anschauliches Bild auf seine Umgebung einwirkte. Bildquellen sind ebenso Teil der Welt der Werte, Normen und Emotionen, die es auszudrücken gilt, und sie drücken sie gemäß ihrer spezifischen visuellen Mittel aus.

Die Bedeutung

Die Frage nach der Bedeutung der Quelle lässt sich aus emischer wie etischer Perspektive stellen. Der Terminus „emisch" wurde von Marvin Harris in Anlehnung an den Linguisten Kenneth Pike in die anthropologische Forschung eingeführt. Er unterschied zwei entgegengesetzte Perspektiven, die bei der Interpretation kultureller Phänomene eingenommen werden können: die emische und die etische Perspektive. „Emisch" bezeichnet dabei die Eigenperspektive einer Kultur, „etisch" die Beobachtersicht. Ein emisches Vorgehen bei der Untersuchung versucht, universelle wie kulturelle Kriterien bzw. Erfassungskategorien der Betrachterin auszublenden, um die fremde Kultur „von innen" her zu verstehen und zu beschreiben. Das ist natürlich nur innerhalb bestimmter Grenzen möglich. Die teilnehmende Beobachtung der Ethnologen ist in der Alten Geschichte nicht möglich. Aus der Vielzahl der Quellen lässt sich aber so etwas wie ein Selbstverständnis der Griechen und Römer herauspräparieren.

Die kulturgeschichtliche Quelleninterpetation tendiert zu Fragen, die die emische Perspektive einnehmen. Die Konfrontation der Quelle mit ihren Kontexten klärt den Aspekt der Selbstwahrnehmung der handelnden Personen und ihrer zeitgenössischen Umgebung sowie die Kommunikationssituation, erhellt mithin die Bedeutung der Quelle aus emischer Sicht.

Die etische Perspektive fragt nach der historischen Bedeutung der Quelle anhand einer erarbeiteten Fragestellung, die notwendigerweise die unsere sein muss. Das Studium der bisher geleisteten Forschung gewährt das Vorwissen, aus dem sich die Fragehorizonte ergeben, mit denen man an die Quellen bzw. Kontexte interpretatorisch herantritt. Da die konkrete Fragestellung letztlich vom persönlichen Hintergrund abhängt – zu ihm gehören Erkenntnisstand und -interesse –, bedarf sie der ständigen Überprüfung. Und weil jede theoretische Annahme einen spürbaren Unterschied bei der Interpretation ausmacht, kennzeichnet ein gehöriges Maß an Selbstreflexion die hermeneutische Arbeit. Möglichst explizite Aussagen über theoretische Annahmen und Interessen sowie über den Stand der Forschung und die verwendeten Theorieentwürfe sollten daher in keiner Abhandlung fehlen. Die Gegenwartsbezogenheit der Fragestellungen bedingt es, dass auch ohne das Auffinden oder die Heranziehung neuer Quellen immer wieder neue Erkenntnisse gewonnen werden. Die veränderten Fragestellungen inspirieren zu immer neuen Lesungen und Interpretationen längst bekannter Quellen.

Aufbau des Bandes

Für diesen Band wurden die Quellen so ausgewählt, dass sie exemplarisch wichtige Themen der Alten Geschichte abdecken. Die Studierenden kommen sicherlich am häufigsten mit der antiken Geschichtsschreibung in Berührung. Aus diesem Grund steht ein Beispiel für die antike Historiographie am Anfang. Im ersten Kapitel wird eine Episode aus dem Werk des Livius besprochen, die exemplarisch für den kulturhistorischen Umgang mit einer nach traditionellem Verständnis wenig glaubwürdigen historischen Erzählung stehen soll. Das zweite Kapitel behandelt eine Passage aus der Pompeius-Vita des Plutarch. Beabsichtigt ist dabei, Plutarch nicht als historiographische Quelle zu lesen, sondern die charakterbildende Funktion seiner Lebensbilder hervorzuheben. Im dritten Kapitel steht eine komplexe Quelle im Fokus, die attische Komödie, und zwar vor allem als Medium für das Kommunikationsverhalten im demokratischen Athen. Thema des vierten Kapitels ist die Interpretation der Inschriften, entwickelt am Beispiel der Grabinschrift eines freigelassenen Ehepaares. Den Unterschieden zwischen der griechischen und der lateinischen Epigraphik kann hier kaum Rechnung getragen werden. Die Inhalte, die auf Stein festgehalten wurden, können wiederum nur exemplarisch behandelt werden. Die Auswahl einer Passage aus Xenophons *Oikonomikós* im fünften Kapitel ist ihrer Popularität geschuldet. Im Rahmen der Geschlechterstudien wird sie häufig zitiert. Ihre Einordnung als Fachtext soll vorwiegend das Selbstverständnis des Autors hervorheben, wobei das Werk auch als sokratischer Dialog verstanden werden kann. Das sechste Kapitel widmet sich einem Vasenbild, das inhaltlich ebenfalls in den Bereich der Geschlechterstudien führt. Seine Interpretation zeigt, welche allein bildimmanent erhaltenen Informationen durch die historische Bearbeitung zur Verfügung gestellt werden können.

Jede der behandelten Quellen stellt nur bedingt ein Beispiel für die traditionelle Einteilung in die sogenannten Grundwissenschaften dar. Quelleninterpretation funktioniert nicht für alle Inschriften oder Papyri gleich, es kommt auf den Inhalt an. Und auch Inhalte sind mitunter zu vielschichtig, als dass ein Interpretationsschema für alle Quellen verbindlich wäre. Die Kapitel behandeln jede einzelne Quelle exemplarisch, sinngemäß vergleichbar den römischen *exempla*, die zwar immer über ganz konkrete historische Personen und ihre Handlungen erzählen, aber diese zu überzeitlichen Vorbildern und Verhaltensanweisungen gestalten. Auf viele Arten von Quellen musste hier verzichtet werden, wobei sicherlich das Fehlen einer Münze (Howgego 2011) oder eines Papyrus (Bagnall 2011) am auffälligsten sein dürfte.

Alle Kapitel sind gleich aufgebaut: Genese und Gebrauch behandelt den weiteren Zusammenhang der Quelle. Neuere Forschungsansätze zeigen die Möglichkeiten der Interpretation auf. Dann wird jeweils die Fragestellung entwickelt. Die Quelle wird anschließend in drei Teilen interpretiert: Inhalt, Kontexte, Bedeutung. Die abschließenden Leitfragen sollen die Anwendung der exemplarischen Interpretationen auf andere Quellen erleichtern.

Zusätzliche Bemerkungen

Natürlich würde man sich für die Anwendung dieser Überlegungen eine ideale Welt wünschen, in der alle Texte in ihrer Originalsprache herangezogen werden. Das ist angesichts des heutigen Geschichtsstudiums und der realistischerweise geringeren Anforderungen an die Sprachkenntnisse der Studierenden eine illusorische Vorstellung. Von den gängigsten Quellen gibt es Übersetzungen, die aber, man sollte sich das stets vor Augen halten, bereits Interpretationen durch die Übersetzerin darstellen. Wer über Kenntnisse der Originalsprachen verfügt, hat einen beträchtlichen Vorteil. Diejenigen aber, welche über diesen Vorteil nicht verfügen, sollten für Schlüsselstellen wenigstens mehrere Übersetzungen, auch in verschiedenen Zielsprachen, heranziehen.

Ein Wort zur gendersensiblen Sprache: Im Falle antiker Autoren habe ich mich für die männliche Form entschieden, da Autorinnen in der Antike eine winzige Minderheit bildeten, so dass sie bis auf die griechische Dichterin Sappho den meisten Leserinnen unbekannt sein dürften. Spreche ich von Historikerinnen und Lesern, so sind immer alle Geschlechter gemeint, der Wechsel der Formen soll das Bewusstsein für die Beteiligung aller Geschlechter am historischen Geschehen sowie der althistorischen Arbeit schärfen.

Die Abkürzung der antiken Autoren und ihrer Werke folgen dem Verzeichnis in „Der Neue Pauly". Sollten innerhalb der Kapitel oder in Abschnitten keine Zweifel bezüglich des Autors und seines Werkes bestehen, werden die Quellen ohne die Nennung des Autors belegt.

Leseempfehlungen

Jordan, Stefan (2018): Theorien und Methoden der Geschichtswissenschaft, 4. aktualisierte Auflage, Paderborn.
Landwehr, Achim (2008): Historische Diskursanalyse, Frankfurt a.M.
Morley, Neville (2013): Alte Geschichte schreiben, Heidelberg.
Wirbelauer, Eckhard (Hg.) (2007): Oldenbourg Geschichte Lehrbuch Antike, 2. Auflage, München.

1. Historiographie

Die antike Historiographie gehört zu den in der Alten Geschichte am häufigsten verwendeten Quellengattungen. Auf den ersten Blick scheint es keinen großen Unterschied zu unserer Vorstellung von Geschichtsschreibung zu geben: Es wird chronologisch fortlaufend von großen Taten erzählt, mitunter wird auf verwendete Quellen hingewiesen. Doch diese vermeintlichen Ähnlichkeiten täuschen, denn in der Antike gab es keine auf die Erforschung und Darstellung geschichtlicher Ereignisse beschränkte Wissenschaft. Die antiken Historiker folgten bei der Untersuchung und Darstellung ihres Gegenstandes anderen Prinzipien als den seit der Frühaufklärung geforderten. Im 19. Jahrhundert stellte insbesondere Leopold von Ranke (1795–1886) das Streben nach Objektivität und voraussetzungslosem Verstehen auf der Basis direkter Quellenforschung in den Vordergrund. Im ausgehenden 20. Jahrhundert begann die Geschichtswissenschaft, die von ihr angewandte Methodik neu zu reflektieren. Dies erlaubte ebenfalls einen neuen Blick auf die antike Historiographie. Um den Werken der antiken Historiographie gerecht zu werden, muss man sie vor allem in ihren literarischen Kontext setzen, die Geltung rhetorischer Normen berücksichtigen und ihre Quellengrundlage nochmals unvoreingenommen prüfen.

Genese und Gebrauch

Der römische Politiker und Philosoph Marcus Tullius Cicero (106–43 v.Chr.) nannte Herodot (480er Jahre–vor 420 v.Chr.) *pater historiae*, den Vater der Geschichtsschreibung, und prägte damit einen bis heute verwendeten Topos. In Wirklichkeit steht Herodots Werk nicht ganz am Anfang der bewussten Erforschung der Vergangenheit, doch vermittelt es durch seine vollständige Überlieferung den besten Eindruck von den Anfängen der griechischen Historiographie (Meister 1990, 13–41). Herodots Werk besteht zum einen aus geographischen und ethnographischen Exkursen, vieles berichtet er wohl aus eigener Anschauung. Zum anderen handelt es von den kriegerischen Auseinandersetzungen zwischen Griechen und Persern, die Herodot durch Befragung der Vätergeneration erforschen konnte. Mit seinem jüngeren Zeitgenossen Thukydides (vor 454–nach 399 v.Chr.) begann die griechische Zeitgeschichte, die als die griechische Historiographie im eigentlichen Sinn gilt: Der Historiker kann aus eigener Augenzeugenschaft berichten und nimmt einen gesamtgriechischen, nicht lokal begrenzten Standpunkt ein (Jacoby 1909, 96–98). Neben der Zeitgeschichte entstanden Berichte über einzelne Städte, Völker oder Landschaften, Gründungsgeschichten, chronographische und geographisch-historische Untersuchungen. All diese Werke sind nur als Fragmente auf uns gekommen, so dass sich das Bild von der Bedeutung und Reichhaltigkeit der griechischen Geschichtsschreibung nur mühsam erschließt (Strasburger 1977, 169–218).

Wie erscheint im Vergleich damit die römische Historiographie? Sie begann erst spät und wurde zunächst auf Griechisch verfasst, einer Sprache, die den gebildeten Römern geläufig war. Quintus Fabius Pictor (um 254–um 201 v.Chr.) unternahm als Erster eine Gesamtdarstellung der römischen Geschichte, wobei der Schwerpunkt wie beim griechischen Vorbild auf der Zeitgeschichte lag. Er kämpfte im zweiten Punischen Krieg gegen Hannibal, so dass er als Augenzeuge berichtete. Ob er damit den Griechen die römische Sicht der Dinge darlegen (Kierdorf 2002, 401f.) oder die römische Machtpolitik rechtfertigen wollte (Gotter/Luraghi 2003, 13), ist umstritten. Das Werk ist bis auf wenige Fragmente verloren gegangen. Fast ein halbes Jahrhundert musste vergehen, bis Marcus Porcius Cato (234–149 v.Chr.) das erste historische Werk auf Lateinisch schrieb. Es trug den schwer zu übersetzenden Titel *Origines*, was so viel wie Ursprünge, Stammväter oder Geschlechter heißen kann, und handelte unter anderem von den italischen Völkern. Catos Beispiel folgten einige römische Senatoren, die verschiedene Abschnitte der römischen Geschichte behandelten. Titus Livius (64 v.Chr.–17 n.Chr.) gelang es einige Generationen später, in seinem Werk *Ab urbe condita* diese Art von Abrissen an die gewandelten Bedingungen des Prinzipats so meisterhaft anzupassen, dass sie überflüssig wurden und sich keiner um weitere Abschriften kümmerte; ihre Überlieferung ist entsprechend lückenhaft. Nach Livius hat denn auch kein lateinischer Autor mehr eine Geschichte Roms seit seiner Gründung in Angriff genommen. Der vollkommenste Repräsentant dieser Art von Geschichtsdarstellung wurde damit zugleich zu deren Totengräber (Gotter/Luraghi 2003, 15).

War die Abfassung historischer Werke im griechischen Kulturraum eine intellektuelle Beschäftigung – unternommen in der Absicht, sich durch die Formulierung eigener Methoden und Ziele sowie durch detailliertere Kenntnisse von seinen Vorgängern abzusetzen –, war in Rom die Geschichtsschreibung den Senatoren vorbehalten, denn sie waren die Handlungsträger der Tagespolitik und im Kriegswesen. Römische Geschichtsschreibung hatte mithin einen spezifischen sozialen Ort und verkörperte, gleichsam in verschriftlicher Form, die soziale Ordnung der Republik. Als typisch römische Geschichtsschreibung gelten die sogenannten *annales*, nach Jahren geordnete Erzählungen auf der Grundlage von Jahrbüchern. Dieser Begriff wurde jedoch bereits in der Antike unscharf gebraucht (Verbrugghe 1989). Will man ihn dennoch verwenden, versteht man darunter am besten die spezifisch römische Form der Geschichtsschreibung wie sie sich im Zusammenspiel von traditionellen Formen der *memoria*, dem sozialen Status des Autors und den aus dem Griechischen importierten literarischen Techniken zeigt (Gotter/Luraghi 2003, 31–38).

Die moderne Geschichtswissenschaft, wie sie sich vor allem im 19. Jahrhundert entwickelte, geht von einem historischen Entwicklungsprozess der Gesellschaften und ihrer Wertesysteme aus. Demnach lassen sich Handlungen der Vergangenheit und ihre Motivation nur verstehen, wenn sie in ihren jeweilgen historischen Kontexten als singuläre Erscheinung betrachtet werden. Dagegen lieferte die Geschichte in den früheren Epochen vor allem Anschauungsmaterial – also Beispielhaftes – zur Belehrung und Erbauung des Lesepublikums. Solches Verständnis fand in einer weiteren Prägung Ciceros ihren Niederschlag: *historia magistra vitae*, die Geschichte sei Lehrmeisterin des Lebens. Geschichte diente Cicero als Sammlung nachahmenswerter Beispiele, die er durch vollendete Redekunst aus flüchtigen, erzählten Begebenheiten in Belehrung verwandelte und ihnen damit Unsterblichkeit verlieh (Cic. de orat. 2,9,36; Koselleck 1979, 40f.).

Vergleichbar mit politischen Reden und den Lebensbildern Plutarchs gehörten zu den Zielen antiker Historiographie auch die emotionale Berührung und die Beeinflussung des Verhaltens. So zielte beispielsweise Herodot in seinen Erzählungen auf den Nachweis des engen Zusammenhangs zwischen Macht und Hybris, auf den unweigerlichen Fall nach steilem Aufstieg zur Macht oder auf die Unbeständigkeit jedes Imperialismus; Erkenntnisse, die den Leser weiser machen sollten. Thukydides ging von einer unwandelbaren Natur des Menschen aus, so dass das Studium seines Werkes, das er als „bleibenden Besitz" (1,22,4) bezeichnete, auch zum richtigen Verhalten weisen sollte.

Viel stärker als die Griechen glaubten die Römer daran, dass die Vergangenheit die Quelle all dessen darstellte, was es wert war, imitiert und nachgeahmt zu werden. Die Darstellung exemplarischen Verhaltens diente so zur Vorbereitung auf die Zukunft. Historische *exempla* lassen sich als narrativ tradierte Modelle idealen Verhaltens bestimmen. Für die Römer sind die exemplarischen Handlungen insofern identisch mit der Norm, als sich Tugenden, Regeln und Maximen gar nicht anders als in konkreten Handlungen aufzeigen lassen (Walter 2003, 25). Die diskursive Gestaltung der Vorbildlichkeit folgt nach Matthew Roller einem schlüssigen symbolischen System, das die Vergangenheit auf eine bestimmte Art und Weise durch soziale Praktiken, Glaubenssätze und Werte organisiert und damit das Wissen über sie erleichtert (2018).

Gerade für Livius und seine Leser, die in einer Welt des Zusammenbruchs und unsicherer Zukunft lebten, waren *exempla* von besonderer Bedeutung: Sie ordneten und vereinheitlichten die Vergangenheit und führten in eine im Prinzip vorhersehbare Zukunft (Chaplin 2000, 31, 202). So begründeten die Lehren der Vergangenheit Livius' Anspruch auf politische Handlungsanweisung:

„Das ist vor allem beim Studium der Geschichte das Heilsame und Fruchtbare, dass man belehrende Beispiele (*exempla*) jeder Art auf einem in die Augen fallenden Monument dargestellt findet. Daraus kann man für sich und seinen Staat entnehmen, was man nachahmen, daraus auch, was man meiden soll, da es hässlich in seinem Anfang und hässlich in seinem Ende." (praef. 10, Übersetzung H.J. Hillen)

Neuere Forschungsansätze

Mit Blick auf die gegenwärtigen Ansätze, die Eigenart der antiken Historiographie zu bestimmen, lassen sich im Wesentlichen zwei Betrachtungsweisen unterscheiden: Die traditionelle Ansicht geht davon aus, dass die antike Historiographie mehr oder weniger der modernen Geschichtsschreibung gleiche. Antike Historiker hätten in ihren methodologischen Äußerungen die Quellenkritik, die Genauigkeit und den Willen zur Feststellung der tatsächlichen Ereignisse betont. Indem die modernen methodischen Vorstellungen bewusst auf die antiken Vorbilder übertragen werden, wird vergessen, dass die antike Geschichtsschreibung in einem gänzlich anderen Kontext verortet war. Antike Historiker waren Meister der Rhetorik, was ihre Vorstellung von Wahrheit bestimmte.

Im Gegensatz dazu geht die Interpretation antiker Geschichtsschreibung als literarischer Form von der Differenz zur modernen Geschichtsschreibung aus. Die Rhetorik der Übertreibung, die freie Erfindung direkter Reden und historischer Details und die stärkere Gewichtung der wohlklingenden Erzählung gehören ihr zufolge zu den Merkmalen antiker Historiographie. Von Wahrheit könne hier nur wie in der Poesie und Fiktion die Rede sein. Bereits Thomas P. Wiseman (1979) und Anthony J. Woodman (1988) hoben hervor, dass die antiken Historiker ihr Augenmerk darauf richteten, gemäß rhetorischen Prinzipien glaubwürdige Geschichten zu konstruieren. Indem sie Landschaften beschrieben oder wörtliche Reden komponierten, ließen sie aus der mageren Überlieferung ausgewachsene Erzählungen entstehen.

Werden bei antiken Geschichtswerken Inhalt und Form für untrennbar gehalten, verändert sich die Einschätzung der Quellengrundlage. Solange man in den antiken Historikern die unmittelbaren Vorläufer der eigenen Wissenschaft sah, suchte man nach Dokumenten und literarischen Primärquellen. Insbesondere spürte man Aufzeichnungen in Form von Chroniken einzelner Städte nach, auf deren Grundlage die Lokalhistoriker ihre Lokalgeschichten abgefasst haben sollen. Aber solche Chroniken ließen sich bisher nicht nachweisen.

Ebenso wenig lassen sich die *annales maximi* als Quellengrundlage der Annalistik bestimmen. Unter *annales maximi* werden im Allgemeinen die 80 Bücher der geweißten Tafeln des *pontifex maximus*, des römischen Oberpriesters, verstanden, die Publius Mucius Scaevola (*pontifex maximus* 130–115 v.Chr.) zusammengestellt haben soll. Eigentlich stellt Cicero (de orat. 2,12,51–53) nur fest, dass nach Scaevola keine Tafeln mehr beschrieben wurden. Auf den geweißten Tafeln sollen die alljährlichen Ereignisse wie Getreidepreise und Sonnenfinsternisse (Cato FRH 3 F 4,1) verzeichnet gewesen sein. Dass die *annales maximi* bereits ausführlichere Informationen als die geweißten Tafeln enthielten und somit zur Sekundärquelle wurden, wie Andreas Mehl (2001, 40) vermutet, lässt sich allerdings nicht beweisen. Die Fragwürdigkeit dieser Argumentation liegt darin, dass nichts von den *annales maximi* erhalten geblieben ist. Es liegt ein Fall von Selbststilisierung vor, wenn römische Historiker ihre Werke als kommentierte Version einer öffentlichen urkundlichen Überlieferung ausgaben. Dieser Kunstgriff sicherte ihnen Autorität und den Anschein von Unparteilichkeit (Gotter/Luraghi 2003, 33).

Indem man sich von der Vorstellung löste, Geschichtsschreibung müsse zwingend etwas mit Dokumenten zu tun haben, traten andere Quellen in den Blick. Ein Forschungsgebiet stellt dabei die *oral history* dar, bei der insbesondere Familiengeschichten der herausragenden athenischen und römischen Familien in ihrer Funktion als Quelle betrachtet werden (Thomas 1989; Blösel 2003). Durch Einbeziehung der Memorialkultur der Griechen und Römer wurden Denkmäler, Gedenkrituale, Formen der Erinnerung und des Vergessens zum Gegenstand historiographiegeschichtlicher Forschung (Walter 2004; Gehrke 2014). Die Geschichtsschreibung nimmt unter den übrigen Formen von Erinnerungskultur jedoch eine besondere Stellung ein, da sie durch den Gebrauch literarischer Techniken die Erinnerung wirksamer bewahren und steuern konnte (Timpe 1996, 278f.). Ging man früher von einer linearen Entwicklung von mythischen zu historischen Erzählungen aus, werden die vielfältig verwobenen Geschichten heute nicht mehr eindeutig kategorisiert. Insbesondere Hans-Joachim Gehrke wies darauf hin, dass Lücken in der Überlieferung durch Erzählungen gefüllt wurden, deren Glaubwürdigkeit unmittelbar vom sozialen Gedächtnis einer Gruppe oder der Autorität des Erzählers abhing. Er prägte für die Form der Geschichtsdarstellung, der es in erster Linie um Selbstvergewisserung, Ortsbestimmung und Identitätsstiftung geht, in Anlehnung an den Ethnosoziologen Wilhelm Mühlmann den Begriff der „intentionalen Geschichte" (1994).

Zuständig für die Untersuchung der Erzählmittel ist die auf dem Strukturalismus aufbauende Narratologie – also die Analyse der Tiefenstrukturen von Erzählweisen –, an die in jüngster Zeit die Klassische Philologie und Alte Geschichte angeknüpft hat (Grethlein 2010). Eine spezielle Narratologie der Geschichtsschreibung wurde notwendig, da die narratologischen Kategorien und Begriffe zur Erforschung fiktionaler Texte entwickelt wurden. Die antike Geschichtsschreibung stellt jedoch einen Mischtypus von fiktionaler Literatur und faktualer Wissensvermittlung dar. Ein Hauptmerkmal des historiographischen Diskurses liegt darin, dass der Autor mit dem Erzähler identisch ist. Nach Gérard Genette (1992, 80) wird die faktuale Erzählung durch die strenge Identität zwischen Autor und Erzähler definiert. Damit haftet der Autor für jede Behauptung, die in seiner Erzählung enthalten ist, ohne dass er einem alternativen Erzähler irgendeine Autonomie zubilligen könnte. Eine weitere Besonderheit faktualen Erzählens liegt in der eingeschränkten Möglichkeit zur Fokalisierung, das heißt einer Differenzierung zwischen dem Wissen des Autors und dem seiner Figuren. Moderne Historiker können das Innenleben und die Äußerungen von Figuren nur wiedergeben, wenn sie sich auf externe Zeugnisse stützen. Antike Historiker weichen hier ins Fiktionale aus, indem sie Reden, Gedanken und Emotionen historischer Personen ohne Angabe von Quellen schildern, was sie in die Nähe des historischen Romans rückt (Pausch 2011, 9f.).

Antike Historiker konstruieren, wie jeder Schriftsteller, eine sich vom realen Autor unterscheidende *persona*. Die Glaubwürdigkeit eines Geschichtswerkes hängt aber davon ab, dass diese *persona* mit dem realen Autor als demjenigen identifizierbar bleibt, der die berichteten Ereignisse entweder selbst erlebt hat oder mit seiner Autorität für die Plausibilität der geschilderten Vorgänge bürgt (Marincola 1997, 128–174). Dennis Pausch entwickelt aus dieser Beobachtung und der Unterscheidung zweier Stimmen im Werk des Livius ein Modell zur Untersuchung der livianischen Erzählung. Die erste Stimme ist diejenige des Erzählers. Als Erbe der epischen Tradition kann der antike Historiker seinen Lesern vergangene Ereignisse in all ihren Details samt Reden und Gedanken historischer Personen vor Augen führen. Die zweite Stimme ist der Autor, der sich im Vorwort oder dann zu Wort meldet, wenn unterschiedliche Überlieferungsvarianten diskutiert werden. Diese zweite Stimme durchbricht die Illusion einer unproblematischen historischen Rekonstruktion, stärkt aber andererseits die Autorität des Autors gegenüber konkurrierenden Darstellungen der Vergangenheit (2011, 9–12).

Wie in der Forschung zur antiken Historiographie allgemein lassen sich in der Forschung zu Livius ein historischer und ein literarisch-rhetorischer Ansatz unterscheiden. Der historische Ansatz der Quellenforschung wurde durch Torry J. Luce auf eine neue Grundlage gestellt. Luce bestritt die übliche Auffassung, der zufolge Livius erkennbar uninspiriert einfach Quellen übernahm. Er zeigte vielmehr, dass und wie Livius sein Quellenmaterial sorgfältig studierte, bevor er mit großem literarischen und rhetorischen Können eine ganz eigene Erzählung aus ausgewählten Informationen gestaltete (1977, 139–229). Bislang hat sich der literarisch-rhetorische Ansatz weitgehend durchgesetzt und zu einer stärker synchronen Lesart geführt, die den Bezügen innerhalb des Werkes und dem zeitgenössischen Kontext Priorität einräumt. So wird danach gefragt, was für Livius und seine Leser bedeutend war und wie es Livius gelang, eine Geschichte Roms zu entwerfen, die seine Zeitgenossen und spätere Generationen als maßgeblich und von bleibendem Wert empfanden (Marincola 2007, 3).

Historiographie als Quelle für die römische Frühgeschichte

Trotz des Umstands, dass gar keine Zeugnisse, geschweige denn Dokumente über die frühesten Zeiten der griechisch-römischen Kulturen vorlagen, war die Orientierung über ihre Anfänge Griechen wie Römern ein fundamentales Bedürfnis. So kam es, dass sie die fehlenden Informationen aus Traditionen zusammenstellten, die sie für zuverlässig hielten. Es handelte sich dabei um mündliche, über lange Generationenketten tradierte Geschichten. Inhaltlich waren sie im Falle der römischen Kultur mit den Schicksalen der *gentes* (Familienverbände) verknüpft und wurden im Rahmen der Bestattungszeremonien wirkungsvoll vorgetragen (Pol. 6,53,1–54,3). Nicht nur die jungen Mitglieder der *gens* wurden durch die Leichenreden über die Heldentaten ihrer Vorfahren in Kenntnis gesetzt, auch das gemeine Volk, das das Spektakel aufmerksam verfolgte, wurde an die Bedeutung der *gens* erinnert. Familiengeschichten solchen Typs wurden damit Bestandteil der gesamtrömischen Erinnerung (Blösel 2003).

Von alters her mündlich tradierte Erzählungen werden zwar in oralen Kulturen für wahr gehalten, aber sie weisen keinen außererzählerischen Gehalt auf. Entferne man nach Maurizio Giangiulio die märchenhaften Elemente und die narrativen Muster aus der überlieferten Erzählung, verwerfe man die Tradition und damit das Zeugnis der Vergangenheit selbst. Mithin sei die Suche nach historischen Fakten hinter der narrativen Oberfläche fehl am Platze. Historizität bedeute eben nicht ohne Weiteres Faktizität (2019, 61–65).

Auch wenn die griechisch-römischen Kulturen ab frühester Zeit über Schrift verfügten, so bleiben ihre Traditionen über die eigene und fremde Vergangenheit noch lange Zeit von einer strukturellen Mündlichkeit geprägt. Lassen sich aus solchen Überlieferungen kaum Fakten herauspräparieren, so eröffnen sich dennoch Möglichkeiten zu Fragen: Welche Erzählstrukturen entstanden unter welchen Umständen? Welche Bedeutung hatten die Erzählungen in den medialen und sozialen Kontexten? Welches Bild machten sich die Zeitgenossen des jeweiligen Autors von ihrer eigenen Frühgeschichte?

Beispiel: Livius über den Heldentod der Fabii in der Schlacht am Cremera

Die hier ausgewählte Quelle ist dem Geschichtswerk des Titus Livius *Ab urbe condita*, „Von der Gründung der Stadt (Rom) an", entnommen. Es umfasste 142 Bücher und reichte bis 9 v.Chr. Erhalten sind nur die Bücher 1 bis 10, die die römische Frühgeschichte bis zum Anfang des 3. Jh. v.Chr. umfassen, und die Bücher 21 bis 45, die den Krieg gegen Hannibal (218–201 v.Chr.) bis zu den Eroberungen des frühen 2. Jh. v.Chr. behandeln. Vom Rest gibt es antike Auszüge, die sogenannten *Epitomae*, und Inhaltsangaben, die sogenannten *Periochae*, aus dem 4. Jh. n.Chr.

Im Folgenden geht es um die Auseinandersetzungen Roms mit der etruskischen Stadt Veji, etwa 18km nordwestlich von Rom gelegen. Im 6. Jh. v.Chr. war Veji bereits ein reiches urbanes Zentrum, das große, fruchtbare Landstriche kontrollierte. Die Konflikte zwischen beiden Städten entzündeten sich vermutlich an dem Versuch, die für den Salzhandel wichtigen Transportwege entlang des Tibers ins Landesinnere zu kontrollieren (Cornell 1995, 309–311). Nach mehreren kriegerischen Auseinandersetzungen gelang es dem Diktator Marcus Furius Camillus, die Stadt 396 v.Chr. nach zehnjähriger Belagerung – diese Zeitspanne orientiert sich wohl am Vorbild des Trojanischen Krieges (Cornell 1995, 312) – einzunehmen und zu zerstören (5,22,8). Das Land wurde zum Teil des römischen Staatsgebietes erklärt.

Livius (2,42,9) erzählt, wie es 483 v.Chr. zum Krieg mit Veji kam. Die führende Rolle spielte dabei die *gens Fabia*. Es ist anzunehmen, dass Livius in seiner Darstellung auf Bestandteile mündlicher Tradition der Familiengeschichte der Fabii zurückgriff (Richard 1990, 198). Seit 485 wurde jedes Jahr ein Fabius zum Konsul gewählt, und zwar erstaunlich geordnet zweimal in derselben Reihenfolge: Quintus, Marcus, Kaeso, dann wieder Quintus, Marcus, Kaeso. 480 fällt Quintus in einer Schlacht gegen Veji (2,46,4–6). Die Etrusker nutzten die Niederlage, um Raubzüge in das Gebiet Roms zu unternehmen (2,48,5–6). Als 479 Kaeso zum dritten Mal Konsul wird (2,48,1), bietet er dem Senat an, den Krieg mit seiner *gens* alleine zu führen.

Livius' Erzählung über die Heldentaten der Fabii findet ihren Höhepunkt in der Beschreibung der Schlacht am Cremera, die allerdings in einer Niederlage endet. Warum und wie gelingt es Livius dennoch, die Fabii als Helden darzustellen?

[2,48,8] Tum Fabia gens senatum adiit. Consul pro gente loquitur: „Adsiduo magis quam magno praesidio, ut scitis, patres conscripti, bellum Veiens eget. Vos alia bella curate, Fabios hostes Veientibus date. Auctores sumus tutam ibi maiestatem Romani nominis fore.	[2,48,8] Da trat das Fabische Geschlecht vor den Senat. Der Konsul sagte im Namen seines Geschlechts: „Der Krieg gegen Veji macht, wie ihr wißt, Senatoren, mehr einen beständigen als einen starken Grenzschutz nötig. Kümmert ihr euch um die anderen Kriege und gebt den Leuten von Veji die Fabier zu Feinden. Wir verbürgen uns dafür, daß dort die Größe des römischen Namens in sicheren Händen sein wird. [9] Wir haben vor, diesen Krieg wie einen Krieg unserer Familie auf eigene Kosten zu führen. Der Staat braucht dafür keinen Soldaten zu stellen und kein Geld aufzuwenden." Man dankte ihm überschwenglich. [10] Der Konsul verließ das Senatsgebäude, begleitet von einem Zug von Fabiern, die in der Vorhalle des Senatsgebäudes gestanden und auf die Entscheidung des Senates gewartet hatten, und kehrte nach Hause zurück. Sie wurden aufgefordert, sich am nächsten Tag in Waffen an der Tür des Konsuls einzufinden; dann gingen sie nach Hause.
[9] Nostrum id nobis velut familiare bellum privato sumptu gerere in animo est; res publica et milite illic et pecunia vacet." Gratiae ingentes actae.	
[10] Consul e curia egressus comitante Fabiorum agmine, qui in vestibulo curiae senatus consultum expectantes steterant, domum redit. Iussi armati postero die ad limen consulis adesse; domos inde discedunt.	
[49,1] Manat tota urbe rumor; Fabios ad caelum laudibus ferunt: familiam unam subisse civitatis onus, Veiens bellum in privatam curam, in privata arma versum.	[49,1] Die Kunde verbreitete sich in der ganzen Stadt. Man hob die Fabier mit Lobsprüchen in den Himmel. Eine einzige Familie habe die Last der Bürgerschaft auf sich genommen, der Krieg mit Veji sei zu einer Privatsache, zu einer Privatfehde geworden. [2] Wenn es noch zwei ebenso starke Geschlechter in der Stadt gebe und das eine die Volsker für sich fordere, das andere die Aequer, könnten alle Nachbarvölker unterworfen werden, während das römische Volk die Ruhe des Friedens genieße. Die Fabier griffen am nächsten Tag zu den Waffen. Wo es ihnen befohlen war, kamen sie zusammen. [3] Der Konsul trat im Kriegsmantel heraus und sah im Vorhof seines Hauses sein ganzes Geschlecht in Marschformation aufgestellt. Er wurde in die Mitte genommen und befahl abzurücken. Niemals zog ein Heer, kleiner an Zahl, aber
[2] Si sint duae roboris eiusdem in urbe gentes, deposcant haec Volscos sibi, illa Aequos, populo Romano tranquillam pacem agente omnes finitimos subigi populos posse. Fabii postero die arma capiunt; quo iussi erant, conveniunt.	
[3] Consul paludatus egrediens in vestibulo gentem omnem suam instructo agmine videt; acceptus in medium signa ferri iubet. Numquam exercitus neque minor numero neque clarior fama et admiratione hominum per urbem incessit.	

1 | Historiographie 35

[4] Sex et trecenti milites, omnes patricii, omnes unius gentis, quorum neminem ducem sperneret egregius quibuslibet temporibus exercitus, ibant, unius familiae viribus Veienti populo pestem minitantes.

[5] Sequebatur turba, propria alia cognatorum sodaliumque, nihil medium, nec spem nec curam, sed immensa omnia volventium animo, alia publica sollicitudine excitata, favore et admiratione stupens.

[6] Ire fortes, ire felices iubent, inceptis eventus pares reddere; consulatus inde ac triumphos, omnia praemia ab se, omnes honores sperare.

[7] Praetereuntibus Capitolium arcemque et alia templa, quidquid deorum oculis, quidquid animo occurrit, precantur, ut illud agmen faustum atque felix mittant, sospites brevi in patriam ad parentes restituant. In cassum missae preces.

[8] Infelici via, dextro iano portae Carmentalis, profecti ad Cremeram flumen perveniunt. Is opportunus visus locus communiendo praesidio.

[9] L. Aemilius inde et C. Servilius consules facti. Et donec nihil aliud quam in populationibus res fuit, non ad praesidium modo tutandum Fabii satis erant, sed tota regione, qua Tuscus ager Romano adiacet, sua tuta omnia, infesta hostium vagantes per utrumque finem fecere.

[10] Intervallum deinde haud magnum populationibus fuit, dum et Veientes accito ex Etruria exercitu praesidium Cremerae oppugnant et Romanae legiones ab L. Aemilio consule adductae comminus cum Etruscis dimicant acie.

[11] Quamquam vix dirigendi aciem spatium Veientibus fuit; adeo inter primam trepidationem, dum post signa ordines introeunt subsidiaque locant, invecta subito ab latere Romana equitum ala non pugnae modo incipiendae, sed consistendi ademit locum.

bedeutender durch seinen Ruf und durch die Bewunderung der Menschen, durch die Stadt: [4] 306 Soldaten, alle Patrizier, alle aus einem Geschlecht, von denen ein hervorragendes Heer keinen jemals als Feldherrn zurückweisen würde, zogen dahin und drohten mit den Kräften einer einzigen Familie dem Volk von Veji den Untergang an. [5] Eine große Schar gab ihnen das Geleit, teils Leute, die zu ihnen gehörten, Verwandte und Freunde, die sich in ihren Hoffnungen und Sorgen nichts Mittelmäßiges vorstellten, sondern lauter Unermessliches, teils auch Leute, die von der Sorge um den Staat hergetrieben worden waren, vor Liebe und Bewunderung außer sich. [6] Sie sollten mutig dahinziehen, sollten glücklich dahinziehen, rief man ihnen zu, und ihr Unternehmen mit dem verdienten Erfolg krönen. Dann könnten sie von ihnen Konsulate und Triumphe, alle Belohnungen, alle Ehren erwarten. [7] Während sie am Kapitol und der Burg und den anderen Heiligtümern vorbeizogen, beteten die Menschen zu allen Göttern, die ihnen vor die Augen und vor die Seele traten, sie sollten diesen Zug glücklich und wohlbehalten ziehen und sie bald wieder unversehrt zur Vaterstadt, zu den Eltern zurückkehren lassen. Die Bitten waren ins Leere gesprochen. [8] Auf einem Unglücksweg, durch den rechten Torbogen der Porta Carmentalis, zogen sie aus und gelangten an die Cremera. Das schien ein geeigneter Platz, um eine Befestigung anzulegen. [9] L. Aemilius und C. Servilius wurden dann Konsuln (478 v.Chr.). Und solange es bei Plünderungen blieb, waren die Fabier nicht nur genug, um die Befestigung zu schützen, sondern indem sie auf beiden Seiten der Grenze umherstreiften, schufen sie in der ganzen Gegend, wo das etruskische Gebiet an das römische grenzt, Sicherheit auf der eigenen Seite und Unsicherheit auf der feindlichen. [10] Dann kam es zu einer kurzen Unterbrechung der Plünderungen, während die Bewohner von Veji, die ein Heer aus Etrurien herbeigerufen hatten, die Befestigung an der Cremera angriffen und die römischen Legionen von L. Aemilius herangeführt wurden und mit den Etruskern in einer Schlacht Mann gegen Mann kämpften. [11] Doch blieb den Leuten von Veji dabei kaum Zeit, ihre Schlachtreihe richtig aufzustellen; denn in der ersten Verwirrung, während die Abteilungen hinter ihren Feldzeichen einrückten und sie die Reserven postierten, sprengte plötzlich von der Flanke her eine römische Reiterschwadron heran

[12] Ita fusi retro ad saxa Rubra – ibi castra habebant – pacem supplices petunt; cuius impetratae ab insita animis levitate ante deductum Cremera Romanum praesidium paenituit.

[50,1] Rursus cum Fabiis erat Veienti populo sine ullo maioris belli apparatu certamen, nec erant incursiones modo in agros aut subiti impetus <in> incursantes, sed aliquotiens aequo campo conlatisque signis certatum,

[2] gensque una populi Romani saepe ex opulentissima, ut tum res erant, Etrusca civitate victoriam tulit.

[3] Id primo acerbum indignumque Veientibus est visum; inde consilium ex re natum insidiis ferocem hostem captandi; gaudere etiam multo successu Fabiis audaciam crescere.

[4] Itaque et pecora praedantibus aliquotiens, velut casu incidissent, obviam acta, et agrestium fuga vasti relicti agri, et subsidia armatorum ad arcendas populationes missa saepius simulato quam vero pavore refugerunt.

[5] Iamque Fabii adeo contempserant hostem, ut sua invicta arma neque loco neque tempore ullo crederent sustineri posse. Haec spes provexit, ut ad conspecta procul a Cremera magno campi intervallo pecora, quamquam rara hostium apparebant arma, decurrerent.

[6] Et cum improvidi effuso cursu insidias circa ipsum iter locatas superassent palatique passim vaga, ut fit pavore iniecto, raperent pecora, subito ex insidiis consurgitur, et adversi et undique hostes erant.

[7] Primo clamor circumlatus exterruit, dein tela ab omni parte accidebant; coeuntibusque Etruscis iam continenti agmine armatorum saepti, quo magis se hostis inferebat, cogebantur breviore spatio et ipsi orbem colligere,

und nahm ihnen nicht nur die Möglichkeit, den Kampf zu beginnen, sondern auch, in Stellung zu gehen. [12] So wurden sie auf die Roten Felsen zurückgeworfen – dort hatten sie ihr Lager – und baten kleinlaut um Frieden. Sie erhielten ihn auch, aber bei ihrer angeborenen Unbeständigkeit tat es ihnen schon wieder leid, noch bevor die römische Besatzung von der Cremera abgezogen worden war.

[50,1] Das Volk von Veji kämpfte wieder mit den Fabiern, ohne daß man irgendwelche Anstalten zu einem größeren Krieg gemacht hätte. Und es kam nicht nur zu Streifzügen in das offene Land und zu plötzlichen Angriffen auf die Eindringlinge, sondern einigemal auch auf freiem Feld zu einem regelrechten Kampf, [2] und ein einziges Geschlecht des römischen Volkes trug oft über die damals mächtigste Stadt der Etrusker den Sieg davon. [3] Die Leute von Veji empfanden das zunächst als bitter und unwürdig; dann kam aus der Situation heraus der Plan auf, den dreisten Feind in einem Hinterhalt zu fassen; sie waren auch froh, daß die Fabier durch ihren häufigen Erfolg immer verwegener wurden. [4] Deshalb wurde ihnen, wenn sie auf ihren Beutezügen waren, einigemal Vieh entgegengetrieben, als wenn es zufällig dorthin gekommen wäre, das Land lag nach der Flucht der Landbevölkerung verödet da, und bewaffnete Hilfskräfte, die geschickt worden waren, um die Plünderungen zu verhindern, flohen häufiger in vorgetäuschter als in echter Panik davon. [5] Und schon verachteten die Fabier den Feind so sehr, daß sie glaubten, man könne ihren unüberwindlichen Waffen an keinem Platz und zu keiner Zeit standhalten. Diese Hoffnung riß sie fort, daß sie, als sie weit weg von der Cremera fern in der Ebene Vieh erblickten, hinabstürzten, obwohl hier und da Waffen der Feinde zu sehen waren. [6] Unvorsichtig stürmten sie in wildem Tempo an dem Hinterhalt vorbei, der zu beiden Seiten des Weges gelegt war, und suchten verstreut überall die Tiere einzufangen, die wild umherliefen, wie es geschieht, wenn sie in Schreck geraten; da erhob man sich plötzlich aus dem Hinterhalt, und vorne und auf allen Seiten waren Feinde. [7] Zuerst erschreckte sie das Geschrei, das ringsum ertönte, dann flogen von allen Seiten Geschosse heran. Als die Etrusker zusammenrückten und die Fabier schon von einer geschlossenen Front von Bewaffneten eingekreist waren, sahen sie sich gezwungen, je mehr der Feind auf sie eindrang, auf dem immer

[8] quae res et paucitatem eorum insignem et multitudinem Etruscorum multiplicatis in arto ordinibus faciebat.
[9] Tum omissa pugna, quam in omnes partis parem intenderant, in unum locum se omnes inclinant. Eo nisi corporibus armisque rupere cuneo viam.

[10] Duxit via in editum leniter collem. Inde primo restitere; mox, ut respirandi superior locus spatium dedit recipiendique a pavore tanto animum, pepulere etiam subeuntes; vincebatque auxilio loci paucitas, ni iugo circummissus Veiens in verticem Collis evasisset.

[11] Ita superior rursus hostis factus. Fabii caesi ad unum omnes praesidiumque expugnatum. Trecentos sex perisse satis convenit, unum propter impuberem aetatem relictum, stirpem genti Fabiae dubiisque rebus populi Romani saepe domi bellique vel maximum futurum auxilium.

(Hans Jürgen Hillen 2007)

enger werdenden Raum auch selbst ein Karree zu bilden. [8] Das machte ihre geringe Zahl und die zahlenmäßige Überlegenheit der Etrusker sichtbar, deren Reihen auf dem engen Raum tief gestaffelt waren. [9] Da gaben sie den Kampf auf, den sie nach allen Seiten gleichmäßig geführt hatten, und drängten alle nach einer Stelle hin. Hier brachen sie sich mit ihren Leibern und ihren Waffen in einem Keil einen Weg. [10] Der Weg führte auf einen sanft ansteigenden Hügel. Von da aus setzten sie sich zunächst zur Wehr; da die höher gelegene Stellung ihnen Gelegenheit gab, wieder zu Atem zu kommen und sich von dem großen Schrecken zu erholen, trieben sie bald auch die nachdrängenden Feinde zurück. Und so hätte die kleine Truppe mit Hilfe des Geländes gesiegt, wenn nicht die Leute von Veji den Berg umgangen und auf die Spitze des Hügels gelangt wären. [11] So bekam der Feind wieder die Oberhand. Die Fabier wurden alle bis auf den letzten Mann niedergehauen und die Befestigung eingenommen. Es besteht hinreichende Übereinstimmung darin, daß die 306 das Leben verloren haben und daß sie nur einen einzigen, weil er noch minderjährig war, in der Stadt zurückgelassen hatten, den Stammhalter des Fabischen Geschlechts, der in schwierigen Situationen des römischen Volkes oft zu Hause und im Kriege die allergrößte Hilfe werden sollte.

(Hans Jürgen Hillen 2007)

Inhalt

Die *gens* Fabia zieht gemeinsam in einen selbst finanzierten Krieg gegen Veji (2,48,9). Nachdem man sich an einem befestigten Ort verschanzt hat (2,49,8), folgen verschiedene Raubzüge. Als die Fabii zu übermütig werden, legen ihnen die Vejenter einen Hinterhalt (2,50,6), aus dem sie zwar entkommen können, aber dann doch auf einem Hügel niedergemetzelt werden (2,50,11).

Der Vorschlag des Konsuls Kaeso Fabius Vibulanus, den Krieg auf eigene Kosten als Privatsache (2,49,1: *in privatam curam*) zu führen, wird in der Forschung häufig als letzter Ausläufer sogenannter Privatkriege in Latium und Etrurien interpretiert (Torelli 2011). Dann wäre die *gens* aber nicht als Familienverband im Sinne einer Verwandtschaftsgruppe zu verstehen, sondern hätte ebenfalls Kameraden und Klienten umfasst (Armstrong 2016, 70). Dafür scheint die Version des Dionysios von Halikarnassos zu sprechen, die Fabii seien gemeinsam mit 4.000 Klienten und Gefolgsleuten ausgezogen (ant. 9,15,3). Jedoch stellt Livius die Heldentat der Fabii als die einer Verwandtschaftsgruppe dar, indem die große Schar der weiter entfernten Verwandten und Kameraden beim Auszug nur das Geleit gab und sie mit Segenswünschen bedachten (2,48,5–7). Ebenfalls gegen die These vom Privatkrieg spricht, dass der Konsul nicht als sogenannter *warlord* auftritt, der außerhalb staatlicher Strukturen agiert (vgl. Armstrong 2016, 3), sondern der Senat diskutiert über den Vorschlag und nimmt ihn durch Beschluss an (2,48,10). Da der Konsul im Kriegsmantel vor seinem Heer erscheint, das sich dort traf, „wo es ihnen befohlen war" (2,49,2–3), schildert Livius die Expedition als legitimen Kriegsdienst und nicht als Privatkrieg (Ogilvie 1965, 362).

Unter dem Jubel des römischen Volkes zog ein Heer aus 306 Fabii unter dem Oberbefehl des Konsuls dem Feind entgegen. Durch Livius' Darstellung wird Kaeso zu einem der großen Oberbefehlshaber der Fabii, vergleichbar dem Quintus Fabius Maximus Verrucosus, der ebenfalls „mit Lobsprüchen in den Himmel" gehoben wurde (2,49,1; 22,30,7), als er durch sein bedächtig-zögerliches Verhalten im Krieg gegen Hannibal schlimmere Verluste verhinderte. Die Taktik brachte ihm den Beinamen Cunctator, der Zauderer, ein.

Als die 306 Fabii aus Rom ausziehen, nehmen sie Livius zufolge (2,49,8) einen Unglücksweg. Die Beschreibung des Weges durch den rechten, unheilbringenden Torbogen der Porta Carmentalis leuchtet topographisch nicht ein. Robert M. Ogilvie vermutet, dass das Missgeschick des Torbogens ursprünglich nicht mit den Fabii verknüpft war (1965, 364). Am Cremera, einem Zufluss des Tibers, schlagen sie ihr befestigtes Lager auf.

Nun beginnt bei Livius das Jahr 478 v.Chr., in dem Lucius Aemilius und Gaius Servilius Ahala Konsuln waren. Lucius Aemilius führte römische Legionen gegen die Etrusker, die Mann gegen Mann kämpften. Die römische Reiterei konnte sie zu ihrem Lager bei den Roten Felsen, die an der Via Flaminia bei Prima Porta lokalisiert werden, zurückdrängen und zu einem Friedensersuchen zwingen, das jedoch nicht von Dauer war. Wieder wird von Scharmützeln zwischen den Fabii und den Vejentern berichtet. Als beutegierig geschildert, wurden die Fabii ob ihres Erfolges immer unvorsichtiger. Im Jahr 477 – wie aus der Bemerkung hervorgeht, dass zur Zeit der Niederlage bereits Gaius Horatius Pulvillus und Titus Menenius Agrippa Konsuln waren (2,51,1) – lockten die Vejenter die Fabii in einen Hinterhalt, aus dem ihnen die Flucht auf einen Hügel gelang. Allein, der Feind umging den Berg, gelangte auf die Spitze des Hügels und tötete die Fabii bis auf den letzten Mann.

Sowohl Livius (2,50,11) als auch Dionysios (ant. 9,22,1–6) wissen von einem einzigen Fabius zu berichten, der wegen seiner Jugend nicht zum Militärdienst eingezogen wurde und deshalb als Stammhalter des Geschlechts in Rom überlebt haben soll. Während Livius dies offensichtlich nicht anzweifelt, bestreitet Dionysios die Tatsache eines einzigen Überlebenden, indem er Vermutungen über weitere Nachkommen anstellt. Er gibt aber zu, dass Quintus Fabius Vibulanus – so sein Name – wohl als einziger Berühmtheit erlangte. Er, der im Jahr 479 zu jung für den Kampf war, soll 467 bereits das erste Mal Konsul gewesen sein (3,1,1). Friedrich Münzer (1909, 1741) war davon überzeugt, dass die Geschichte von dem einzigen Überlebenden zu dem Zweck erfunden wurde, alle nachfolgenden Mitglieder der *gens* in einen genealogischen Zusammenhang zu bringen.

Kontexte

Medialer Kontext
Livius begann mit der Veröffentlichung der ersten fünf Bücher seines Geschichtswerkes wohl irgendwann zwischen 27 und 25 v.Chr. (Mineo 2015, xxxivf.). Er war nicht der Einzige, der zu dieser Zeit eine umfassende Darstellung der römischen Frühzeit in Angriff nahm. Ein seit 30 v.Chr. in Rom lebender Grieche, Dionysios aus Halikarnassos, schrieb ein Werk, das aus 20 Büchern bestand und den Titel *Antiquitates Romanae*, „Römische Altertümer", trug. Er war ein sozialer Außenseiter und nahm sich vor, der zeitgenössischen römischen Oberschicht den Lobpreis altrömischer Sitten und deren überlegene Moral zu verkünden. In der Tradition Herodots präsentierte er sein Werk als ethnographische Darstellung Roms, wobei er sich auf die Autorität seiner römischen Gewährsmänner berief (Luraghi 2003).

Das Werk des Dionysios ist auf weite Strecken die wichtigste Parallelquelle zu Livius. Häufig ist die Version des Livius allerdings kürzer als die des Dionysios, der als Außenseiter seine Autorität erst beweisen musste, indem er lang und breit seine Überlegungen zur Richtigstellung der Überlieferung schilderte. So kannte Dionysios zwei Versionen über das Ende der Fabii (ant. 9,19,1–21,6). Livius formte die verschiedenen Versionen zu einer einheitlichen und einfachen Erzählung. Aus ihr tritt der tragische Charakter des Schicksals der Fabii umso schärfer hervor (Dillery 2009, 88f.).

Das Werk *Ab urbe condita* folgt einem annalistischen Muster, die erzählten Ereignisse sind nach Jahren geordnet. Wie in der römischen Historiographie bereits vor Livius üblich, beginnt es mit den Ursprüngen und Anfängen Roms, die samt der Königszeit bis 510 v.Chr. in nur einem Buch behandelt werden. Je jünger die berichtete Geschichte, desto ausführlicher werden seine Schilderungen. Livius durchbricht wiederholt den annalistischen Aufbau des Werkes, um größere Ereigniszusammenhänge nicht in einzelne Jahre pressen zu müssen. An dem hier verwendeten Quellenbeispiel sieht man, dass eine sich über drei Jahre hinziehende kriegerische Auseinandersetzung zwar durch die Nennung der jeweiligen zwei Konsuln des Jahres strukturiert wird, jedoch als Erzählung durchkomponiert ist.

Produktionskontext
Titus Livius wurde 64 v.Chr. im heutigen Padua geboren, ein Ort in der Poebene, der erst 49 v.Chr. römisches Stadtrecht verliehen bekam (Chaplin/Kraus 2009, 5f.). Livius gehörte mithin zu einem Kreis von Personen aus den Randgebieten Italiens, die sich am Ende der Bürgerkriegszeit im politischen Leben Roms mehr und mehr etablierten. Er kam möglicherweise erst nach Rom, nachdem Octavian, der spätere Kaiser Augustus, seine Gegner im Jahre 31 v.Chr. endgültig besiegt hatte.

Livius lebte in der nächsten Umgebung des Augustus und dessen Familie, gemeinsam mit einigen schon damals vielbeachteten Dichtern wie Vergil, Horaz, Properz und ihrem Förderer Maecenas. Es scheint, dass sein Verhältnis zu Augustus nicht immer einfach war. So ging Livius 10 n.Chr. wieder in seine Geburtsstadt zurück, wo er im Jahre 17 starb (Levick 2015, 34).

Livius widmete sich ganz und gar der Geschichtsschreibung. Das war insofern außergewöhnlich, als bis dahin alle Historiker der senatorischen Oberschicht Roms entstammten und selbst aktive Politiker waren. So fehlte es ihm an eigenen militärischen und politischen Erfahrungen. Seine Außenseiterposition hatte zur Folge, dass er die Mechanismen der Senatsherrschaft nur unzureichend verstand und ihm die sozialen, ökonomischen und machtpolitischen Lebensumstände der Nobilität fremd waren. Den Mangel an Kenntnissen der soziopolitischen und militärischen Ordnung wollte er durch seine Kompetenz auf dem Gebiet der *memoria* ausgleichen. Wenn Livius mit der Autorität des Forschers spricht, dann erklärt er ganze Familientraditionen für verfälscht (8,40,4–5) oder die Zeit seiner ersten fünf Bücher bis zur Zerstörung Roms durch die Gallier 390 v.Chr. für nicht rekonstruierbar, da öffentliche und private Dokumente beim Brand verloren gegangen seien (6,1,1–3). Doch er hat weder in Archiven recherchiert noch sich Orte oder Denkmäler selbst angesehen, er stützte sich fast ausschließlich auf die Arbeiten seiner Vorgänger (Marincola 1997, 101f.). Fest steht, dass er sich vornahm, alle anderen Historiker durch Stil und Komposition zu übertreffen, ohne dabei ein grundlegend neues Bild der römischen Vergangenheit zu entwerfen (praef.).

Situativer Kontext
Auch wenn die Jugend des Livius geprägt war vom Ringen großer Feldherren um die Macht, war nach 31 v.Chr. Octavian der alleinige Herrscher. Zunächst war nicht klar, wie er von nun an herrschen würde, als neuer Caesar (*dictator*) oder als Romulus (*rex*). Keine der Alternativen war erstrebenswert, hatten doch beide ihr Schicksal durch die Hände von Senatoren erlitten. 27 v.Chr. gelang Octavian ein brillanter Schachzug: Er söhnte sich mit dem Senat aus und erhielt aus dessen Händen, nach Rückgabe der meisten usurpierten Machtpositionen, neue Machtvollkommenheiten. Am Ende seines Lebens fasste Augustus sein Wirken dahingehend zusammen, dass er durch seine *auctoritas* (Ansehen, Gewicht) alle zwar überrage, aber nicht mehr *potestas* (Amtsgewalt) als alle anderen, die jeweils seine Kollegen im Amt waren, besäße (R. Gest. div. Aug. 34).

Die Monopolisierung der Macht hatte auch gravierende Auswirkungen auf die Geschichtskultur Roms. Waren während der Republik die Handelnden, an die erinnert wurde, Angehörige der Oberschicht, die durch ihre Familientraditionen ein konkurrierendes und heterogenes Bild der Vergangenheit schufen, so war es von nun an geboten, eine einheitliche römische Geschichte zu schreiben, die teleologische Züge aufwies und die eigene Zeit als das Ziel der gesamten Geschichte ansah. Besonders augenfällig wird diese neue, kanonisierte Geschichte im Augustus-Forum in Rom, in dem das neue Verständnis der gemeinsamen Vergangenheit klar formuliert wurde (Zanker 1987).

Verwendungskontext

Zunächst stellt *Ab urbe condita* einen Bericht über die Vergangenheit Roms dar, der den Zeitgenossen des Livius und Augustus die Selbstvergewisserung und Identität geben konnte, die sie nach zwei Jahrzehnten verheerender Bürgerkriege brauchten. Liest man das Werk als Antwort auf die Fragen nach dem „Woher kommen wir?" und „Wie hat sich alles entwickelt?", dann geht es nicht um historische Faktizität, sondern um das römische Selbstverständnis kollektiver Erinnerung und wie diese auf Gegenwart und Zukunft einwirkte (Kraus 2000, 462). Dabei ist es unerheblich, ob Livius die Details richtig wiedergibt oder auf welchen Quellen er fußt: Am Ende entscheidet, wie sich die Römer selbst sahen. Das Werk des Livius ist demnach durch die kollektiven Normen und die herrschenden Denkweisen des augusteischen Zeithorizonts – also der Gegenwart des Autors – geprägt. Doch finden sich ebenfalls Sichtweisen und Erfahrungen des kulturellen Erbes der späten Republik, in der Livius aufgewachsen ist.

Livius ging es nicht nur um Identitätsstiftung, sondern seine Geschichte sollte sowohl Grundlage für politisches Handeln wie auch selbst politisches Handeln sein. Er fordert seine Leser auf, die Verhaltensweisen nachzuahmen, die Rom einst mächtig machten, und jene zu vermeiden, die Unglück brachten (praef. 10). Indem Livius in seiner Vorrede festhält, dass er von der Gründung der Stadt an die Geschichte des römischen Volkes genau aufzeichne (praef. 1), gibt er seinem Werk durch die Verwendung des Verbes *perscribere* – des Verbs, das für die schriftliche Fassung der Senatsbeschlüsse verwendet wurde – den Anschein einer endgültigen, offiziellen Version. In Wirklichkeit weicht Livius' Version von der des Augustusforums ab (Luce 1990). Livius schließt seine Vorrede „mit guten Vorzeichen, Gelübden und Gebeten an die Götter und Göttinnen" (praef. 13). Die Formel erinnert sowohl an die Dichter, die die Frühzeit Roms glorifizierten, als auch an den Konsul, der in den Krieg zieht. Hierin bekundet sich Livius' Selbstverständnis, demzufolge sein Werk den Rang politischer Aktivität beansprucht (Feldherr 1997, 136f.).

Sozialer Kontext

In der römischen Republik lag die Gestaltung des öffentlichen Lebens in den Händen der Häupter weniger Familienverbände. Sie bekleideten die Ämter, saßen im Senat und genossen höchstes gesellschaftliches Ansehen. Sie waren es, die ihr Leben der *res publica* widmeten und deren Taten in der kollektiven Erinnerung gepflegt wurden.

Die Fabii gehörten seit dem 5. Jh. v.Chr. mit den Aemilii, Claudii, Cornelii und Valerii zu den großen patrizischen Adelshäusern der römischen Republik. Ihr wichtigster Familienzweig war seit dem 4. Jh. v.Chr. der der Maximi, die sich bis in die augusteische Zeit verfolgen lassen. Der römische Senator Paullus Fabius Maximus hatte zur Zeit des Augustus hohe Ämter inne und war dem *princeps* eng verbunden. Er war ein Förderer des Dichters Ovid, der aus der Verbannung mehrere Briefe an ihn richtete, damit er seinen Einfluss bei Augustus geltend mache.

Die Fabii Vibulani, die – mit einer einzigen Ausnahme, wie vorhin besprochen – alle am Cremera den Tod fanden, verlieren sich im Dunkel der frührepublikanischen Geschichte. Ihr Schicksal mag von Fabius Pictor festgehalten und dann von Livius weiter narrativ ausgestaltet worden sein. Den Anlass dazu gab wahrscheinlich der Umstand, dass ein Angehöriger der *gens* Fabia bedeutenden Einfluss auf Augustus ausübte.

Kognitiver Kontext
Um seine Herrschaft zu sichern, knüpfte Augustus an die republikanischen Traditionen an, ohne jedoch die Transformationen der politischen Ordnung, die längst stattgefunden hatten, wieder aufzuheben. Die so griffige Formel *res publica restituta*, die wiederhergestellte Staatsordnung, kann nicht mit Augustus selbst verbunden werden und ist in ihrer konkreten Bedeutung umstritten (Rich/Williams 1999). Sie entsprach jedoch als rhetorische Figur dem historischen Denken der Römer.

Die Römer glaubten nicht, dass sich die Vergangenheit von der Gegenwart grundsätzlich unterschied, weshalb sie sich auch nicht vorstellen konnten, dass die Institutionen seit ihrer Einrichtung durch die Könige eine Entwicklung durchlaufen hätten. Vergangenes konnte daher als Vorbild und Entscheidungshilfe dienen und einen Typenschatz von *exempla* in sich bergen. Dass eine solche Auffassung die zur Erkenntnis nötige Distanz auch verhinderte und Missverständnisse, Fehlurteile und blinde Flecken entstehen ließ, liegt nach Dieter Timpe auf der Hand (1996, 281f.).

Veränderungen wurden bestenfalls als Sittenverfall wahrgenommen (Sall. Catil. 10–13). Die Wiederherstellung der Republik bedurfte dementsprechend der Erneuerung der einstigen Tugenden und Werte, wie sie sich in den Taten und Handlungen der großen Männer und Frauen am Beginn der Republik zeigten. Einzelne *gentes* nahmen hier besondere, exemplarische Funktionen ein. Nach Meinung der Römer wiesen nämlich Mitglieder einer einzelnen *gens* ähnliche Verhaltensweisen und Überzeugungen auf und standen daher für bestimmte Charaktereigenschaften (Richardson 2012, 17–20). So sind die Claudii bei Livius hochmütig, die Decii hingegen beweisen Opfermut. Livius typisiert, aber er individualisiert auch situationsabhängig.

In der Darstellung des Dionysios kehren die Fabii anlässlich eines religiösen Festes nach Rom zurück und werden unterwegs getötet (ant. 9,19,1–3). Damit stehen sie für ausgeprägte Religiosität. Die Datierung der Niederlage am Cremera auf den 15. Februar, das Luperkalienfest, mit dem die Fabii besonders verbunden waren (Ov. fast. 2,193–196), ließe sich vielleicht auch mit dieser besonderen Religiosität erklären (Richardson 2012, 105–110).

Häufig traten Fabii für die *concordia ordinum* (Eintracht der Stände) und somit für das Wohlergehen der *res publica* ein (Richardson 2012, 77–81). Der Patrizier Kaeso Fabius wusste sich nicht nur beim Volk beliebt zu machen, indem er den Kampf gegen Veji zur Sache seiner *gens* machte (2,48,9; 49,1), sondern zu Beginn seines dritten Konsulats 479 schlug er angeblich vor, erobertes Land an die Plebejer zu verteilen (2,48,2). Das Denkmodell der *concordia ordinum* muss vor dem Hintergrund der politischen Auseinandersetzungen des 1. Jh. v.Chr. gesehen werden. Seit dem Volkstribunat des Tiberius Sempronius Gracchus 133 v.Chr. war der Konsens innerhalb der Elite zerbrochen und Landverteilung an landlose Bürger wurde verstärkt zum Objekt politischer Profilierung. Diese eigentlich politischen Gegensätze wurden als Gegensätze der beiden Stände, der Patrizier und Plebejer, in die römische Frühzeit zurückprojiziert. Durch die Erzählung von Familienschicksalen trägt Livius zum Diskurs der Vorbildhaftigkeit der *gentes* bei. Er erschuf dringend benötigte Vorbilder zur Selbstvergewisserung der Römer im augusteischen Zeitalter.

Bedeutung

Warum und wie gelingt es Livius, die Fabii als Helden darzustellen? Was macht die Fabii zu Helden? Das Verhalten der Fabii dient zu Beginn der Erzählung dem Erhalt der *res publica*. In einer schwierigen Situation bot der Konsul an, den Kampf gegen die Vejenter zu einer Sache seiner *gens* zu machen und damit das Volk von Rom zu entlasten. Zunächst hatte es den Anschein, als ob ein offiziell erklärter Krieg stattfände, dann aber nahmen die Kampfhandlungen die Form von Raubzügen an, wobei die Fabii immer unvorsichtiger wurden. Der Verlauf der letzten Schlacht wurde durch den Kampfesmut der Fabii bestimmt, die einem Hinterhalt entrinnen konnten und sich auf einen Hügel retteten. Doch der Feind umging den Hügel und tötete von dessen Spitze aus alle Fabii.

Bereits Ettore Pais (1906) fielen die Parallelen zwischen dem Schicksal der Fabii am Cremera und dem von Herodot (7,201–228) geschilderten Untergang der Spartaner 480 v.Chr. an den Thermopylen auf. Nicht nur stimmt die Zahl der 300 gefallenen Spartaner (Hdt. 7,224) mit den 300 (Diod. 11,53,6) bzw. 306 (Liv. 2,49,4) gefallenen Fabii nahezu überein, sondern in beiden Fällen werden heldenhafte Krieger unter Umgehung eines Berges von hinten angegriffen (Hdt. 7,223; Liv. 2,50,10). Und so wie ein einziger minderjähriger Fabius übrigblieb, so überlebte bei der Schlacht an den Thermopylen der Sohn des Sehers Megistias, da er vor der Schlacht nach Hause geschickt wurde (Hdt. 7,221).

Welche Bedeutung nahm diese parallel konstruierte Geschichte im Zusammenhang einer plausiblen Rekonstruktion der Vergangenheit ein? Während den griechischen Zeitgenossen des Livius der Untergang der Fabii am Cremera gleichgültig gewesen sein dürfte, war den zeitgenössischen Römern allerdings bekannt, dass die Schlacht an den Thermopylen zum Sinnbild spartanischer bzw. griechischer Tugenden geworden war. Die Begebenheiten am Cremera wurden bei Livius sogar zeitlich fast synchron ins Jahr 477 v.Chr. verlegt, womit sich die historiographische Botschaft des griechischen Ereignisses übertragen ließ. Aber die Katastrophe am Cremera war nicht einfach eine zeitgenössische Nachempfindung des spartanischen Opfers an den Thermopylen. Es war, wie John Dillery herausgestellt hat, der Beleg, dass die Fabii über dieselben Tugenden verfügten wie die Spartaner. Ein Unterschied fällt jedoch auf: Die Begebenheit definiert im Falle Spartas ein ganzes Volk, während sie im Falle der Römer nur eine *gens* charakterisiert (2009, 89f.).

Warum wurde die Heldentat einer *gens* in dieser Art betont? Sollte damit die Tapferkeit der Fabii über die Frühzeit Roms hinaus eine paradigmatische Bedeutung erlangen? Etwa 90 Jahre später waren wieder Fabii in Kämpfe involviert, dieses Mal gegen die Kelten. Die drei eigentlich als Gesandte Roms geschickten Söhne des Marcus Fabius Ambustus griffen „entgegen dem Völkerrecht" zu den Waffen und forderten so die militärische Auseinandersetzung heraus. Als Militärtribune stellten sie sich nicht besonders geschickt an, so dass es zur Katastrophe kam. 390 v.Chr. wurde die römische Armee in der Schlacht an der Allia von den nach Italien einfallenden Kelten besiegt (5,35,5–38,10). Jean-Claude Richard sieht in der Darstellung des Heldentodes am Cremera die Wiedergutmachung für das von den Fabii herbeigeführte Unglück gegen die Kelten an der Allia (1990). So wurde in der historiographischen Tradition die Niederlage gegen die Kelten durch eine Heldentat ausgeglichen. Vermutlich geht die Kompensation der Niederlage auf die Fabii selbst oder den Historiker Fabius Pictor zurück. Während auf die verlorene Schlacht an der Allia die Zerstörung Roms durch die Kelten folgte, zerstörten als Folge der verlorenen Schlacht an den Thermopylen die Perser Athen (vgl. Richardson 2012, 151). Verfügten die Fabii über dieselben Tugenden wie die Spartaner, dann war die Niederlage an der Allia ein Schicksalsschlag.

Wie die Schlacht an der Allia soll die Niederlage am Cremera am 18. Juli stattgefunden haben: Grund genug, den Tag zum Unheilstag zu erklären (6,1,11). Solche Synchronismen – hier zwischen zwei schweren Niederlagen – wurden häufig konstruiert. Plutarch bemüht sich in seinem Lebensbild des Marcus Furius Camillus, der als Diktator die Kelten aus Rom vertrieb, diesen Synchronismus zu belegen (Camillus 19). Doch damit nicht genug der auffällig parallel konstruierten Geschichten der Fabii. Da ist eine weitere Niederlage zu nennen: Im Jahre 358 v.Chr. kämpfte der Konsul Gaius Fabius Ambustus „unvorsichtig und unüberlegt" gegen die etruskischen Tarquinier, die nach der römischen Niederlage 307 römische Gefangene den Göttern opferten (7,15,9–10). Diese Episode dürfte wiederum derjenigen der Niederlage am Cremera nachgebildet sein.

Die Überlieferung von den schicksalhaften Erfolgen und Misserfolgen der Fabii verdanken wir wohl zum Teil der Tatsache, dass der erste römische Historiker dieser *gens* angehörte und deren Familientraditionen gut kannte. Allerdings ist die Überlieferungslage so lückenhaft, dass wir keine Details nachweisen können. Die von Dionysios von Halikarnassos geschilderten Versionen zeigen, dass mehrere Fassungen im Umlauf waren. Dem Fabius, der zum intellektuellen Zirkel des Livius gehörte, dürften gewiss weitere Episoden der Geschichte der *gens* bekannt gewesen sein.

Die Kunstfertigkeit, mit der Livius seine Geschichte literarisch gestaltete, wurde von seinen Lesern besonders geschätzt. Sie folgten gern dem Erzähler, der wunderbare Geschichten mit beträchtlicher innerer Plausibilität formte, und dem Autor, der durch seine Expertise auf dem Gebiet der *memoria* das Anrecht auf die richtige Version erhob. Das Vorhandensein beider Stimmen erweist die antike Geschichtsschreibung als Mischtypus von fiktionaler Literatur und faktualer Wissensvermittlung. Während das faktuale Erzählen über die ältesten Zeiten gemessen an den Kriterien der modernen Geschichtswissenschaft nicht überprüfbar ist, lässt sich verfolgen, mit welchen Mitteln Livius Anspruch auf die Autorität des Autors erhob. Gerade das zeigt, wie antike Historiker methodisch arbeiteten. Dass ihre Methoden nicht unseren Ansprüchen genügen, macht eine Beschäftigung mit ihnen nicht überflüssig. Im Gegenteil, ihre Erzählfreude und ihre Bemühung um Plausibilität zeigt, wie sie und ihre Zeitgenossen die Vergangenheit verstanden und wie rhetorisch kunstvoll sie dies umzusetzen verstanden. Die Beschäftigung mit dem Werk des Livius, wie auch mit anderen antiken Historikern, verdeutlicht die für jede Geschichtsschreibung konstitutive Zusammengehörigkeit von Forschung und Rhetorik.

Leitfragen für die Interpretation

▶ Die historiographischen Quellen der Antike sind durch eine Mischung von fiktionaler Literatur und faktualer Wissensvermittlung gekennzeichnet. Wie wird eine sinnvolle und bedeutsame historische Realität geschaffen, die das Publikum überzeugt?
▶ Wie unterscheiden sich Autor und Erzähler? Der Autor begründet seine Autorität im Allgemeinen im Vorwort zu seinem Werk (*prooimion* oder *praefatio*). Warum ist sein Werk den anderen historiographischen Werken überlegen? Der Erzähler formt seine Schilderung großer Taten und Ereignisse der Vergangenheit mit literarischem und rhetorischem Anspruch. Mit welchen Mitteln erzeugt er Plausibilität?
▶ Innerhalb welchen Kommunikationszusammenhangs steht die Quelle? Welches Bild ergibt sich aus der Analyse der verschiedenen Kontexte?
▶ Welche Bedeutung hat die Quelle innerhalb einer für die Zeitgenossen plausiblen Rekonstruktion der Vergangenheit? Welche Bedeutung kommt ihr innerhalb des zeitgenössischen Kommunikationszusammenhangs zu? Welche Bedeutung ergibt sich aus der erarbeiteten Fragestellung?

Leseempfehlungen

Marincola, John (Hg.) (2007): A Companion to Greek and Roman Historiography, Malden.

Mehl, Andreas (2001): Römische Geschichtsschreibung: Grundlagen und Entwicklungen. Eine Einführung, Stuttgart.

Meister, Klaus (1990): Die griechische Geschichtsschreibung, Stuttgart.

2. Antike Lebensbilder

Bereits die Antike kannte biographische Schriften, die sich auf Persönlichkeiten wie Staatsmänner, Dichter und Philosophen bezogen. Biographien lassen sich zunächst allgemein als Bericht über das Leben eines Mannes von der Geburt bis zum Tod definieren (Momigliano 1971, 11). Zumeist wird die Entwicklung einer Person vor dem politischen, sozialen und kulturellen Hintergrund ihrer Zeit geschildert. Doch ging es den antiken Autoren nicht darum, nüchtern ein Menschenleben zu beschreiben und die historischen Zusammenhänge zu beleuchten, sondern sie wollten ein Bild des Charakters einer Person entwerfen. Dieses wurde skizziert und ausgemalt, sodass hier statt „Lebensbeschreibung" der den kreativen Anteil betonende Begriff „Lebensbild" verwendet wird. Ein solches Lebensbild sollte unmittelbar erzieherische Wirkung erzielen.

Genese und Gebrauch

Die literarische Beschreibung einer großen Persönlichkeit wurde griechisch als *bíos* oder lateinisch als *vita*, was jeweils zunächst einfach „Leben" heißt, bezeichnet. Das griechische Wort Biographie wurde erst in der Spätantike verwendet, und bedeutet Lebensbeschreibung (*bíos* – Leben, *gráphein* – schreiben). Auch wenn antike Abhandlungen zum Verständnis der Lebensbilder fehlen, lässt sich doch aus den Bemerkungen einzelner Autoren ein zeitgenössisches Selbstverständnis herausarbeiten. Dabei wird deutlich, dass zwischen der *historía* (Geschichtsschreibung), die Taten (*práxeis*) erzählte, und dem *bíos* (Lebensbild), der den Charakter (*éthos*) schilderte, unterschieden wurde. Cornelius Nepos (etwa 100–28 v.Chr.), der ein Werk über berühmte Männer verfasste, äußerte zu Beginn seiner *vita* des thebanischen Feldherrn Pelopidas (um 410–364 v.Chr.) Bedenken, dass er eher Geschichte als eine Vita schriebe, wenn er zu viele Ereignisse berichten würde. Ihm muss demnach der Unterschied bewusst gewesen sein. Historische Taten wurden in einer Vita nur berichtet, wenn sie ein Licht auf den Charakter der Person werfen konnten (Beneker 2009/10, 116–118).

Die Anfänge der antiken Biographie werden im Allgemeinen ins Athen des 4. Jh. v.Chr. datiert. Die Enkomien (Prosalobschriften) des Redners Isokrates (436–338 v.Chr.) und des Historikers und sokratischen Philosophen Xenophon (nach 430–nach 355 v.Chr.) gelten als Vorläufer. Diese Höhepunkte antiker Rhetorik sollten zeigen, wie ein Mensch in ausgezeichneter Weise allgemeine Werte erfüllte. In den Schriften Platons wie des Aristoteles und seiner Schule existierten biographische Elemente, die Impulse für die weitere Entwicklung gaben (Schorn 2014, 698–703). Der Aristoteles-Schüler Dikaiarchos (ca. 375–285 v.Chr.) übertrug den Begriff *bíos* (Lebensbild) gar auf seine Kulturgeschichte Griechenlands: *Bíos Helládos* (Ax 2000).

Im Hellenismus blühte die antike Biographie, soweit man dies aufgrund der fragmentarischen Überlieferung sagen kann. Die Bedeutung, die dem Individuum nun durch die veränderten politischen Verhältnisse zukam, ließ nicht nur Lebensbilder der Könige, sondern auch von Dichtern, Künstlern und Philosophen gedeihen. Insbesondere Philosophen wurden in ein Lehrer-Schüler-Verhältnis gesetzt und konnten Orientierung für ein gelungenes Leben geben. Auf dieses Material griff Diogenes Laërtios bei der Abfassung seiner Philosophenviten im 3. Jh. n.Chr. zurück (Schorn 2014, 721–724).

Der griechische Historiker Polybios aus Megalopolis (um 200–120 v.Chr.) verfolgte durch die Lebensbilder großer Männer, die er in sein Geschichtswerk integrierte, bereits moralische Zwecke. Er unterschied allerdings nicht zwischen Geschichtsschreibung und Biographie, wie häufig behauptet, sondern zwischen Geschichtsschreibung und Enkomion, einer Lobrede, indem er die Knappheit des Exkurses über Philopoimen, seinen Ziehvater, damit erklärte, er habe bereits an anderer Stelle über dessen Erziehung und hervorragendsten Taten geschrieben. In dieser Passage wundert sich Polybios darüber, dass in historiographischen Werken zwar die Gründung von Städten ausführlich beschrieben, das Wollen und Wirken großer Männer jedoch verschwiegen werden, regen doch die Erzählungen über diese zu Bewunderung und Nacheiferung an und hätten einen erzieherischen Effekt (Pol. 10,21; Duff 1999, 21f.).

Im Übergang zur Kaiserzeit verfassten in Rom Marcus Terentius Varro (116–27 v.Chr.) und Cornelius Nepos (etwa 100–24 v.Chr.) Werke, die berühmte Römer, aber auch Griechen und andere Nichtrömer porträtierten. Plutarch (um 45–125 n.Chr.) stellt in seinen vergleichenden Lebensbildern jeweils einen historisch bedeutenden Griechen einem Römer gegenüber, und zwar nach bestimmten Kategorien wie „Stadtgründer", „Gesetzgeber", „Reformer", „sittenstrenger Politiker", „Tyrannengegner", „erfolgreicher Feldherr", „Rhetor" und „militärisch erfolgreicher Außenseiter". Ihm gelang es, die Viten großer Männer als moralisch und erzieherisch wirkende, politische Lebensbilder zur vollen Blüte zu bringen. Auffällig ist, dass er bei seinem Ziel, Charakterstudien zu treiben, keine Lebensbilder von Philosophen verfasst hat, obwohl doch gerade hier literarische Vorbilder existierten (Opsomer 2016, 102). Immer handelt es sich um Staatsmänner und Feldherren. Bevor er sich an die Arbeit an den *vitae parallelae* machte, verfasste Plutarch Lebensbilder der römischen Kaiser von Augustus bis Vitellius, die er als fortlaufende Geschichte konzipierte.

Zur selben Zeit etablierte Gaius Suetonius Tranquillus (um 70–130 n.Chr.) die spezielle Form der nach Sachgebieten geordneten Viten römischer Kaiser. Diese können als Sinnbild für einen Wandel des historisch-politischen Interesses gelten, wird hier doch nicht, wie zuvor in der römischen Historiographie üblich, aus der Sicht der Senatoren geschrieben, sondern der Kaiser, als Patron aller Römer, in den Mittelpunkt gerückt. Sueton entwarf allerdings keine Charakterbilder, sondern schrieb das zusammen, was seine Leser an Klatsch, Anekdoten und Skandalen lesen wollten. Dabei hatte er als Bevollmächtigter der kaiserlichen Kanzlei

Zugang zu Briefen, Urkunden, Dekreten und anderen Schriftstücken und verfügte somit über eine ausgezeichnete Quellengrundlage. Sein Werk wurde durchaus als zeitgemäße Geschichtsschreibung empfunden.

In der Spätantike wurden die Kaiserviten des Sueton in der *Historia Augusta* fortgesetzt. Die unter diesem Titel zusammengefassten Viten römischer Kaiser wurden unter den Namen von sechs Autoren publiziert, wobei die Forschung inzwischen dazu neigt, einen einzigen Verfasser anzunehmen, der die Viten gegen 400 n.Chr. schrieb. So gut wie alles an dieser Sammlung ist umstritten: Entstehungszeit, Autor, Absicht, Tendenz und Quellen (Lippold 1991; Johne 1998). Sicher scheint nur, dass die *Historia Augusta* aus heidnischer Sicht verfasst wurde, zu einem Zeitpunkt, als Rom von christlichen Kaisern regiert wurde. Neben den heidnischen Viten entwickelte sich im 4. Jh. die christliche Form der Mönchs- und Bischofsvita. Die Evangelien werden teilweise ebenfalls zur Gattung der Biographie gezählt, auch wenn dies höchst umstritten ist.

Neuere Forschungsansätze

Die Forschung zur antiken Biographie begann mit Friedrich Leos form- und gattungsgeschichtlicher Abhandlung zur griechisch-römischen Biographie, die heute als überholt gilt (1901). In den 1990er Jahren wandelte sich das Bild allmählich (Ehlers 1998). Albrecht Dihle, der sich bereits seit den 1950er Jahren mit der antiken Biographie beschäftigt hatte, trat nun für die Einbeziehung mentalitätsgeschichtlicher Fragestellungen ein (1998). Die Frage, ob es sich bei der Biographie überhaupt um eine antike Gattung handelte, blieb allerdings weiterhin offen, denn die Lebensbilder wurden weder in der antiken Literaturtheorie und -kritik noch in der rhetorischen Theorie behandelt. Im Jahre 2002 verfasste Holger Sonnabend eine Geschichte der antiken Biographie, in der er Autoren, die einen mehr oder weniger großen Anteil an der Entwicklung der antiken Biographie wie auch Autobiographie hatten, in chronologischer Reihenfolge vorstellte. So entstand ein nützlicher Überblick für den Einstieg in die Entwicklung dieser literarischen Formen, indem die Autoren in ihren jeweiligen historischen Kontext gestellt und die politischen und sozialen Bedingungen für ihr Schaffen dargelegt wurden. Angeregt durch die Herausgabe des Teils IV der Fragmente griechischer Historiker, der hellenistischen bis kaiserzeitlichen Biographie, ist in den letzten Jahrzehnten die hellenistische Biographie genauer erforscht worden, insbesondere das Verhältnis der Biographie zur Historiographie und Philosophie (Erler/Schorn 2007). Die Abgrenzung von Biographie und Historiographie wird immer unschärfer, da moralische Belehrung auch in historiographischen Schriften anzutreffen ist. Guido Schepens hat daher die Biographie als eine besondere Form des historiographischen Diskurses dargestellt (2007, 341).

Für Thomas Späth besteht die schwierige Abgrenzung zwischen Biographie und Historiographie nicht im Gegensatz zwischen der Ausgestaltung der Charaktere oder einem entsprechenden Desinteresse an diesen, sondern in der Erzählfunktion der Einzelfiguren. Die Geschichtserzählung schmücke ihre Charaktere zwar narrativ aus, aber nur innerhalb eines Figurengeflechts und dessen Handlungszusammenhängen. Die Biographie abstrahiere keineswegs von diesem Figuren- und Handlungsgeflecht, betrachte jedoch die Einzelfigur innerhalb eines Geflechts und mache deren Charakter zu ihrem Thema. Damit schreibe sie den Figuren der biographischen Erzählung eine metaphorische, das heißt eine in einen anderen Wirklichkeitsbereich übertragene Bedeutung zu. So schaffe sie sich Raum, um auf allgemein-philosophische Fragen wie die ethischen Grundlagen des Zusammenlebens und der politischen Macht einzugehen, die in und durch die Hauptperson illustriert werden. Gemeinsam ist Biographen und Historikern die kulturelle Grundlage, die geteilten Werte, aus denen sie schöpfen (2005, 40f.).

Neben den Forschungen zur hellenistischen Biographie liegt ein Schwerpunkt auf der Forschung zu Plutarch. Seit den 1980er Jahren erfuhr sie einen Wandel, indem Plutarchs Lebensbilder nicht mehr als bloßes Patchwork älterer Autoren betrachtet wurden, das der Autor aus Anthologien und Nachschlagewerken zusammengesucht habe, um populäre moralische Traktate zu schaffen. Man begann, die spezifischen Eigenheiten der Werke selbst herauszuarbeiten und seine Parallelbiographien nicht länger als Steinbruch für verlässliche historische Informationen, sondern als originäre Werke eines Meisters des Stils, der Rhetorik und der biographischen Technik zu betrachten. Statt nach Fakten zu bohren, wurde der Text als solcher behandelt, um so einerseits Plutarchs filigranes Handwerk und verschachteltes Spiel der Themen aufzuzeigen, andererseits zum Verständnis der durch Plutarch häufig neu interpretierten komplexen historischen Tradition beizutragen (Stadter 1992, 2).

Die neueste Forschung zeigt, dass die Fülle biographischer Schriften in der Antike keineswegs in ein Gattungsschema gepresst werden kann. Dieser Vielfalt wollte Tomas Hägg gerecht werden, indem er die Möglichkeit einer Entwicklungsgeschichte der antiken Biographie ablehnte. Die Kunst der antiken Biographie besteht Hägg zufolge in der Kreativität der Autoren, die das Leben populärer Dichter wie Homer und Aisop aus deren Werken heraus gestalteten und Lücken mithilfe einfallsreichen Materials auffüllten. So ließe sich nicht die politische Biographie als Orientierung und Höhepunkt der Gattung herausarbeiten. Stattdessen fänden sich zahlreiche Arten philosophischer, spiritueller und ethischer Lebensbilder nebeneinander (2012).

Antike Lebensbilder als Quellen für Werte und Normen

Bei der Verwendung einer antiken Vita als historische Quelle ist immer zu bedenken, dass diese weder Geschichtsschreibung sein, noch Taten oder Ereignisse überliefern wollte, sondern den Charakter eines Menschen möglichst anschaulich schildern und diesen als positives oder negatives Beispiel menschlicher Tugenden und Laster erzieherisch wirken lassen wollte (Duff 1999, 49–51). Plutarch gibt selbst Auskunft über diese moralisierende Zielsetzung und sein Vorgehen bei der Darstellung großer Griechen und Römer, die in ihren positiven wie negativen Eigenschaften als moralische Exempla einer gelungenen oder misslungenen Lebensführung dienen sollten. Er fasse das Tatsachenmaterial kurz zusammen,

„Denn ich schreibe nicht Geschichte, sondern zeichne Lebensbilder, und hervorragende Tüchtigkeit oder Verworfenheit offenbart sich nicht durchaus in den aufsehenerregendsten Taten, sondern oft wirft ein geringfügiger Vorgang, ein Wort oder ein Scherz ein bezeichnenderes Licht auf einen Charakter als Schlachten mit Tausenden von Toten und die größten Heeresaufgebote und Belagerungen von Städten." (Alexander 1,1f.; Übersetzung K. Ziegler).

Plutarch will Material überliefern, das den Charakter (*êthos*) und die Sinnesart (*trópos*) eines Menschen zu bestimmen hilft (Nikias 1,5). So wird auch deutlich, dass er einen Unterschied zwischen seinen Parallelbiographien und erzählender Geschichtsschreibung sah, denn eine fortlaufende Geschichte der Ereignisse lasse sich anderswo finden (Fabius Maximus 16,5). Gelegentlich entscheidet er sich dennoch für eine ausführlichere Geschichtserzählung. Ein für die antike Historiographie typisches Stilmittel, die direkte Rede, macht auch Plutarchs Viten lebendig und unterhaltsam zu lesen.

Das Ziel der Bewertung eines Menschen richtete sich am jeweiligen zeitgenössischen Ideal aus. Die Werte und Normen, an denen das Verhalten der Person gemessen wurde, waren dem historischen Wandel unterworfen, so dass wir im hellenistischen Griechenland andere Wertmaßstäbe erwarten dürfen als in der römischen Kaiserzeit. Die antiken Biographien sind Quellen für das Menschenbild in seinem Wandel. Bild ist hier, wie Sonnabend betont, wörtlich zu nehmen, denn der Mensch wurde „überwiegend nicht so beschrieben, wie er »wirklich« war, sondern wie er gesehen wurde bzw. wie er gesehen werden sollte" (2002, 12). Aus diesem Grund ist eine Quelle, die der antiken Biographie zuzurechnen ist, nicht einfach nur aufgrund eines zeitlichen Abstands vom erzählten Objekt kritisch zu hinterfragen, sondern auch, weil die Motivationen und Methoden des Autors von dem abweichen, was wir bei einer historiographischen Quelle erwarten dürfen. Weder das historische Individuum noch die historische Situation lässt sich anhand antiker Lebensbilder zuverlässig rekonstruieren. Am ehesten erlaubt ein antikes Lebensbild verlässliche Aussagen darüber, wie ein historisches Individuum in der Zeit des Autors gesehen wurde und die *persona* im Sinne ihrer sozialen und politischen Rolle durch die sie prägenden Werte und Normen geschaffen wurde.

Beispiel: Plutarch über den Feldherrn Pompeius in seiner Rolle als Politiker

Das hier ausgewählte Quellenbeispiel stammt aus der Pompeius-Vita des Plutarch. Gaius Pompeius lebte von 106 bis 48 v.Chr. und war ein bedeutender römischer Feldherr, der im Bürgerkrieg Gaius Iulius Caesar unterlag. Die ausgewählte Passage setzt im Jahr 70 v.Chr. ein, dem Jahr des Konsulats des Pompeius und des Marcus Licinius Crassus. Pompeius wurde aufgrund seiner militärischen Erfolge und großen Popularität zum Konsul gewählt, ohne die Ämterlaufbahn durchlaufen oder das geforderte Mindestalter von 43 Jahren erreicht zu haben. Wie stellt Plutarch Pompeius in seiner Rolle als Politiker dar? Welche Werte und Normen bestimmen die Gestaltung des Charakters des Pompeius und werden durch ihn exemplarisch verkörpert?

[23,1] ἤδη δὲ τῆς ἀρχῆς περαινομένης τῷ Πομπηΐῳ, τῆς δὲ πρὸς Κράσσον αὐξομένης διαφορᾶς, Γάϊός τις Αὐρήλιος, ἀξίωμα μὲν ἱππικὸν ἔχων, βίῳ δὲ ἀπράγμονι κεχρημένος, ἐκκλησίας οὔσης ἀναβὰς ἐπὶ τὸ βῆμα καὶ προσελθὼν ἔφη κατὰ τοὺς ὕπνους αὐτῷ τὸν Δία φανῆναι, κελεύοντα τοῖς ὑπάτοις φράσαι μὴ πρότερον ἀποθέσθαι τὴν ἀρχὴν ἢ φίλους ἀλλήλοις γενέσθαι,

[2] ῥηθέντων δὲ τούτων ὁ μὲν Πομπήϊος ἡσυχίαν ἦγεν ἑστώς, ὁ δὲ Κράσσος ἀρξάμενος δεξιοῦσθαι καὶ προσαγορεύειν αὐτόν, "οὐδέν", εἶπεν, "οἶμαι ποιεῖν ἀγεννὲς οὐδὲ ταπεινόν, ὦ πολῖται, Πομπηΐῳ πρότερος ἐνδιδούς, ὃν ὑμεῖς μήπω μὲν γενειῶντα Μέγαν ἠξιώσατε καλεῖν, μήπω δὲ μετέχοντι βουλῆς ἐψηφίσασθε δύο θριάμβους." ἐκ τούτου διαλλαγέντες ἀπέθεντο τὴν ἀρχήν·

[3] καὶ Κράσσος μὲν ὅνπερ ἐξ ἀρχῆς εἴλετο τρόπον τοῦ βίου διεφύλαττε, Πομπήϊος δὲ τάς τε πολλὰς ἀνεδύετο συνηγορίας καὶ τὴν ἀγορὰν κατὰ μικρὸν ἀπέλειπε καὶ προῄει σπανίως εἰς τὸ δημόσιον, ἀεὶ δὲ μετὰ πλήθους, οὐ γὰρ ἦν ἔτι ῥᾴδιον ὄχλου χωρὶς ἐντυχεῖν οὐδ᾽ ἰδεῖν αὐτόν, ἀλλ᾽ ἥδιστος ὁμοῦ πολλοῖς καὶ ἀθρόοις ἐφαίνετο, σεμνότητα περιβαλλόμενος ἐκ τούτου τῇ ὄψει καὶ ὄγκον, ταῖς δὲ τῶν πολλῶν ἐντεύξεσι καὶ συνηθείαις ἄθικτον οἰόμενος δεῖν τὸ ἀξίωμα διατηρεῖν.

[4] ὁ γὰρ ἐν ἱματίῳ βίος ἐπισφαλής ἐστι πρὸς ἀδοξίαν τοῖς ἐκ τῶν ὅπλων μεγάλοις καὶ πρὸς ἰσότητα δημοτικὴν ἀσυμμέτροις· αὐτοὶ μὲν γὰρ καὶ

[23,1] Als jetzt das Konsulat des Pompejus dem Ende entgegenging und der Zwist mit Crassus noch immer im Wachsen war, da stieg ein gewisser Gajus Aurelius, ein Mann ritterlichen Ranges, der sich sonst nicht politisch betätigte, während einer Volksversammlung auf die Rednertribüne, trat vor und sagte, ihm sei im Traum Iuppiter erschienen und habe ihm befohlen, den Konsuln auszurichten, sie sollten ihr Amt nicht eher niederlegen, als bis sie einander freund geworden wären. [2] Nachdem diese Worte gesprochen waren, stand Pompejus schweigend da. Crassus aber reichte ihm als erster die Hand, redete ihn freundlich an und sprach: «Ich glaube nichts Unwürdiges und Niedriges zu tun, liebe Mitbürger, wenn ich zuerst dem Pompejus nachgebe, den ihr, als er noch keinen Bart hatte, des Namens Magnus gewürdigt und ihm, als er noch nicht dem Senat angehörte, zwei Triumphe bewilligt habt.» Hierauf versöhnten sie sich miteinander und legten dann das Amt nieder. [3] Crassus behielt die Lebensart bei, die er von Anfang an gewählt hatte. Pompejus aber entzog sich den vielen Anwaltschaften, mied allmählich den Markt und zeigte sich nur selten in der Öffentlichkeit, immer aber in großem Geleit. Es war schon nicht mehr leicht, ihn anders als in großer Gesellschaft zu sprechen oder auch nur zu sehen, sondern am liebsten erschien er umgeben von einer dichten Menge, indem er damit seinem Auftreten Glanz und Hoheit zu geben suchte und der Meinung war, er müsse dadurch, daß er die Berührung und den Verkehr mit der Masse mied, seine Würde wahren. [4] Denn das zivile Leben trägt die Gefahr, an Ansehen zu verlieren, in sich für Männer, die in den Waffen groß geworden sind

ἐνταῦθα πρωτεύειν, ὡς ἐκεῖ, δικαιοῦσι, τοῖς δὲ ἐκεῖ φερομένοις ἔλαττον ἐνταῦθα γοῦν μὴ πλέον ἔχειν οὐκ ἀνεκτόν ἐστι. διὸ τὸν ἐν στρατοπέδοις καὶ θριάμβοις λαμπρόν, ὅταν ἐν ἀγορᾷ λάβωσιν, ὑπὸ χεῖρα ποιοῦνται καὶ καταβάλλουσι, τῷ δὲ ἀπολεγομένῳ καὶ ὑποχωροῦντι τὴν ἐκεῖ τιμὴν καὶ δύναμιν ἀνεπίφθονον φυλάττουσιν. ἐδήλωσε δὲ αὐτὰ τὰ πράγματα μετ᾽ ὀλίγου χρόνου. (Bernadotte Perrin 1917)	und sich nicht in die demokratische Gleichheit schicken können. Sie verlangen, hier wie dort die ersten zu sein, und umgekehrt scheint es denen, die dort die Untergebenen sind, unerträglich, nicht hier wenigstens einen Vorzug zu haben. Wenn sie daher den in Feldzügen und Triumphen zum Ruhm Emporgestiegenen auf dem Markte zu fassen bekommen, so suchen sie ihn zu demütigen und zu ducken; wer aber verzichtet und sich zurückzieht, dem lassen sie seine dort erworbene Ehre und Macht ungeschmälert. Das zeigten die Ereignisse selbst nach kurzer Zeit. (Konrat Ziegler 1955)

Inhalt

Plutarch porträtiert seinen Helden als menschenscheu und gesellschaftlich unsicher. Pompeius hatte sich nach Plutarch (22,2) selbst für die Wahl seines Rivalen Crassus als Kollegen im Amt ausgesprochen, da er sich mit diesem gutstellen wollte. Crassus hätte mehr Einfluss im Senat gehabt, Pompeius beim Volk. Doch während des Konsulats seien sie in allen Dingen uneins gewesen. Der Wunsch nach Versöhnung wird mit dem Traum eines Ritters begründet. Ein Gaius Aurelius, „ein Mann ritterlichen Ranges, der sich sonst nicht politisch betätigte", trat „während einer Volksversammlung" auf die Rednertribüne. Plutarch verwendet hier das griechische Wort *ekklesía* für Volksversammlung, das keine Unterscheidung der verschiedenen Typen römischer Volksversammlungen zulässt. Nicht nur, dass er ausschließlich über griechische Begriffe verfügt, er erklärt die römischen Verhältnisse sich und seinen Lesern auch unter Verwendung griechischer, ihm vertrauter Konzepte. Die Quelleninterpretation setzt daher vertiefte Kenntnisse der griechischen wie der römischen sozio-politischen Ordnung voraus, um die griechischen Begriffe und ihre Konnotationen richtig zu verstehen.

Auch wenn die Amtsführung der Konsuln im Allgemeinen mit einer *contio*, einer informellen Volksversammlung, beendet wurde, bei der ihre Verdienste gerühmt und als letzte Amtshandlung der Eid über die Gesetzmäßigkeit der Amtsführung geschworen wurde (Kunkel/Wittmann 1995, 253), so ist die Rede eines unpolitischen Ritters höchst unwahrscheinlich und erinnert an griechische Demokratien. Plutarch verwendet diese Szene als Begründung, um den Willen des höchsten römischen Gottes Jupiter zum Anlass der Versöhnung zu nehmen. Das Verhalten des Pompeius kann man nur als unsicher deuten, so dass der fast zehn Jahre ältere Crassus jovial die Initiative ergreifen und sich über die Popularität des Pompeius ebenfalls beim Volk beliebt machen kann. Plutarch legt Crassus die Worte in den Mund, das Volk hätte Pompeius zwei Triumphe bewilligt. Auch hier zeigt sich Plutarchs Ahnungslosigkeit gegenüber der politischen Ordnung der römischen Republik. In dieser Zeit konnte nur der Senat Triumphe bewilligen (Mommsen 1887, 134f.).

Darauf beschreibt Plutarch den Lebensstil des Pompeius als ungewöhnlich, indem er sich abschotte, hinter einem Gefolge verstecke und sich den vielen Verteidigungen vor Gericht entzöge. Damit können nicht die Gerichtsverfahren gemeint sein, zu denen er als Patron verpflichtet war, sondern nur solche, mit denen er sich Freunde oder Feinde unter den Senatoren hätte machen können. Das beschriebene große Gefolge war aber für römische Politiker auf den Straßen und dem Forum eine legitime Demonstration ihrer Bedeutung und Autorität. Plutarch erklärt dieses Verhalten, indem er die Schwierigkeit des Feldherrn beschreibt, ein Leben im *himátion*, dem Mantel, zu führen (23,4: ziviles Leben). Das ist sein Ausdruck für die römische Toga, das zivile Gewand des römischen Bürgers. Denn einerseits könne der militärisch Erfolgreiche nicht darauf verzichten, der Erste zu sein, andererseits würden die in der Armee Untergeordneten im zivilen Leben gerne den militärisch Erfolgreichen kleinmachen. Das Beste sei denn auch, sich vom öffentlichen Leben fernzuhalten, um seine militärisch errungene Ehre und Macht nicht einzubüßen.

Dies scheint die Bilanz des Konsulats des Pompeius zu sein. So gesehen wird das Jahr 70 von Plutarch als erster Wendepunkt konstruiert. Das Verhältnis zum Senat, dem Volk und einzelnen Politikern beginnt sich zu verändern. Pompeius unterscheidet sich von den anderen Typen von Politikern, die Plutarch konstruiert: Demagoge, Staatsmann, Tyrann. Er meidet das Volk, das ihm jedoch nach kurzer Zeit den Oberbefehl (*imperium*) über die Piraten verleiht. Sein Konsulat lässt sich als volksfreundlich bezeichnen, da er die alten Rechte der Volkstribune wiederhergestellt und die Gerichte wieder zum großen Teil an die Ritter übertragen hat. Doch stellt ihn Plutarch als unnahbar und unfähig dar, das Volk selbst zu manipulieren, besonders im zweiten Teil der Vita wird Pompeius ständig in Abhängigkeit von Politikern wie Caesar oder Clodius Pulcher gezeigt, die besser mit dem Volk umgehen konnten als Pompeius (Hillman 1992).

In den folgenden Kapiteln schildert Plutarch den weiteren Aufstieg des Pompeius mittels dessen außerordentlicher Oberbefehle. Den Höhepunkt stellt der dritte Triumph des Pompeius im Jahre 61 v.Chr. dar. Er sei der erste Römer gewesen, der drei Triumphe über die drei Erdteile Afrika, Europa und Asien hätte feiern können, wodurch er gewissermaßen die gesamte bewohnte Erde unter sein Joch gezwungen habe. Doch dann kommt der Umschwung des Schicksals. Und hier findet sich der Beleg für Plutarchs auktorialen Kommentar aus 23,4: Wer sich als großer Feldherr aus der Politik heraushält, kann seine militärisch erworbene Ehre und Macht behalten. Diesem Grundsatz wurde Pompeius nach seinem größten Erfolg untreu, was ihm dann auch nur noch das Glück brachte, das ihm Neid eintrug, und Unglück, für das es keine Heilung gab (46,1).

Kontexte

Medialer Kontext
Die Doppelbiographien des Plutarch wurden als Bücher veröffentlicht, das heißt auf Papyrusrollen von fünf bis sieben Metern Länge, die jeweils ein Buch umfassen. Das Abschreiben dieser Papyrusrollen war aufwendig und teuer, so dass sie nur innerhalb der gesellschaftlichen Elite ihre Wirkung entfalten konnten. Jede Rolle enthielt jeweils die Viten eines Griechen und eines Römers, wurde durch einen Prolog eingeleitet und mit einer Vergleichung (*sýnkrisis*) abgeschlossen. Von den 22 erhaltenen Büchern sind 13 mit Prolog und 18 mit Vergleichung überliefert (Duff 2014, 333).

Der Pompeius-Vita vergleichend ist die des spartanischen König Agesilaos gegenübergestellt. Agesilaos unternahm zu Beginn des 4. Jh. v.Chr. eine letzte und vergebliche Anstrengung, Sparta die Hegemonie in Griechenland zu erhalten. Diesem Paar fehlt der Prolog, aber es ist eine Synkrisis überliefert. Die Pompeius-Vita gehört zu einer Reihe von Viten über Männer der späten römischen Republik (Lucullus, Cicero, Pompeius, Crassus, Cato der Jüngere, Caesar, Brutus, Mark Anton), die alle denselben historischen Hintergrund behandeln, aber durch ihre Hauptfiguren einen unterschiedlichen Fokus setzen. Die letzten sechs wurden von Plutarch gemeinsam erarbeitet (Pelling 2002, 1–44), die Viten der Beteiligten des Dreierbundes (Caesar, Pompeius, Crassus) sollten zusammengelesen werden (Beneker 2005).

Die Idee der Synkrisis ist nach Tim Duff der Dreh- und Angelpunkt des ehrgeizigen und innovativen Vorhabens der *vitae parallelae* des Plutarch. Wie Duff herausgearbeitet hat, stimmt die Bewertung in der Vergleichung nicht immer mit der in den Viten vorgenommenen überein. Diese Differenz beruhe nicht einfach auf Nachlässigkeit, sondern wird von ihm in Verbindung mit dem moralischen Anspruch gebracht. Der Leser solle den Widerspruch bemerken und eine aktive Rolle bei der Bewertung des Charakters einnehmen (1999, 266f., 283–286). David Larmour entwickelt diesen Gedanken weiter und merkt an, dass die Synkrisis nicht einfach das Buch abschließe, sondern den Leser einlade, den kompetitiven Vergleich zwischen Griechen und Römern und die Debatte darüber, was tugendhafte Handlungen eines guten Bürgers in einer politischen Gemeinschaft ausmache, fortzusetzen. Indem sie das moralische Urteil des Lesers in Gang setzten und die Konstruktion des ethischen Selbst förderten, entwickelten diese Texte eine Wirksamkeit, die den Lesern die Wahrnehmung der eigenen Zeit und Situation erlaubte. Mithin boten die *vitae parallelae* und insbesondere ihre Vergleichungen eine Antwort auf die bürgerliche Position eines gebildeten Griechen unter römischer Herrschaft und sind eng mit Plutarchs Erfahrung als griechischer Intellektueller im römischen Reich verbunden (2014).

Situativer Kontext

Leider lässt sich die Zeit der Abfassung der Parallelbiographien nicht ganz genau bestimmen, aber vieles spricht dafür, dass sie in die letzten Lebensjahre des Plutarch gehören. Die Vita des Pompeius könnte in den Jahren nach 110 n.Chr. entstanden sein (Heftner 1995, 5). Bis 117 n.Chr. herrschte Kaiser Trajan über das Römische Reich, das zu dieser Zeit seine größte Ausdehnung erreichte. Innenpolitisch handelte es sich um eine Zeit der Ruhe und verstärkten kulturellen Integration der Provinzen. Danach herrschte Hadrian, der der griechischen Kultur besonders zugetan war und die Griechen als Gegengewicht gegen die unruhigen weiter östlich gelegenen Gebiete des Römischen Reiches zu neuer Einheit, Stärke und Selbstbewusstsein führen wollte. Plutarchs Projekt der Parallelbiographien unterstützte diese neue Wertschätzung, indem er die historische Gleichwertigkeit der Griechen dokumentierte. Plutarch stellte jedem berühmten Römer einen ebenso berühmten Griechen gegenüber. An der politischen Bedeutungslosigkeit seiner Heimatprovinz Achaia, die das griechische Mutterland und die ägäischen Inseln umfasste, konnte auch er nichts ändern.

Produktionskontext

Plutarch lebte etwa von 45 bis 125 n.Chr. in dem kleinen, mittelgriechischen Städtchen Chaironeia in der römischen Provinz Achaia. Er stammte aus einer begüterten Familie und konnte sich eine erstklassige Ausbildung leisten. Er studierte Philosophie und Rhetorik in Athen und Alexandria und bereiste Rom und Italien. Doch zog es ihn wieder in seine Heimat zurück, wo er zahlreiche Ämter bekleidete. Durch die Bekanntschaft mit einflussreichen Römern erlangte er das römische Bürgerrecht und wurde wohl auch in Anerkennung seiner wissenschaftlichen Leistungen mit kaiserlichen Ehrungen bedacht. In seiner Heimatstadt unterhielt Plutarch eine Art platonische Privat-Akademie und gilt aufgrund der Überlieferungslage als der wichtigste Vertreter des Mittelplatonismus. Der Unterricht war auf die Philosophie als Lebenskunst ausgerichtet, deren ethisches Ziel die Beherrschung der Affekte durch die Vernunft war. Die eigentliche Leistung des Menschen vollzieht sich demzufolge im Inneren, was zur Glückseligkeit führt, im Äußeren zur Menschenfreundlichkeit, die Plutarch wie kaum ein anderer antiker Philosoph in seinem Leben verwirklichen konnte.

Zu seinen bekanntesten Werken zählen die philosophischen Abhandlungen (*Moralia*) und die Parallelbiographien (*Vitae parallelae*), die man unbedingt zusammen betrachten sollte, denn für Plutarch gab es keine Trennung zwischen Ethik und Politik (Hershbell 2004, 162). Dies wird von der neueren Forschung besonders hervorgehoben. Sie fragt nach der Selbstdarstellung und den Autorisierungsstrategien des Plutarch. Duff hat die Prologe, die die Hälfte der erhaltenen Doppelbiographien einleiten, auf ihre programmatischen Aussagen hin untersucht. Hier stelle Plutarch generelle Überlegungen über den Zweck der Geschichte und seiner Viten, seine Methode, Behandlung der Gattung oder moralische Themen wie die Erreichbarkeit der Tugend an. Plutarch konstruiere sich als Gelehrter und seine Leser als Gruppe von Menschen, die seine Werte teilen (2014).

Plutarch war nach einer Liste seiner Zitate (Helmbold/O'Neil 1959) ein belesener Autor, obwohl er nicht alle seine Quellen im Original kannte. Er zitierte auch aus Exzerpten und zweiter Hand (Schettino 2014, 418), was durch seine Arbeitsweise bedingt gewesen sein mochte. Plutarch verfügte über einen ganzen Stab von Mitarbeitern, die Entwürfe und Notizen verfassten und ihm vorlasen, Zusammenfassungen anfertigten und Diktate niederschrieben, ohne dass er deren Mithilfe gewürdigt hätte (Pelling 2002, 24).

Das Material für seine *vitae parallelae* erarbeitete er vor allem aus der ihm vorliegenden Geschichtsschreibung. Für die Vita des Pompeius hat die ältere Forschung drei Autoren des 1. Jh. v.Chr. als Quellen herausgearbeitet, von denen politisch keiner auf Seiten des Pompeius stand (Asinius Pollio, Quintus Dellius und Gaius Oppius). Bisweilen stand Plutarch auch anderes biographisches Quellenmaterial zur Verfügung, dem er aber fast nie thematisch oder strukturell folgte (Stadter 1992, 3). Er kannte die griechische Literatur und las auch lateinische Quellen (Plut. Demosthenes 2,2–3). Zudem verwendete er gelegentlich Inschriften, mündliche Quellen oder Statuen (Geiger 2005, 236f.). Seine Methoden der Verwendung historischen Materials unterscheiden sich nicht wesentlich von denen, die in der antiken Historiographie üblich waren. Handlungen werden von einer Person auf eine andere übertragen, Zeitspannen verkürzt oder ausgedehnt, die Verschmelzung zweier ähnlicher Ereignisse betrieben und glaubwürdige Details mit viel Phantasie nachgebildet oder plausible Motive konstruiert. Christopher Pelling hat deutlich gemacht, wie Plutarch aus den ihm vorliegenden historiographischen Schriften in seiner eigenen Art lebendigere und seinem moralischen Anliegen angemessenere Darstellungen schuf. So hätte Plutarch zunächst *hypomnemata* geschrieben, das heißt Entwürfe, in denen er das Material ordnete, denen aber der letzte stilistische Schliff fehlte. Wörtliche Übereinstimmungen in verschiedenen Lebensbildern wie zum Beispiel in denen Caesars und des Pompeius müssen demnach nicht unbedingt auf einer gemeinsam genutzten Quelle basieren, sondern könnten auf den den Viten gemeinsam zugrundeliegenden Entwürfen beruhen (2002, 1–44, 91–115).

Verwendungskontext
Wer waren die Leser, die Plutarch mit seinem Projekt ansprechen wollte? Plutarch konstruierte den idealen Leser, dem die Viten als Spiegel zur Reflektion des eigenen Verhaltens dienen sollten, als Griechen, obwohl die *vitae parallelae* dem Römer Quintus Sosius Senecio († 110 n.Chr.) gewidmet waren, der unter dem römischen Kaiser Trajan (98–117 n.Chr.) verschiedene Ämter und Ehrungen erhielt. Plutarch hatte etliche römische Freunde, die er in Griechenland oder auf seinen Reisen nach Rom kennenlernte und für die er sicherlich auch die Parallelviten schrieb (Stadter 2014, 16f.). Insbesondere die griechischen Leser Plutarchs dürften eine große Diskrepanz zwischen den porträtierten Griechen der Vergangenheit, die

alle der Zeit vor der endgültigen Eroberung Griechenlands durch die Römer 146 v.Chr. angehören, und ihrer eigenen Lebenswelt im römischen Reich gespürt haben. Plutarchs konsequente Parallelsetzung von Griechen und Römern geht nach Duff über die einzelnen Viten hinaus. Sein Werk sei Teil der Auseinandersetzung und Konstruktion griechischer und römischer Identitäten im 2. Jh. n.Chr., aber aus griechischer Perspektive. Es enthalte die griechische Antwort auf die römische Herrschaft und sei als ein Akt des Widerstands zu verstehen (1999, 287–309). Auch wenn Plutarch vielleicht in Nepos eine Art Vorläufer hatte, so waren seine Parallelviten ein nie zuvor und nie danach erreichtes Projekt, die griechische und die römische Kultur zu vergleichen (Geiger 2014, 298).

Plutarch war der Ansicht, dass das Studium tugendhafter Männer eine die Moral fördernde Tätigkeit sei, sei es durch direkte Beobachtung, das geistige Auge oder das Lesen der Lebensbilder großer Griechen und Römer (Duff 1999, 50). Durch Anpassung des eigenen Lebens an den tugendhaften Helden könne der Leser seinen eigenen Charakter verbessern (Perikles 1,4; 2,2). Plutarch arbeitete nach Pelling mit zwei Arten von Moral, die jedoch als Enden eines Kontinuums verstanden werden müssen und in unterschiedlicher Gewichtung vorkommen: einerseits mit einer protreptischen (auffordernden, ermahnenden) Moral, die zur Nachahmung oder Abkehr von bestimmten Charaktereigenschaften auffordert und häufig konkrete Handlungsanweisungen vorgibt, andererseits einer deskriptiven Moral, die über Lob und Tadel hinausgeht und allgemeingültige Verhaltensweisen und Lebenserfahrungen reflektiert (2002, 237–253).

Kognitiver Kontext

Plutarchs Parallelbiographien waren nicht nur Teil des griechischen Diskurses über die eigene Identität innerhalb des Römischen Reiches, sondern ebenso Teil eines philosophischen Diskurses über die Ausbildung moralischer Tugend, den Plutarch auf seine Weise bereicherte. Die Ausbildung moralischer Tugenden lässt sich mit der Entwicklung des Charakters gleichsetzen, was durch Erziehung und (Selbst)Bildung erreicht werden kann. Das Griechische kennt kein dem abstrakten Begriff „Moral" äquivalentes Wort. Was sich mit „moralischer Tugend" übersetzen lässt, ist *êthos*, was aber auch Charakter heißt (Duff 1999, 74).

In der Schrift „Über Ethik" knüpft Plutarch an Platon an, indem er die Seele in einen rationalen und einen irrationalen Teil unterteilt. Dem rationalen Teil kommt die Aufgabe zu, den irrationalen Teil, welcher der Sitz der Affekte ist, zu leiten und zu kontrollieren. Plutarch folgt nicht dem unter den Römern weitverbreiteten stoischen Ideal der Leidenschaftslosigkeit, demzufolge moralische Tugenden durch Unterdrückung der Affekte mittels der Vernunft gewonnen werden können. Er strebt vielmehr ein harmonisches Gleichgewicht zwischen beiden Seelenteilen an. Für Plutarch ist der Charakter eine Eigenschaft des Irrationalen. Das *êthos* eines Menschen, seine Möglichkeiten, moralische Tugend zu entwickeln, hängt von der Fähigkeit des rationalen Teils der Seele, der Vernunft, ab, die irrationalen Teile durch Gewohnheit zu beeinflussen und zu verändern. Vernunft will nicht die Leidenschaft auslöschen, sondern innerhalb angemessener Grenzen halten. Die moralischen Tugenden sind dann das Gleichmaß der Leidenschaften und die Mitte der Extreme (mor. 443C).

Auch in Plutarchs Viten ist die menschliche Seele ein Ort potentieller Konflikte zwischen Vernunft und Leidenschaft. Die Leidenschaften werden zur Ausübung der Tugend benötigt, müssen aber streng durch Vernunft kontrolliert werden. Emotionen wie Ehrgeiz und Konkurrenz sind der notwendige Antrieb für Handlungen. Voraussetzung für die Kontrolle der Emotionen ist die Erziehung. Die Betonung der Erziehung (*paideia*) ist zwar platonisch, aber ihre besondere Hervorhebung bei Plutarch reflektiert die Art, wie sich Griechen im 2. Jh. n.Chr. definierten. Plutarch beurteilt die Römer danach, wie weit sie sich die griechische Bildung durch Sprache und Kenntnis der griechischen Klassiker aneigneten. Dies liefert Plutarch Erklärungen für Erfolg oder Niederlage (Duff 1999, 75–77).

Nicht nur im moralisch-philosophischen Denken zeigt sich Plutarch als Teil griechischer Diskurse, sondern auch in der politischen Theorie. So interpretiert er die römische Politik nach griechischem Modell und wendet unpassende Kategorien aus der klassischen Zeit Griechenlands und der griechischen politischen Theorie auf die römische Realität an. Sind keine griechischen Äquivalente zu römischen Institutionen vorhanden, hat er Schwierigkeiten diese zu verstehen oder ignoriert sie gar. Existieren hingegen griechische Analogien wie zum Beispiel politische Auseinandersetzungen vor Gericht, dann sind Plutarchs Darstellungen treffend und gelungen. Für Plutarch werden die Geschicke der späten Republik durch einen grundlegenden Konflikt zwischen dem Demos (Volk) und den Wenigen (Aristokraten, oligarchisch Gesinnte, Senat) bestimmt, eine keineswegs neue Beobachtung. Sie geht auf griechische Historiker wie Polybios und Dionysios von Halikarnassos zurück, die über römische Geschichte schrieben (Pelling 2002, 207–236). Die Betonung des Konflikts zwischen Volk und Senat führt zu einer gewissen Nichtbeachtung anderer politischer Akteure: Ritter, Bundesgenossen, Berufsheer (Schettino 2014, 433). Indem Plutarch den Römern griechische Werte zuschreibt, vereinnahmt er die römische Vergangenheit für die griechische kulturelle Tradition (Duff 1999, 302f.) und fördert wiederum die griechische Identität innerhalb des römischen Reiches.

Bedeutung

Nachdem Inhalt und diverse Kontexte geklärt wurden, soll die Bedeutung der vorgelegten Quelle geklärt werden, wie sie sich aus der Fragestellung erschließt. Die oben formulierten Fragen lauten: Wie stellt Plutarch Pompeius in seiner Rolle als Politiker dar? Welche Werte und Normen bestimmen die Gestaltung des Charakters des Pompeius und werden durch ihn exemplarisch verkörpert?

In der römischen Republik nahmen die Angehörigen der Elite mehrere Rollen ein. Sie waren Patron, Senator und Priester, und zwar lebenslang. Darüber hinaus strebte jeder von ihnen nach den Jahresämtern, die als kontinuierlicher Aufstieg bis zum Konsulat organisiert waren und *honores* (Ehren) hießen. Ehemalige Amtsinhaber wurden in den Senat aufgenommen und blieben folglich aktive Politiker. Durch die Ausübung der Ämter und die mit den beiden höchsten Ämtern, der Prätur und dem Konsulat, verbundenen militärischen Aufgaben, mehrte sich die *auctoritas* (Ansehen und Einfluss). Der Führungsanspruch prägte ebenso die soziale Hierarchie durch ein Geflecht wechselseitiger Nah- und Treueverhältnisse, das der römischen Gesellschaft innere Struktur und Stabilität verlieh. Das auffällige Rollenverhalten strukturierte das gesellschaftliche System und füllte es mit sozialem Sinn. Da sich Rolle und Status auch im Äußeren durch Kleidung und Rang- wie Amtsabzeichen zeigte, war die Bekanntheit der Person an Sichtbarkeit, Direktheit und Öffentlichkeit gebunden (Beck 2009).

Pompeius erreichte den Konsulat, ohne zuvor die anderen Ämter innegehabt zu haben. Er verfügte über eine ausreichende *auctoritas* aufgrund seiner militärischen Erfolge, die er entgegen der Tradition bereits ohne Amt errungen hatte. Der Diktator Sulla und der Senat übertrugen ihm die Befehlsgewalt (*imperium*) als Privatmann. Crassus sagt in der Quelle, dass Pompeius bereits zwei Triumphe gefeiert habe, ohne dem Senat anzugehören (23,2). Senator wurde ein Römer erst, nachdem er ein Jahresamt innegehabt hatte. Pompeius war nicht der Erste, der durch seine Rolle als Feldherr eine außergewöhnliche Stellung erreichte, aber der Erste, dem dies gänzlich außerhalb des geregelten Ämteraufstiegs gelang. Umso schwerer musste es ihm fallen, im zivilen Mantel, wie Plutarch schreibt (23,4), seinen Aufgaben als Patron und Politiker nachzukommen.

Plutarch stellt den Konsul Pompeius bei seiner letzten Amtshandlung als passiv und isoliert dar. Crassus ist derjenige, der aktiv wird. Diese Szene ist nur bei Plutarch in der Vita des Pompeius und der des Crassus (Crassus 12,4–5) ohne größere Abweichungen überliefert. Aus anderen Quellen ist bekannt, dass beide eine dauerhafte Feindschaft pflegten, die keineswegs durch den in der Quelle beschriebenen Handschlag beendet wurde (Sall. Cat. 17,7; Suet. Iul. 19,2).

Pompeius bildet bei Plutarch ein komplexes Beispiel für einen glücklichen Feldherrn, der politisch ein Versager ist. Nach Pelling gehört die Pompeius-Vita zu den Beispielen, die neben einer deskriptiven Moral auch protreptische bzw. mahnende Aspekte beinhaltet. So lautet die Ermahnung: Bist Du ein Militär, dann lerne auch die Politik beherrschen (2002, 239). Dies wird in Kapitel 23 in erster Linie durch Beschreibung des Verhaltens des Helden selbst deutlich gemacht. In 23,4 kommentiert Plutarch die Haltung durch auktoriale Bemerkungen über das Gebaren von Feldherren im zivilen Leben und die Anfeindungen, denen sie ausgesetzt sind. Das ist immer noch deskriptiv, wenn auch auf einer verallgemeinerten Ebene. Am Ende führt die auktoriale Stimme zu einer protreptischen Moral: Wer sich vom politischen Leben fernhält, dem bleiben die militärische Ehre und Macht erhalten. Die Richtigkeit seiner Aussage beweist Plutarch durch Beschreibung des folgenden Verhaltens, denn der Rückzug des Pompeius ins Private war so erfolgreich, dass er sowohl den Oberbefehl gegen die Seeräuber wie auch den gegen Mithridates erhielt.

Kapitel 23 zeigt bereits eine erste Wendung im Leben des Pompeius. Durch sein Konsulat wird er in den Senat aufgenommen und muss sich nun in der Senatorenrolle beweisen. Sein Verhältnis zu den Senatoren wie auch zum Volk verändert sich. Zum großen Wendepunkt werden durch Plutarch die Rückkehr aus dem Osten und der dritte Triumph über Asien konstruiert. Kapitel 46 teilt die Vita in zwei Hälften: den Aufstieg und den Fall des Pompeius. Hier findet der Vergleich mit Alexander dem Großen seinen Höhepunkt und sein Ende:

„Dem Lebensalter nach war er damals, wie diejenigen, die ihn in allem Alexander zur Seite stellen und anähneln wollen, behaupten, jünger als vierunddreißig Jahre, in Wahrheit aber näherte er sich den vierzig. Ein Glück wäre es für ihn gewesen, wenn er damals sein Leben geendet hätte, solange ihm noch Alexanders Glück treu war. Die folgende Zeit brachte ihm nur noch Glück, das ihm Neid eintrug, und Unglück, für das es keine Heilung gab." (46,1; Übersetzung K. Ziegler)

Rechnet man genau nach, war Pompeius bereits 45 Jahre alt, als er den Höhepunkt seines Lebens erreichte. Die Datierung auf das 40. Lebensjahr entspringt der antiken Tradition, nach der *akmê* (griech. Spitze) oder dem *floruit* (lat. er blühte) zu datieren, die dank einer Tat oder einem Werk einfacher zu bestimmen sind.

Obwohl Pompeius als Doppelbiographie im Vergleich mit Agesilaos angelegt ist, steht er doch in der ersten Hälfte seiner Vita in stetem Vergleich zu Alexander dem Großen, dessen römisches Gegenstück bei Plutarch durch Caesar gebildet wird, der die zweite Hälfte der Pompeius-Vita überschattet und dem Pompeius schließlich im Bürgerkrieg unterliegt. Die Alexander-Vita beginnt Plutarch damit, dass er in diesem Buch das Leben Alexanders und das Caesars, „von dem Pompeius bezwungen wurde", darstellen wolle (1,1). So werden alle drei Helden eng verwoben.

Gleich zu Beginn der Pompeius-Vita stellt Plutarch einen Vergleich mit Alexander an, wenn er Pompeius' äußere Erscheinung beschreibt:

„Sein Haar hatte eine gewisse Art zurückzufallen und die Bildung der Augen eine gewisse Weichheit, die seinem Gesicht eine allerdings mehr behauptete als wirklich ins Auge fallende Ähnlichkeit mit den Bildern des Königs Alexander gab. Als ihm daher im Anfang viele auch diesen Namen gaben, lehnte Pompejus das nicht ab, so daß manche ihn auch schon spottend Alexander nannten." (2,1–2; Übersetzung K. Ziegler).

Plutarch dekonstruiert mit dieser Bemerkung den Vergleich, indem er bereits auf den Irrtum hinweist. Im Allgemeinen hatte Plutarch Interesse für das physische

Äußere seiner Charaktere. Er wollte den antiken Portraits vergleichbare literarische Bilder des Seelischen schaffen (Alexander 1,2–3). Das verwundert nicht weiter, waren antike Menschen doch umgeben von Bildnissen (Geiger 2014, 293f.). Indes reflektieren Plutarchs Beschreibungen des Äußeren seiner Helden vor allem seine Beschreibung ihres Charakters und tendieren dazu, wenig individuell zu sein (Tatum 1996). Pompeius selbst hat diesen Vergleich offensichtlich gepflegt, denn seine erhaltenen Portraits zeigen typische Merkmale der Alexander-Portraits. Dass ein Auftreten als neuer Alexander eine propagandistische Wirkung beim Volk und Heer ausüben konnte, zeigt Luca Giuliani, der durch strenge Kontextualisierung des Portraits in das Wertesystem der späten römischen Republik dessen Wirkung auf die Senatoren analysiert (1986, 56–100).

Die Schilderung des Feldzugs des Pompeius gegen Mithridates erinnert in so manchem Detail an den Feldzug Alexanders. Wie Alexander kämpfte Pompeius angeblich gegen die Amazonen (35,3) und gründete Städte (45,2). Bevor Pompeius Mithridates ganz geschlagen hatte, erfasste ihn nach Plutarch „ein Verlangen (*éros*) und Eifer (*zêlos*)", Syrien wiederzugewinnen und durch Arabien zum Roten Meer vorzudringen (38,2). Diese Gefühlsregung lässt sofort an das Verlangen bzw. die Sehnsucht (*póthos*) Alexanders denken, die diesen bis nach Indien geführt haben soll. Dass *zêlos* auch Neid und Eifersucht bezeichnet, wirft ein bezeichnendes Bild auf Pompeius, der Alexander dem Großen nacheifern wollte. So steckt auch in diesem Vergleich mit Alexander eine Moral, die bereits auf den in Kapitel 46 konstruierten Höhepunkt der Karriere des Pompeius hinweist, der gleichzeitig der Beginn des Scheiterns ist. Pompeius konnte als Feldherr Großes erreichen, doch in dem Moment, wo er sich auf dem Höhepunkt seiner Macht mit den falschen Freunden einlässt (46,2), wäre er besser gestorben. Dieser auktoriale Kommentar findet sogleich seine Begründung in der Vorschau auf die Zukunft, die den Untergang durch Caesar andeutet. Der Kommentar verweist auch zurück auf Kapitel 23: Pompeius zieht sich als Politiker, nicht als erfolgreicher Feldherr, aus der Politik zurück und vermeidet den falschen Umgang. Die dort implizierte moralische Aufforderung, die Rolle des Politikers zu erlernen, das heißt die richtigen Freunde zu gewinnen, wird umso stärker unterstrichen. Am Widerstand des Senats scheitert die Anerkennung seiner Neuordnung des Ostens (46,3), so dass er Zuflucht zu Volkstribunen und jungen Leuten nimmt, von denen einer der Volkstribun Gaius Claudius Pulcher ist, der Pompeius nur benutzt (46,4). Die Betonung des Umgangs mit falschen Freunden ist implizit ein protreptischer Hinweis an den Leser, bei der Wahl der Freunde achtsam zu sein.

Das Unvermögen des Pompeius, der Größe Alexanders gleichzukommen, kann an den Affekt des Ehrgeizes (*philonikía*) rückgebunden werden (Nevin 2014). Ehrgeiz kann sich, je nachdem, ob er kontrolliert oder unkontrolliert ist, zur Tugend oder zum Laster entwickeln. Erstes Anzeichen für einen unkontrollierten Ehrgeiz ergibt sich aus der Tatsache, dass Pompeius den Vergleich mit Alexander nicht ablehnt (2,1–2). Nach der Übertragung des Oberbefehls im Krieg gegen Mithridates spricht Plutarch von „angeborener Ruhmbegierde (*philotimía*) und

Herrschsucht (*philarchía*)" (30,6). Rom wird durch die Herrschsucht zweier Männer (53,5) in den Bürgerkrieg getrieben. Schließlich scheitert Pompeius wie auch die römische Republik nach Meinung Plutarchs an *philotimía* und *philonikía* (Streben nach dem Sieg) bei Pharsalos (70,1–4; Hillman 1994, 271f.). Indem Plutarch Pompeius des übersteigerten Ehrgeizes beschuldigt, kann er zeigen, wie die Unfähigkeit, eine solche Leidenschaft zu kontrollieren, zu einem destruktiven Charakter führt.

Plutarchs moralische Bewertungen drücken sich in der Charakterisierung seiner Helden aus. Durch Beschreibung ihrer Taten regt Plutarch zum Nachdenken über den Zusammenhang von Charakter und Taten an (Nikolaidis 2014, 360). Durch auktoriale Aussagen, die als direkte Kommentare den Charakter des Helden beschreiben und bewerten, versorgt Plutarch den Leser mit einer protreptischen Moral. Plutarchs auktoriale Aussagen sind nicht einfach Ausschweifungen innerhalb der Erzählung, sondern so gearbeitet, dass sie einander kommentieren und seinen Lebensbildern, einzeln und als Paar, eine kohärente und stichhaltige Struktur geben. Diese Technik lässt sich auch ohne Bezug auf die Parallelvita erfassen. Aber erst, wenn beide zusammengelesen werden, ergeben sich das volle Gewicht dieser Technik und der ganze Bedeutungsumfang des Paares (Hillman 1994).

Indem Plutarch die Schwächen des Pompeius wie dessen Unsicherheit im öffentlichen Auftreten, dessen Verletzlichkeit, Rücksichtslosigkeit, Inkonsequenz und Mangel an innenpolitischer Unabhängigkeit zeigt, stellt er eine Person dar, die ihre Leidenschaften nicht beherrscht. Bei allem Erfolg in militärischen Dingen scheitert Pompeius als Politiker und am Ende auch militärisch. Durch die mangelnde Kontrolle der Leidenschaften wird Pompeius zum negativen *exemplum*, durch das Plutarch seine Zeitgenossen zur Selbstbeherrschung ermahnen wollte.

Wer Aufschluss über historische Begebenheiten und die historische Person des Pompeius erwartet, wird enttäuscht. Plutarch setzt seine Figuren in keine geschichtlichen Gesamtzusammenhänge. Historische Informationen sind auf das beschränkt, was den Charakter seines Helden erhellen kann. Dabei sind die geschilderten historischen Ereignisse, soweit man sie durch andere Quellen verifizieren kann, nicht unbedingt fehlerhaft. Plutarch wollte aber kein Geschichtswerk schreiben, sondern spezifische Züge der Persönlichkeit herausarbeiten: Anlagen, Charakter, bestimmende Qualifikationen und Tugenden, aber auch Schwächen und Defizite. Diese Charakterzüge werden an typischen Verhaltensweisen und Handlungen mit Hilfe von Anekdoten oder Aussprüchen konkret vergegenwärtigt. Dazu werden moralische und philosophische Wertungen eingeflochten sowie poetische und literarische Sentenzen eingeschoben, die die Vielfalt und Lesbarkeit des Werkes erhöhen.

Im Gegensatz zur Geschichtserzählung, in der die tragenden Personen als Akteure in einem Handlungszusammenhang stehen, konzentriert sich der *bíos* oder die *vita* auf die Einzelfigur und deren Charakter. Indem der Charakter der Figur exemplarischen Wert bekommt, verweist sie auf ethische Grundlagen des

Zusammenlebens und kulturelle Werte der Zeit des Autors. Auch die römische Geschichtsschreibung verwendete *exempla*, die als Lehren aus der Vergangenheit den Anspruch auf politische Handlungsanweisung erhoben. Zu den Zielen antiker Historiographie gehörte ebenfalls die emotionale Berührung und die Beeinflussung des Verhaltens. Dadurch lassen historiographische Werke auf kulturelle Normen und Werte der Zeit des Autors schließen. Aber die Absicht ist hier keine ethisch-philosophische, das heißt Grundlagen des Menschseins darzulegen, sondern historische Erklärungen für ein gelungenes Leben in der Gemeinschaft zu geben.

Leitfragen für die Interpretation

▶ Die antiken Lebensbilder sind weder mit dem Begriff der Biographie richtig erfasst noch lassen sie sich überhaupt in ein eigenes Gattungsschema pressen. Um welche Art von Lebensbild handelt es sich? Liegt der Schwerpunkt auf der philosophischen Lehrer-Schüler-Beziehung oder wird ein Künstler oder Politiker vorgestellt? Stellt die Quelle eine Lobrede dar?
▶ Mit welchen Mitteln wird der Charakter der im Zentrum stehenden Person konstruiert? Welche soziale, politische oder kulturelle Rolle wird ihr zugeschrieben?
▶ Welche Werte und Normen bestimmen die Bewertung dieses Charakters? Durch welche Handlungen wird er zum moralischen Vorbild, egal ob positiv oder negativ?
▶ Wie zeigt sich die Präsenz des Autors im Text? Welche rhetorischen Mittel liegen seinen Autorisierungsstrategien zugrunde?
▶ In welchem Kommunikationszusammenhang steht die Quelle? Welches Bild ergibt sich aus der Analyse der verschiedenen Kontexte?
▶ Welche Bedeutung hat die Quelle innerhalb des zeitgenössischen Kommunikationszusammenhangs? Welche moralischen Tugenden sollen gefördert werden?

Leseempfehlungen

Beck, Mark (Hg.) (2014): A Companion to Plutarch, Chichester.
Cairns, Francis/Trevor Luke (Hg.) (2018): Ancient Biography: Identity through *Lives*, Prenton.
Hägg, Tomas (2012): The Art of Biography in Antiquity, Cambridge.
Sonnabend, Holger (2002): Geschichte der antiken Biographie. Von Isokrates bis zur Historia Augusta, Stuttgart.

3. Attische Komödie

Die Antike kannte vielerlei Arten von Bühnenstücken: Tragödien, Satyrspiele und Komödien in Athen, Possenspiele und Komödien in Unteritalien und verschiedene Formen der Komödie und Tragödie sowie die Pantomime bei den Römern (McDonald/Walton 2007). Das Meiste ist so bruchstückhaft auf uns gekommen, dass erst durch die Editionsarbeiten der letzten Jahrzehnte ein Bild davon entsteht, wie vielfältig das antike Theater war. Allerdings gilt noch immer, dass die Tradition vom Athen des 5. Jh. v.Chr. ausging. Hier entstanden die Tragödie und die Komödie. Von den drei berühmtesten Dichtern der attischen Tragödie, Aischylos, Sophokles und Euripides, sind uns immerhin 33 Stücke und ein einziges Satyrspiel, das die jeweiligen Tragödientrilogien abschloss, erhalten geblieben. Von den attischen Komödien überlebten von Aristophanes (um 450–nach 388 v.Chr.) elf, von Menander (342/1–293/2 v.Chr.) zwei. Im 4. Jh. veränderten sich die Funktion des Theaters in Athen und damit auch die Stücke, so dass der enge Bezug auf die aktuelle Politik verloren ging. Die beliebtesten Komödien konnten daher auch unter anderen Rahmenbedingungen außerhalb Athens aufgeführt werden. Nach 375 v.Chr. war die attische Komödie vom Schwarzen Meer bis nach Nordafrika, von Sizilien bis Zypern verbreitet, so dass die Komödie, gemeinsam mit der Tragödie, Symbol griechischer, nicht mehr nur athenischer Kultur wurde (Csapo 2010, 106).

Die Römer übernahmen aus Unteritalien die griechischen Inhalte und sprachlichen Formen, wie das Versmaß, und übersetzten sie in ihre Sprache. Daneben entwickelten sie römische Dramen „in der Toga", der Kleidung des römischen Bürgers, von denen nur etwa 600 Verse insgesamt erhalten geblieben sind. In Rom wurden Dramen im Kontext von Spielen aufgeführt, bei denen sie in Konkurrenz zu Gladiatoren- und Boxkämpfen standen und von reichen Römern finanziert wurden. Die Schauspieler waren im Gegensatz zu denen in Athen keine Bürger und „ehrlos". Die römische Komödie knüpft an die entpolitisierten, zeitlosen Stücke des Menander an und führt uns bestimmte Rollentypen (strenger oder milder Vater, frecher oder braver Sklave) vor.

Dieses Kapitel wird sich auf die Komödien des Aristophanes konzentrieren, da sie eine besonders informative Quelle für das Selbstverständnis der Athener bezüglich ihrer Demokratie und ihres Zusammenlebens in der demokratischen Polis bilden. Bezugsrahmen, Hintergrund und Stoff jeder aristophanischen Komödie des 5. Jh. v.Chr. sind die politischen Ereignisse und sozialen Strukturen Athens. Durch den glücklichen Umstand, auch über zahlreiche andere Quellen aus dieser Zeit zu verfügen, die den politisch-sozialen Hintergrund der Komödien beleuchten, lassen sich die Komödien des Aristophanes entschlüsseln und Aussagen über die demokratische Kommunikation der Athener des 5. Jh. v.Chr. treffen.

Genese und Gebrauch

Die Entstehung der Komödie liegt im Dunkeln. Aus der Verwendung von Kostümen, Phalloi und Masken wird meist auf einen Ursprung im Dionysoskult geschlossen. Isolde Stark versucht dagegen, dem Spott und den Obszönitäten den kultischen Charakter abzusprechen und darin eine Abschreckung vor einem nicht den gesellschaftlichen Normen entsprechendem Verhalten zu sehen (2004). Wie auch immer man den Ursprung der Komödie zu rekonstruieren versucht, sicher scheint eigentlich nur, dass die Komödie aus einer Vielzahl von sich gegenseitig beeinflussenden Elementen entstand (Zimmermann 2006, 31).

Seit dem Hellenismus werden die Komödien in Alte, Mittlere und Neue Komödie eingeteilt. Die Alte Komödie wird von 486 bis 388 v.Chr. datiert. Ihr werden etwa 50 Dichter zugerechnet, alle bis auf Aristophanes nur fragmentarisch erhalten. Sie ist besonders durch politischen und persönlichen Spott und obszönes Reden gekennzeichnet. Die Mittlere Komödie (ca. 380–350 v.Chr.) verzichtet darauf weitgehend und präsentiert Parodien, gastronomische Exkurse und früher vernachlässigte Personen wie Sklaven, Köche und Schmarotzer. Die Neue Komödie beginnt 321 v.Chr. mit Menanders erstem Stück *Orgê* (Zorn). Jetzt gibt es keinen auf konkrete Personen bezogenen Spott mehr; die Handlung kreist um gängige Personentypen, die in Intrigen verwickelt werden. Die Chorpartien stammen nicht mehr vom Dichter; vielleicht wurden beliebte Melodien und Lieder vorgetragen, die mit der Handlung nichts mehr zu tun hatten (Zimmermann 2006, 43).

Die Gattung der Komödie lässt sich nur schwer bestimmen. Da das zweite Buch der Poetik des Aristoteles, das die Komödie behandelte, verlorengegangen ist, kann sich die moderne Forschung nicht an einem antiken Gliederungsschema orientieren (Zimmermann 2010, 455). Freilich gibt es verschiedene Ansätze, Aristoteles' Ideen durch Schriften seiner Schüler zu rekonstruieren (Dobrov 2010, 11–15). Einen Definitionsrahmen geben die äußeren Umstände: Die Aufführungen fanden als Teil des Dionysoskultes statt, Kostüme und Masken waren wesentlich, und anhand der wenigen vollständig überlieferten Stücke lässt sich zumindest eine gewisse Grundstruktur herausarbeiten. Der Erwartungshorizont der Athener in Bezug auf eine Komödie ist jedenfalls klar (Konstan 2014, 32).

Zu einer attischen Komödie gehören der *agôn* (Wettstreit), das heißt eine Konfrontation zwischen zwei sich bedrohenden und verspottenden Widersachern, und die *parábasis* (Überschreiten), ein Teil der alten Komödie, zu dem die Schauspieler die Bühne verließen, die Choreuten ihre Mäntel und Masken ablegten und sich in Gesängen und Rezitativen direkt an die Zuschauer wandten. Als Pause in der Handlung brach die Parabase die Bühnenillusion. Der Chorführer spricht im Namen des Chores oder des Dichters oder sogar als Dichter selbst über die Rolle des Dichters in der Gesellschaft, über die Qualitäten seiner Dichtungen oder über das Verhältnis des Dichters zum Publikum; all dies ohne notwendigen Bezug zur Handlung des Stückes. Den zweiten Teil der Parabase bestreitet der Chor, meist mit einem Götteranruf und einem Teil, in dem der Chor über sich, seine Rolle und seine Maske, singt und spricht. Zur Grundstruktur der Komödie gehört ebenfalls zum Schluss die Aussöhnung der Hauptperson mit der Gesellschaft (Konstan 2014).

Die Komödie des 5. Jh. ist durch das Zusammenwirken von Chor und Schauspielern geprägt. Während der Chor Partien im feierlichen Stil singt, sprechen die Schauspieler Verse in zeitgenössischem Attisch mit umgangssprachlichen und ordinären Ausdrücken. Beide unterhalten sich meist im Sprechgesang in wechselnden Versmaßen (Zimmermann 2006, 36f.). Aus den verschiedenen Versmaßen wird auf die Aufführungspraxis geschlossen: zum Beispiel, ob der Schauspieler steht, der Chor im Kreis tanzt, aneinander vorbeischreitet oder ebenfalls steht (Csapo 2010, 133–137). So lässt sich die Komödie mit einem Musical vergleichen, da eine Aufführung im 5. Jh. aus Wort, Musik und Tanz bestand.

Zentrales Element der Alten Komödie ist der Spott gegen reiche, vornehme und einflussreiche lebende Personen. Doch verspottet wurde nicht nur, wer aus der Masse des Demos, dem Volk, herausragte. Auch arme Angehörige des Demos, die sich durch eine überaus große Geschäftigkeit, Ehrgeiz und den Versuch, mehr haben zu wollen als andere, auszeichneten, wurden Gegenstand des Spottes. Spott über den attischen Demos war dagegen verboten (Ps.-Xen. Ath. pol. 2,18), und auch sonst unterlag die freie Rede in der Komödie einigen gesetzlichen Beschränkungen (Sommerstein 2002).

Aristophanes beherrschte das Spiel mit der feinen Linie zwischen gefeiertem Humor und grenzüberschreitender Demütigung. Humor ist prinzipiell von kulturellen Bedingungen abhängig. Im klassischen Athen wurde sowohl zwischen anspruchsvollen, geistreichen und vulgären, groben Ausprägungen von Humor unterschieden als auch zwischen einem feindseligen Lachen, das als *hýbris*, als aggressive Beleidigung gelten konnte, und einem, das als scherzhaftes, geteiltes Vergnügen verstanden wurde. Das feindselige Lachen setzte jemanden Hohn und Schmach aus, während das verspielte Spotten, das jemanden zum Schein lächerlich machte, den Zweck der reziproken Belohnung verfolgte (Halliwell 2014, 190f.).

Heute ist der Humor manchmal unverständlich, zumal die vielen Anspielungen auf den historischen Kontext der Stücke nicht mehr unmittelbar einleuchten. Hinzu kommen Probleme mit der Sprache, denn längst nicht alle Ausdrücke sind in den gängigen Wörterbüchern zu finden. Die von Aristophanes in seinen Stücken verwendete Sprache ist derb und anstößig. Übersetzungen des 19. Jahrhunderts haben diese Ausdrücke geglättet und „jugendfrei" erscheinen lassen, was neue Übersetzungen vermeiden und so einen frischen Zugang erlauben.

Neuere Forschungsansätze

Schon lange wird über die Möglichkeit gestritten, die attische Komödie als historische Quelle zu verwenden. Zentraler Punkt dabei ist die politische Funktion der Komödie. Das Konzept des „Politischen" hat in Bezug auf die griechische Kultur im Wesentlichen zwei Bedeutungen. Die eine entspricht der modernen Bedeutung im Sinne der Regelung aller Entscheidungen, die das Gemeinwesen betreffen wie Gesetzgebung, Regieren, auswärtige Angelegenheiten sowie Handlungen von Individuen, Gruppen und Parteien, die um Macht und Einfluss kämpfen. Die andere, weitere Bedeutung bezieht sich auf das Gemeinwesen der Griechen, die Polis, meist als Stadtstaat übersetzt. Der griechische Philosoph Aristoteles (384–322 v.Chr.) bezeichnete den Menschen als „politisches Lebewesen" (pol. 1253a1–3), was so viel heißt, wie dass Menschen nur innerhalb eines organisierten Gemeinwesens, für ihn gleichbedeutend mit der Polis, ein angemessenes Leben führen können. Die Komödie ist in dieser Bedeutung immer politisch, da sie Teil eines religiösen Festes der Polis ist und die Beteiligten, die Aktiven auf der Bühne wie das Publikum im Theater, Bürger der Polis sind (Sommerstein 2014, 291).

Wurde über die politische Funktion der Komödie gestritten, so geschah dies zunächst in der engen Bedeutung. Nach einer Phase der radikalen Entpolitisierung – politische Themen seien nur literarisches Spiel (Gomme 1938; Heath 1987) – schwankten die Positionen zwischen einem klaren didaktischen Willen, mit dem Aristophanes auf das Volk einwirken wollte (MacDowell 1995, 3–6), und Zweifeln an der Möglichkeit, überhaupt eine eigene Meinung des Dichters zu erkennen. Da Komödien immer im Rahmen eines Wettstreits aufgeführt würden, seien seine Zuschauer auch seine Richter und diesen müsse er nach dem Mund reden (Sommerstein 1998). Mithin müssen alle Versuche scheitern, eine politische Meinung des Aristophanes herauszuarbeiten.

Die politische Funktion der aristophanischen Komödie lässt sich aber auch auf das ganze Gemeinwesen beziehen. In seinem Buch „Aristophanes und das Volk von Athen" (englisch 1943) machte der nach England emigrierte Victor Ehrenberg die Komödie zur Hauptquelle einer Sozialgeschichte. Für ihn gab es keine andere Literaturgattung, „die so unbekümmert mit der Wirklichkeit umgeht wie das phantastische komische Drama" (1968, 14f.). Hierin sah er dennoch einen wertvollen Spiegel der Realität, denn keine Quelle entspringe so unmittelbar dem Volk und schildere das Volk als Träger sozialer und wirtschaftlicher Wirklichkeit in lebendigeren Farben. Kriterium seiner Quellenkritik war die indirekte Bestätigung: Dinge, die dem Autor und seinen Zeitgenossen allbekannt und verständlich waren, seien nicht direkt erwähnt worden und stellten mithin unbeabsichtigt die Atmosphäre bereit, die er herausarbeiten wollte (1968, 13–20). Ehrenberg verkannte dabei in seiner realitätsgetreuen Lesart die Gattungsgesetze der Komödie. Nur so konnte er behaupten, dass Fische neben dem Brot das Hauptnahrungsmittel der Athener darstellten (1968, 138), während es 50 Jahre später gelang, den Fischkonsum in den Komödien in seinem symbolischen Gehalt zu entschlüsseln.

Einen wesentlichen Durchbruch in der historischen Interpretation der Komödien bewirkte ein Artikel von Jeffrey Henderson, der die Komödien in ihrem medialen und situativen Kontext betrachtet. Komödien sind nämlich Texte, die durch Sprechen und Handeln auf einer Bühne entstanden und sowohl Teil eines religiösen Kultes als auch eines damit verbundenen Wettbewerbs waren. Ebenfalls mitgedacht werden müssen daher die Zuschauer im Theater, unter ihnen das Schiedsrichtergremium, das den Gewinner bestimmte. Nach Henderson repräsentierten die Zuschauer einen ansehnlichen Teil des Demos. Nicht nur Athener Bürger allen Alters und aller sozialer Gruppen waren anwesend, sondern auch Kinder, Sklaven, Metoiken (ausländische Einwohner) und vermutlich auch einige Frauen, wohl aber nicht bei Komödienaufführungen (MacDowell 1995, 14f.). Die Komödiendichter hätten dem Volk aufs Maul geschaut und aufgenommen, was diese über die Angelegenheiten Athens sagten, um es möglichst überzeugend und klar wiederzugeben. Deshalb seien die Stücke der Alten Komödie gute Belege für die Haltungen des Demos: was sie gemeinsam ablehnten, lustig fanden oder worüber sie spotteten. Indem die Komödie zum Diskurs über polisrelevante Normen beitrug, hätte sie das Reflexionsniveau und das Bewusstsein der Bürger über ihre Demokratie gesteigert (1990).

Die politische und didaktische Funktion der Komödien wird besonders in den neueren Studien zur Aufführungspraxis und Selbstreferentialität betont. Komödien stellen besonders in der Parabase den Bezug auf sich selbst her, indem sie das Publikum aus der Handlung reißen und es in einen Dialog mit Schauspieler oder Chor – letztlich mit dem Dichter selbst – verwickeln. Niall W. Slater verwendet für diese auffällige Form der Selbstreflexion den Begriff „Metatheater", was bedeutet, dass der Text eines Dramas seinen Status als dramatische Inszenierung durch Mittel verdeutlicht, die das Spiel im Spiel, Bezüge auf Kostüme, Requisiten und anderes dramatisches Zubehör, die Bestätigung der Gegenwart des Publikums und weitere Mittel, die dramatische Illusion zu brechen, umfassen. So wendet sich der Chor der Ritter in der nach diesen benannten Komödie des Aristophanes in der Parabase ans Publikum:

„Wenn sonst ein Komödienschreiber einmal, von den alten einer, verlangt hätt,
Vor das Publikum sollten wir ziehn im Theater, um eine Rede zu halten,
So hätt er nicht leicht das erreicht; aber jetzt ist dessen würdig der Dichter,
Weil er ja dieselben verabscheut wie wir und es wagt, die Wahrheit zu sagen,"
(V. 507–510, Übersetzung P. Rau).

In der direkten Ansprache des Publikums thematisiert der Dichter seine eigene Stellung als Verkünder der Wahrheit.

Nach Slater verwendete Aristophanes die metatheatralischen Mittel zu politischen Zwecken, um die trügerische Performanz der Demagogen und Politiker aufzudecken. Indem das Theater des Dionysos zum Paradigma der Volksversammlung, der Gerichtshöfe und des Demos im Ganzen wird, bekommt es eine didaktische Funktion. So spricht der Chor der Ritter, während er von einer Seite der Bühne zur anderen schreitet, zum personifizierten Herrn Demos. Angesprochen werden aber die zuschauenden Bürger, denen ihr Verhalten vor Augen geführt wird:

> „O Demos, dein Regiment
> Ist schön; alle Menschen sind
> Voll Furcht ja vor dir, so wie
> Vor einem Tyrannen.
> Doch leicht zu verführen bist
> Du, und es gefällt dir, wenn
> Man schmeichelt dir und dich täuscht,
> Und immer, wer spricht grad, den
> Bestaunst du, und dein Verstand
> Ist da, doch auf Reisen." (V. 1111–1120, Übersetzung P. Rau).

Indem der (Herr) Demos darauf antwortet, führt das Rollenspiel im Theater zu einer metafiktionalen Dialektik zwischen Bühne und Volksversammlung und lässt den Demos vom passiven Zuschauer zum aktiven Darsteller werden (2002).

Komödien als Quellen für den demokratischen Diskurs

Die neuere Forschung zur athenischen Demokratie fragt weniger nach dem Ursprung und dem Funktionieren der demokratischen Institutionen, als nach den Kommunikationsformen, Verhaltensnormen und Ideologien im demokratischen Athen (Rhodes 2003). Hierdurch geraten neue Quellen in den Blick: Komödien und Gerichtsreden (Ober 1989). Beide Gattungen haben ihren unmittelbar performativen Kontext miteinander gemeinsam. Sie sind nicht ohne die konkreten Situationen zu denken, in denen einer oder mehrere Redner ein Publikum ansprechen und damit Realitäten schaffen. In beiden Fällen müssen wir die Reaktionen des Publikums aus den Quellen selbst erschließen. Die Komödien geben dabei gute Hinweise.

Jedoch lässt sich keinesfalls die unmittelbare Lebenswelt aus ihnen erschließen. In den Komödien haben wir es mit der Darstellung des Zusammenlebens in der demokratischen Polis zu tun, nicht mit dem Zusammenleben selbst. Die Komödien enthalten metafiktionale Texte, die ihren eigenen fiktionalen Charakter thematisieren. Sie enthalten selbstreflexive Aussagen, die nicht auf Inhaltliches als scheinbare Wirklichkeit abzielen, sondern dem Publikum die Fiktionalität der Komödie bewusstmachen. Dadurch wird die Illusion des Theaters immer wieder gebrochen. Die Selbstreflexivität wird in der Kommunikation der Darsteller auf der Bühne mit dem Publikum im Theater zelebriert. Dadurch kommt es zu einer Art Komplizenschaft, die allen Teilnehmern verdeutlicht, dass sie Teil der Kommunikationsformen der Polis sind. Dadurch erfahren wir, was die Komödiendichter über Verhaltensweisen und Menschen dachten, wie sie diese Verhaltensweisen beurteilten, und wie ihre Lebenswelt aus ihrer Sicht funktionierte. Die Komödie stellt Verhaltensweisen dar, dessen Beurteilung gleich mitgeliefert wird. Stereotype Darstellungen sind dabei sogar besonders nützlich, geben sie doch die feststehenden Vorstellungen über Personen und deren Verhalten wieder.

Im Theater bildeten Dichter, Bühnengeschehen und Publikum eine ähnlich geschlossene Einheit wie in der Volksversammlung Redner, Thematik und Teilnehmer. Das Verhältnis von Zuschauer und Bühne glich dem von Zuhörern und Rednerbühne in der Volksversammlung. Der Historiker Thukydides lässt den Demagogen Kleon den Athenern in einer Volksversammlung vorwerfen, dass sie Zuschauer der Worte und Zuhörer der Taten seien und sich benähmen, als ob sie im Theater säßen, um sich der Hörlust hinzugeben, statt über das Wohl der Polis zu beraten (3,38,4–7).

Als Teil der politischen Kommunikation der Athener Bürger bilden die Komödienaufführungen, nicht anders als Volksversammlungen und Gerichtshöfe, ein demokratisches Forum für die agonale Austragung von Entscheidungsprozessen. Die Komödien verwendeten und überarbeiteten demokratische Kommunikationsstrategien wie Überredung und Betrug, um die Wahrnehmung dieser Mechanismen und von deren Gefahren zu fördern. Hier zeigte sich das Selbstverständnis der Athener bezüglich ihrer Demokratie und ihres Zusammenlebens.

Im folgenden Quellenbeispiel geht es um die Frage, wie über das Kommunikationsverhalten bei der Herbeiführung demokratischer Entscheidungen nachgedacht wurde. Wie betrachteten die Athener das Funktionieren ihres Gemeinwesens? Wie werden die Mittel geschildert, mit denen sich politische Gegner bekämpften?

Beispiel: Aristophanes über demokratisches Kommunikationsverhalten der Athener

Die folgende Quelle ist ein Ausschnitt aus der Komödie „Die Ritter" des Aristophanes. Sie handelt von dem alten „Herrn Demos von der Pnyx" (V. 42), was als eine Allegorie des Volkes von Athen zu verstehen ist, dessen Versammlungsort auf dem „Pnyx" genannten Hügel lag. Aristophanes spiegelt die Verhältnisse der Polis in die des Haushalts des Herrn Demos zurück. Herr Demos hat einen neuen Obersklaven, einen Gerber und Lederhändler aus Paphlagonien erworben – er steht für den zu dieser Zeit einflussreichen Demagogen Kleon. Die durch den neuen Obersklaven benachteiligten Hausklaven stehlen dem schlafenden Aufsteiger einen aufgezeichneten Orakelspruch, der das Ende seiner Herrschaft vorhersagt und zwar durch einen Wurstverkäufer. Obwohl die beiden Sklaven in den Manuskripten keine Namen tragen, können sie leicht als die zu dieser Zeit berühmten Feldherren Demosthenes und Nikias identifiziert werden (Sommerstein 1997, 3). Der rettende Wurstverkäufer wird schnell gefunden. Als echter *agoraîos*, „einer von der Agora" (V. 218; 293), tritt er in einer Reihe von Wettkämpfen gegen den Paphlagonier um die Gunst des Herrn Demos an. Am Ende wählt Herr Demos den Wursthändler zu seinem neuen Obersklaven und eröffnet dem Zuschauer, dass er nicht so töricht und kindisch sei, wie man vielleicht glaube, sondern er sich durch diese Taktik aller dienstbereiten Politiker versichere. Schließlich wird Herr Demos vom Wursthändler „junggekocht" und erscheint in Gestalt und Geisteshaltung der glorreichen, vergangenen Zeit der Perserkriege (490–480 v.Chr.). Der Gerber aus Paphlagonien muss von nun an das Gewerbe des Wursthändlers ausüben.

Der Chor besteht aus Rittern (*hippeîs*), die zweite solonische Einkommensklasse nach den Superreichen. Sie waren immer noch reich genug, um mit Pferden in die Schlacht zu ziehen. Nach der traditionellen Werteskala gehörten sie zu den besten Elementen der Gesellschaft und bildeten durch ihre Gediegenheit und Ehrbarkeit ein Gegengewicht zu Kleon (V. 225f.; 565–580). Sie scheinen die Gewissheit zu vermitteln, dass es doch noch etwas Gutes im athenischen Gemeinwesen gibt (Sommerstein 1997, 3f.).

Der Quellenausschnitt setzt nach der Parabase ein, als der Wursthändler wieder die Bühne betritt und als Nikoboulos – der Name bedeutet „Sieger über den Rat" – zurückkehrt. Der Chor begrüßt ihn als Helden, denn er hat vor dem Rat aus 500 gelosten Bürgern gegen den Paphlagonier gewonnen. Der Wursthändler erzählt von seinen Heldentaten in der Form eines tragischen Botenberichts. Die Zuschauer erfahren, wie er den paphlagonischen Sklaven mit den Mitteln der Agora geschlagen hat.

	Ἀλλαντοπώλης:	Wursthändler:	
	καὶ μὴν ἀκοῦσαί γ᾽ ἄξιον τῶν πραγμάτων.	Und in der Tat ist die Geschichte hörenswert.	
625	εὐθὺς γὰρ αὐτοῦ κατόπιν ἐνθένδ᾽ ἱέμην·	Ich bin von hier ja ihm gleich hinterhergerannt:	625
	ὁ δ᾽ ἄρ᾽ ἔνδον ἐλασίβροντ᾽ ἀναρρηγνὺς ἔπη	Der brach da drinnen nun mit Donnerworten aus	
	τερατευόμενος ἤρειδε κατὰ τῶν ἱππέων,	Und fuhr ganz ungeheuerlich auf die Ritter los,	
	κρημνοὺς ἐρείπων καὶ ξυνωμότας λέγων	Felsblöcke redend und Verschwörer nennend sie,	
	πιθανώταθ᾽· ἡ βουλὴ δ᾽ ἅπασ᾽ ἀκροωμένη	Sehr überzeugend; und der Rat war gänzlich Ohr	
630	ἐγένεθ᾽ ὑπ᾽ αὐτοῦ ψευδατραφάξυος πλέα,	Und wurde von ihm ausgefüllt mit Lügenkraut	630
	κἄβλεψε νᾶπυ καὶ τὰ μέτωπ᾽ ἀνέσπασεν.	Und blickte scharf wie Senf und zog die Brauen hoch.	
	κἄγωγ᾽ ὅτε δὴ ᾽γνων ἐνδεχομένην τοὺς λόγους	Und ich, als ich den Rat den Worten glauben sah,	
	καὶ τοῖς φενακισμοῖσιν ἐξαπατωμένην,	Und dass er von den Lügen sich täuschen ließ, sprach so	
	"ἄγε δὴ Σκίταλοι καὶ Φένακες", ἦν δ᾽ ἐγώ,	Zu mir: „Auf Liederjane und Schwindler," sagte ich mir,	
635	"Βερέσχεθοί τε καὶ Κόβαλοι καὶ Μόθων,	„Und Rüpel und Ganoven und vulgärer Strolch,	635
	ἀγορά τ᾽ ἐν ᾗ παῖς ὢν ἐπαιδεύθην ἐγώ,	Und Markt, auf dem als Knabe ich erzogen wurd,	
	νῦν μοι θράσος καὶ γλῶσσαν εὔπορον δότε	Jetzt gebt mir Dreistigkeit und Zungenfertigkeit	

3 | Attische Komödie

	φωνήν τ' ἀναιδῆ." ταῦτα φροντίζοντί μοι	Und freche Stimme!" Und wie ich dies dachte noch,	
	ἐκ δεξιᾶς ἐπέπαρδε καταπύγων ἀνήρ.	Da furzte so ein Saukerl rechts von mir dazu.	
640	κἀγὼ προσέκυσα· κᾆτα τῷ πρωκτῷ θενὼν	Ich dankte; und dann stieß ich mit dem Hinterteil	640
	τὴν κιγκλίδ' ἐξήραξα κἀναχανὼν μέγα	Das Gatter, sprengt's heraus und riss das Maul weit auf	
	ἀνέκραγον· "ὦ βουλή, λόγους ἀγαθοὺς φέρων	Und schrie: „Ihr Ratsherren, gute Nachricht bring ich mit,	
	εὐαγγελίσασθαι πρῶτον ὑμῖν βούλομαι·	Ein Glück, das ich als erster euch verkünden will;	
	ἐξ οὗ γὰρ ἡμῖν ὁ πόλεμος κατερράγη,	Denn seit der Krieg auf uns hereingebrochen ist,	
645	οὐπώποτ' ἀφύας εἶδον ἀξιωτέρας."	Hab ich noch nie Sardellen billiger gesehn!"	645
	οἱ δ' εὐθέως τὰ πρόσωπα διεγαλήνισαν· εἶτ' ἐστεφάνουν μ' εὐαγγέλια· κἀγὼ 'φρασα	Da heiterten sogleich sich ihre Mienen auf; Sie kränzten für die gute Nachricht mich; und ich	
	αὐτοῖς ἀπόρρητον ποιησάμενος, ταχύ,	Riet ihnen flugs, als Staatsgeheimnis, für den Kauf	
	ἵνα τὰς ἀφύας ὠνοῖντο πολλὰς τοὐβολοῦ,	Recht vieler der Sardellen zum Ein-Obolos-Preis	
650	τῶν δημιουργῶν ξυλλαβεῖν τὰ τρύβλια.	Die Näpfe von den Töpfern in Beschlag zu nehmen.	650
	οἱ δ' ἀνεκρότησαν καὶ πρὸς ἔμ' ἐκεχήνεσαν.	Die klatschten und bestaunten mich mit offenem Maul.	
	ὁ δ' ὑπονοήσας, ὁ Παφλαγών, εἰδὼς ἄρα	Als Paphlagon das merkte, wissend ganz genau,	
	οἷς ἥδεθ' ἡ βουλὴ μάλιστα ῥήμασιν, γνώμην ἔλεξεν· "ἄνδρες, ἤδη μοι δοκεῖ	An was für Reden sich der Rat meist freut, Stellt er 'nen Antrag: „Männer, meine Meinung ist,	
655	ἐπὶ συμφοραῖς ἀγαθαῖσιν εἰσηγγελμέναις	Dass für die überbrachte gute Nachricht man	655
	εὐαγγέλια θύειν ἑκατὸν βοῦς τῇ θεῷ.'	Zum Dank Athene hundert Rinder opfern soll."	
	ἐπένευσεν εἰς ἐκεῖνον ἡ βουλὴ πάλιν.	Und seiner Meinung stimmte wieder zu der Rat.	
	κἄγωγ' ὅτε δὴ 'γνων τοῖς βολίτοις ἡττώμενος, διηκοσίῃσι βουσὶν ὑπερηκόντισα,	Und da ich mich durch Rindermist im Nachteil sah, Stach wieder ich ihn mit zweihundert Rindern aus	
660	τῇ δ' Ἀγροτέρᾳ κατὰ χιλίων παρῄνεσα	Und riet, doch Jägerin Artemis zum anderen Tag	660
	εὐχὴν ποιήσασθαι χιμάρων εἰς αὔριον,	Eintausend Ziegen zu geloben, falls der Preis	
	αἱ τριχίδες εἰ γενοίαθ' ἑκατὸν τοὐβολοῦ.	Für Sprotten dann ein Obolos sei pro hundert Stück.	
	ἐκαραδόκησεν εἰς ἔμ' ἡ βουλὴ πάλιν.	Da blickte wiederum auf mich der Rat gespannt.	

ὁ δὲ ταῦτ' ἀκούσας ἐκπλαγεὶς ἐφληνάφα.	Doch der, als er dies hörte, stotterte verwirrt;
665 κᾆθ' εἷλκον αὐτὸν οἱ πρυτάνεις χοἰ τοξόται.	Dann zerrten ihn Prytanen und Polizisten weg,
οἱ δ' ἐθορύβουν περὶ τῶν ἀφύων ἑστηκότες·	Und alles lärmte aufgeregt um die Sardellen;
ὁ δ' ἠντεβόλει γ' αὐτοὺς ὀλίγον μεῖναι χρόνον,	Da bat er sie, ein Weilchen nur zu warten noch,
"ἵν' ἄτθ' ὁ κῆρυξ οὑκ Λακεδαίμονος λέγει	„Zu hören", sagte er, „Was euch der Bote sagt
πύθησθ', ἀφῖκται γὰρ περὶ σπονδῶν," λέγων.	Aus Sparta, der zur Friedensunterhandlung kam."
670 οἱ δ' ἐξ ἑνὸς στόματος ἅπαντες ἀνέκραγον· "νυνὶ περὶ σπονδῶν; ἐπειδή γ', ὦ μέλε	Die aber schrien alle aus einem Mund: „Jetzt Frieden? Ja, natürlich, guter Mann, wohl weil
ᾔσθοντο τὰς ἀφύας παρ' ἡμῖν ἀξίας.	Sie hörten, dass Sardellen bei uns billig sind.
οὐ δεόμεθα σπονδῶν· ὁ πόλεμος ἑρπέτω."	Wir brauchen Frieden nicht; der Krieg soll weitergehn,"
ἐκεκράγεσάν τε τοὺς πρυτάνεις ἀφιέναι·	Und riefen die Prytanen auf, sie gehen zu lassen;
675 εἶθ' ὑπερεπήδων τοὺς δρυφάκτους πανταχῇ.	Dann übersprangen sie die Gatter überall.
ἐγὼ δὲ τὰ κορίανν' ἐπριάμην ὑποδραμὼν	Doch ich lief vor und kaufte alles an, was auf
ἅπαντα τά τε γήτεί ὅσ' ἦν ἐν τἀγορᾷ·	Dem Markt an Koriander und an Schnittlauch war;
ἔπειτα ταῖς ἀφύαις ἐδίδουν ἡδύσματα ἀποροῦσιν αὐτοῖς προῖκα κἀχαριζόμην.	Das gab ich ihnen als Sardellenwürze, die Sie sonst nicht kriegten, umsonst und machte mich beliebt.
680 οἱ δ' ὑπερεπῄνουν ὑπερεπύππαζόν τέ με ἅπαντες οὕτως ὥστε τὴν βουλὴν ὅλην	Die überboten alle sich mit Lob und Preis Für mich, so dass ich herkomm mit dem ganzen Rat
ὀβολοῦ κοριάννοις ἀναλαβὼν ἐλήλυθα. (Nigel G. Wilson 2007)	Im Sack für Koriander zu einem Obolos. (Peter Rau 2016)

Inhalt

Zunächst beschreibt sich der Wursthändler noch als etwas unsicher, während er den Paphlagonier, alias Kleon, schon mit mächtiger Stimme vor den Ratsherren brüllen hört. Es ist die Rede von Verschwörern (V. 628). An zahlreichen Stellen dieser Komödie wird auf diesen demagogischen Kampfbegriff zurückgegriffen, um die Gegner zu diffamieren. Gemeint sind antidemokratische Verschwörungen, was sowohl interne als auch solche mit aktuellen wie potentiellen Feinden umfasst (V. 235–239; 255–257; 475–479; 860–863). Verschwörer sind alle Feinde des Demos, ohne dass es besonderer Indizien bedarf. Der Paphlagonier kann sich als loyaler und aufmerksamer Wächter des Volkes präsentieren und seinen Konkurrenten um die Gunst des Demos schwächen (Mann 2007, 100–102). Dieses Thema erklärt auch den Ort der Auseinandersetzung: Vor dem Rat der 500 wurden Anklagen wegen Verschwörung vorgebracht (Rhodes 1985, 179–207).

Dass der neue Obersklave aus der kleinasiatischen Landschaft Paphlagonien stammen soll, dürfte an einer pseudo-etymologischen Spielerei liegen. Paphlagonien klingt nach dem griechischen Verb *paphlázein* (blubbern, schäumen), dem Resultat des Umrührens, mithin des Durcheinanderbringens, das Aristophanes als Lieblingsbeschäftigung der Demagogen anprangert. Mörserkeule (*doîdyx*) und Rührlöffel (*torýnê*) (V. 984) wird zur Kurzformel für das Verhalten von Demagogen (Zimmermann 2006, 95).

Der Wursthändler nimmt seinen Mut zusammen und ruft alle Dämonen der Marktschreierei und die Agora selbst an, um ihm „Dreistigkeit und Zungenfertigkeit und freche Stimme" zu geben (V. 637f.). Die Agora ist der öffentliche Versammlungsplatz der griechischen Polis samt den dazugehörenden Tätigkeiten wie öffentliches Sprechen und kommerzielle Geschäfte. Wer Neuigkeiten erfahren wollte oder etwas einkaufen musste, ging auf die Agora. Sie bildete einen Schmelztiegel, in welchem die Bürger miteinander, aber auch mit Nicht-Bürgern und Sklaven in Beziehung traten. Auch wenn alle Bürger im Prinzip gleich waren, so eröffnete das Erscheinen auf der Agora wie auf einer Bühne die Möglichkeit, Ansprüche auf Status anzumelden, zu bemessen und zu behaupten. Gerade die Verbindung von Kaufen und Verkaufen mit den anderen politischen Aktivitäten vor aller Augen auf der Agora schuf diesen ausgesprochen demokratischen Raum (Millett 1998). Wirtschaftliche Tätigkeiten und bürgerlicher Wettbewerb waren weder räumlich noch sprachlich getrennt, was wiederum für rhetorische Strategien genutzt wurde (von Reden 1995, 111). Der Wursthändler handelt und spricht demzufolge wie einer von der Agora, auf der er erzogen wurde (V. 636).

Kaum hat er die Dämonen der Agora beschworen, da hört er rechts von sich einen Furz (V. 639). Eigentlich ist ein Niesen rechts als gutes Omen verstanden worden. Die griechischen Verben für Niesen und Furzen sind sehr ähnlich und hier komisch vertauscht worden. So kann sich der Wursthändler für das Vorzeichen bedanken und quasi in den Ring steigen. Er verkündet ein besonders günstiges Angebot des Marktplatzes an Sardellen und macht einen „geheimen" Vorschlag, wie man dies auch bevorzugt nutzen könne. Nun folgen Vorschlag und Gegenvorschlag als agonale Auseinandersetzung, bei der sich die beiden Gegenspieler zu übertrumpfen suchen: 100 Rinder gegen 200 Rinder, und dazu 1.000 Ziegen (V. 660). 100 Rinder sind bereits ein nur für besondere Anlässe vorgesehenes Opfer. Der Artemis Agrotéra, der Artemis der Wildnis, wurden jedes Jahr 500 einjährige Ziegen geopfert, um ein Gelöbnis zu erfüllen, das vor der Schlacht bei Marathon gegeben wurde (Xen. an. 3,2,12). Der Preisverfall der Sardellen war offenbar zweimal wichtiger als Marathon (Sommerstein 1997, 179).

Der Paphlagonier scheint geschlagen und die „Prytanen und Polizisten" wollen ihn wegzerren (V. 665). Die Prytanen sind der geschäftsführende Ausschuss des Rates der 500, die sich jeweils nach einem Zehntel des Jahres abwechseln. Polizisten gab es im eigentlichen Sinne nicht in Athen, doch gab es die *toxótai*, 300 unfreie Bogenschützen aus Skythien, die in Athen Aufgaben als Gerichtsdiener und Ordner bei Volksversammlungen wahrnahmen. Doch er gibt sich nicht geschlagen und ergreift den letzten Strohhalm. Das *alter ego* des Kleon ruft alle auf, den Boten aus Sparta zu beachten, der einen Friedensvertrag verhandeln möchte (V. 668f.). Da bekannt war, dass der Demagoge Kleon gegen einen Friedensvertrag war, dürfte hier die Heiterkeit über die Not des Paphlagoniers groß gewesen sein.

Bei der tumultartigen Auflösung der Ratsversammlung ist der Wursthändler wiederum gewitzter als alle anderen. Er kauft den vorhandenen Koriander und Schnittlauch auf, um diese Kräuter den Ratsherren als Würze für ihre Sardellen zu überlassen und sie so ganz für sich zu gewinnen. Was für uns nach Bestechung klingt, ist der für vormoderne Gesellschaften charakteristische reziproke Austausch von Gabe und Gegengabe.

Was die Ratsherren in solch freudige Stimmung versetzt, sind kleine Fische wie Sardellen und Sprotten. Dass jemals 100 Sprotten für einen Obolos erhältlich waren, was einem Drittel des Tageslohnes eines ungelernten Handwerkers oder des Tagegeldes eines Richters entspricht, scheint recht unwahrscheinlich, stammt diese Aussage doch aus dem Zusammenhang der sich gegenseitig überbietenden Opferangebote und war so sicherlich auch für das Publikum als Übertreibung markiert.

Kontexte

Medialer Kontext

Die attischen Komödien waren nicht zum Lesen bestimmt, sondern sind nur in ihrer Aufführungspraxis zu verstehen. Die Aufführungen standen immer im Zusammenhang des Dionysoskultes und waren als Agone (Wettkämpfe) organisiert. Das wichtigste Fest waren die Großen oder Städtischen Dionysien, eines der Hauptfeste der Polis Athen im März/April, bei dem an drei Tagen drei Tragödientetralogien und an einem Tag fünf Komödien aufgeführt wurden. Bei den Lenäen, ebenfalls ein Fest für Dionysos im Januar/Februar, wurden sowohl Tragödien als auch Komödien aufgeführt, aber nur an jeweils einem Tag, wobei der Komödienagon als wichtiger galt. Über die musischen Agone während der Ländlichen Dionysien im Dezember/Januar ist nur wenig bekannt. Insgesamt gab es wohl im späten 4. Jahrhundert in jedem Winter mindestens zehn Komödienagone (Csapo 2010, 108).

Die Aufführungen der beiden Hauptfeste fanden im Dionysostheater am Südabhang der Akropolis statt. Das noch heute erhaltene Theater wurde erst 330 v. Chr. fertiggestellt und bot 17.000 Zuschauern Platz. Im 5. Jh. v.Chr. saßen die etwa 5.500 Zuschauer (Goette 2007, 120) am Hang, ab 415 v.Chr. gab es Holzbänke und der Bühnenhintergrund war ebenfalls aus Holz errichtet, konnte folglich leicht den Erfordernissen des Stücks angepasst werden.

3 | Attische Komödie

Situativer Kontext

„Die Ritter" wurden im Januar/Februar 424 v.Chr. bei den Lenäen aufgeführt und gewannen den ersten Preis. Athen befand sich im siebenten Jahr des Peloponnesischen Krieges. Im Jahr zuvor hatte der Demagoge Kleon einen großartigen Sieg gegen Sparta für sich verbuchen können, der ihn zum Helden machte. Er konnte, nachdem mehrere athenische Feldherren gescheitert waren, eine spartanische Elitetruppe, die die kleine Insel Sphaktêría vor der Westküste der Peloponnes besetzt hielt, zur Aufgabe zwingen. Thukydides bezeichnete dies als „die allergrößte Überraschung" im ganzen Krieg (4,40). Kleon durfte daraufhin im Prytaneion speisen (V. 280–283) und auf den Ehrensitzen im Theater Platz nehmen (V. 575; 702). Seine Wahl zum Strategen des Jahres 424/3 war gesichert.

In dieser Situation nahm es Aristophanes mit Kleon auf und verspottete ihn als paphlagonischen Obersklaven des Herrn Demos. Aristophanes spickte seine Komödie mit hochaktuellen Themen wie zum Beispiel der aktuellen Höhe des Richtersolds. Am Ende des Stücks hält der Wursthändler, der sich nun Agorákritos, „gewählt durch die Volksversammlung" oder, wie er selbst etymologisiert, „Streiter auf der Agora" (V. 1257f.) nennt, dem (Herrn) Demos dessen Sündenregister vor Augen. Wenn von zwei Rednern der eine Kriegsschiffe bauen, der andere das Geld den Tagegeldern zuschlagen wolle, so würde gewiss Letzterer siegen (V. 1350–1353). Darin steckt eine Anspielung auf die gute alte Zeit, als sich der Demos im Zeitalter der Perserkriege für den Bau einer Flotte entschieden hatte (Hdt. 7,144). Im Kontext der 420er Jahre war dies nicht mehr zu erwarten, denn das Volk hatte einem Antrag des Kleon zugestimmt, die Tagegelder für Richter von zwei auf drei Obolen zu erhöhen (Aristoph. Equ. 797–800). Zu Beginn des Stücks ruft der Paphlagonier seine Anhängerschaft als „Drei-Obolen-Bruderschaft" zusammen (V. 255).

Kleon wird von Aristophanes als Gerber und Lederhändler bezeichnet, der nach Gerberlauge stinke (V. 892) und eine Brüllstimme habe (V. 137). Jedoch dürfte Kleon nie selbst in der Gerberei gearbeitet haben, die er von seinem Vater geerbt hatte (Schol. Aristoph. Equ. 44), sondern die Arbeit dort Sklaven überlassen haben. Die Familie gehörte zu den reichen Athenern, denn es ist bekannt, dass Kleons Vater die Aufführung eines Männerchors während der Großen Dionysien des Jahres 460/59 finanzierte, der vermutlich das 5.000-fache des Tageslohnes eines gelernten Handwerkers kostete (Davies 1971, 318f.). Kleon zeichnete sich nach Christian Mann weniger als ungebildeter Emporkömmling denn als jemand aus, der durch ein betont volkstümliches Auftreten die Distanz zwischen dem Demos und sich zu verringern suchte (2007, 183).

Produktionskontext

Die Aufführungen der Tragödien und Komödien hatten Wettkampfcharakter. Unter konkurrierenden Autoren wählte der Archon Eponymos („der dem Jahr den Namen gibt") drei Tragödiendichter und fünf Komödiendichter aus, die jeweils gegeneinander antraten. Jeder zum Wettkampf zugelassene Dichter bekam einen Chor, dessen Unterhalt und Ausstattung bei den Großen Dionysien ein reicher Bürger, bei den Lenäen auch reiche Metoiken übernahmen. Die Übernahme einer solchen Choregie war kostspielig, aber dennoch begehrt, da sie Ehre, Privilegien und Ruhm eintrug. Jährlich wurden weit mehr als 1.100 Chorsänger für die verschiedenen Darbietungen gebraucht. Diese waren ausschließlich Bürger, die für ihre Teilnahme nicht entlohnt wurden, da sie als religiöser Dienst für Dionysos verstanden wurde. Der Dichter bekam eine nennenswerte Summe als Honorar, unabhängig vom Erfolg beim Wettbewerb (Csapo 2010, 116).

Ein Komödienchor bestand aus 24 Choreuten, die in seltsamen Verkleidungen auftraten: als Frösche, Wespen, Vögel oder eben Ritter, nach denen heute die Komödien des Aristophanes benannt sind. Sie trugen komische Masken, ausgestopfte Bäuche und gepolsterte Gesäße und einen überdimensionalen Leder-Phallus, wie Vasenbilder und einige Stellen bei Aristophanes belegen. Der Dichter musste die Lieder und Texte mit dem Chor und den Schauspielern einstudieren. Aristophanes scheint diese Tätigkeit nicht gemocht zu haben und überließ sie Kallistratos und Philonides. In der Neuen Komödie verschwinden die bunten Chöre. Der Chor besteht nun meist aus einer Gruppe betrunkener junger Männer, die einen *kómos*, den Umzug am Ende eines Trinkgelages, darstellen, und nicht mehr in die dramatische Handlung eingebunden sind.

Die Entscheidung über die beste Tetralogie (drei Tragödien und ein Satyrspiel) und die beste Komödie fällte eine Kommission aus zehn durch Los bestimmten Bürgern, die aber den Willen des Publikums zu respektieren hatten. Die siegreichen Stücke wurden mit dem Namen des Choregen als Vertreter des Chores und dem Namen des Dichters, der als *didáskalos* (Lehrer des Chores) bezeichnet wurde, in Listen eingetragen, die uns zum Teil inschriftlich oder literarisch überliefert sind. Die Schauspieler traten hinter dem Chor zurück und bleiben unbekannt, wobei vielleicht zumindest zu Beginn der Dichter selbst eine wichtige Rolle übernahm. Im 4. Jh. wurden die Schauspieler wichtiger und professioneller, sie bekamen ebenfalls Preise für ihre Leistungen und traten an verschiedenen Orten auf (Csapo 2010, 116–119).

Über Aristophanes' Leben gibt es außerhalb seiner Stücke kaum verlässliche Quellen, die ihre Informationen nicht, wie auch sonst bei antiken Autoren, phantasievoll aus dem Werk selbst herausgelesen haben (Gelzer 1970, 1395). Einigen Hinweisen wird immer noch ein hoher Grad an Realitätsgehalt zugebilligt, wie einer gerichtlichen Auseinandersetzung zwischen Kleon und Aristophanes, die in den Acharnern (V. 377–382; 502–505; 659–664) erwähnt wird (Sommerstein 2004). Doch ist bei dieser Art von autobiographischer Information Skepsis angebracht. Aufgrund der Dynamik der Gattungsgesetze, nach denen der Autor moralische Entrüstung zeigt, gegen ungerechtfertigte Einschränkung und Bedrängung angeht sowie mit Invektiven und persönlichem Spott arbeitet, ist die Trennung von Fiktion und Realität schwierig. Dies gilt selbst in den Parabasen, wo im Allgemeinen davon ausgegangen wird, dass der Dichter in seinen reflektierenden Äußerungen einen Eindruck seiner persönlichen Meinung vermittelt.

Die Parabasen enthalten häufig Bemerkungen, die sich als Schutzbehauptungen erweisen, die in ihrer offensichtlichen Unwahrheit Teil des Humors sind. Der Autor konstruiert sich hier gerne als unterdrückten Außenseiter, der zum Helden wird (Rosen 2010, 229–240).

Die auktoriale Stimme vermittelt einen Eindruck von dem, wie ein Komödiendichter sich selbst sehen wollte und gesehen wurde, und wie er selbst zum Teil des komödiantischen Zusammenspiels von Schauspiel und Zuschauern wurde. Er trat in eine agonale Kommunikation mit dem Publikum, das seine Leistung bewertete. Dieser Umstand dürfte dazu geführt haben, dass der Dichter Vorurteile und Anliegen der Zuschauer wiedergab oder an diese appellierte, gleich welche persönliche Meinung er gehabt haben mag. Die spielt auch keine Rolle, denn die Komödien führten den Athenern ihre Verhaltensweisen, Vorurteile, Sorgen und Überzeugungen vor Augen, kurz: ihr eigenes Verhalten.

Verwendungskontext

Das Theater in Athen könnte zeitweilig mehr Menschen Platz geboten haben als der Ort für die Volksversammlung. Unter den Zuschauern befanden sich nicht nur Bürger, allerdings wurden vorwiegend diese direkt angesprochen. Die Zuschauer mussten wohl einen recht hohen Eintritt von zwei Obolen pro Tag bezahlen, was zwei Dritteln des Tageslohns eines ungelernten Handwerkers entsprach (MacDowell 1995, 13f.). Daher wird vermutet, dass die Armen und die Landbevölkerung unterrepräsentiert waren (Sommerstein 1998). Ab dem 5. Jh. gab es aber für Bürger gelegentlich ein sogenanntes Theatergeld, das im 4. Jh. als *theôrikón* institutionalisiert wurde (Roselli 2009). Auch sprechen Aussagen der ps.-xenophontischen Athenaion Politeia für einen hohen Anteil an armen Zuschauern, dessen Autor die Komödie für das geistige und soziale Eigentum des Demos im Gegensatz zu den Reichen hält. Desgleichen sind die Helden des Aristophanes immer einfache Leute (Olson 2010, 53–56). Bei den Großen Dionysien waren auch auswärtige Besucher anwesend, was das Theater zu einem Ort der Verhandlung außen- und innenpolitischer Machtverhältnisse machte.

Um den ersten Preis zu erringen, mussten die Komödiendichter die Zuschauer für sich gewinnen. Die Themen, zumindest soweit wir über das 5. Jh. wissen, waren hochaktuell, politische und soziale Rivalitäten wurden bevorzugt aufgegriffen, und der Dichter musste die Stimmung im Publikum richtig einschätzen. Das Publikum wird häufig direkt angesprochen und zur Reaktion aufgefordert, aber auch verspottet. Der noch verunsicherte Wursthändler wird etwa dadurch beruhigt, dass ihm versichert wird, der Chor der Ritter, die guten und ehrbaren Bürger und „im Theater hier ein jeder kluge Mann" (V. 228) würden ihm zur Seite stehen. Die Gestaltung des Berichts über den Agon verweist immer wieder auf die Reaktionen der Ratsherren, die wie bei einem Tennismatch mal dem einen, mal dem anderen ihre Aufmerksamkeit zuwenden. Auf dem Höhepunkt „klatschten und bestaunten [sie] mich mit offenem Maul" (V. 651), was als Echo des eifrigen und lautstarken Publikums gedeutet werden kann (Roselli 2011, 49).

Politisch-Sozialer Kontext
Zur Zeit des Aristophanes herrschte der Demos von Athen in einem Ausmaß über sich selbst wie nie zuvor und nie wieder danach in der Geschichte. Die athenische Demokratie war eine wirkliche Volksherrschaft und die Volksversammlung ihre wichtigste Institution. Auch wenn jeder Bürger das Recht der freien Rede hatte und jederzeit vor der Volksversammlung das Wort ergreifen konnte, so blieb es de facto doch meist den rhetorisch gebildeten Bürgern überlassen. Diejenigen, die häufig vor der Volksversammlung sprachen, wurden Demagogen genannt, „Volksführer", was neutral und rein politisch zu verstehen ist. Ohne dieses strukturelle Element, wie Moses I. Finley herausgearbeitet hat, wäre die athenische Demokratie nicht arbeitsfähig gewesen. Es waren die Demagogen, die durch ihr Sachwissen und ihre Erfahrung dem Volk als Experten zur Verfügung standen. So konnten Diskussionen gebündelt und dem Volk zur Entscheidung vorgelegt werden. Die Demagogen nahmen Einfluss, aber es war immer das Volk, das entschied. In Ungnade gefallene Demagogen wurden hart bestraft (1962). Mann untersucht die politische Kommunikation im klassischen Athen mit Blick auf die Demagogen und stellt heraus, dass ausreichende ökonomische Ressourcen und Bildung die wesentlichen Voraussetzungen für Demagogen waren, es sich aber nicht um eine soziale Gruppe handelte. Der Begriff „Aristokratie" sei hier unpassend, da er sich auf das soziale und nicht politische System beziehe, auch wenn die Demagogen den aristokratischen Werten des Kampfs um Ruhm und Ehre, die in die demokratische Wertewelt integriert wurden, folgten. Erfolgreich sein bedeutete für sie, dass ihre Anträge angenommen wurden, sie zum Strategen (Feldherrn) gewählt wurden und sie nicht von Gerichten verurteilt wurden (2007, 26–30).

Zwar gab es soziale Unterschiede unter den Bürgern, aber im demokratischen Athen hatte sich die politische Ordnung von der sozialen emanzipiert (Meier 1980, 92). Die einen verdienten ihren Lebensunterhalt mit einem Handwerk, andere mit einem kleinen Stück Land, und einige wenige, vermutlich etwa 400 Bürger in den 420er Jahren, gehörten zu den Reichen, die durch ihre Beiträge (*leitourgíai*) Kriegsschiffe, Chöre für die verschiedenen Aufführungen im Theater oder Teilnehmer der Fackelläufe finanzieren mussten (Davies 1971, xxix). Aber im Politischen waren alle Bürger gleichgestellt, alle hatten die gleichen Rechte und Pflichten, das Recht auf gleiche Rede und Anwendung der Gesetze. Der Demos war der Souverän und ließ sich seine Herrschaft auch nicht aus der Hand nehmen. Nur vor diesem Hintergrund sind die attischen Komödien zu verstehen.

Kognitiver Kontext
Die aristophanische Komödie ist Teil der demokratischen Diskurse Athens zur Zeit des Peloponnesischen Krieges und den Jahrzehnten danach. Geprägt von den kämpferischen Auseinandersetzungen des demokratischen Diskurses sind auch die Komödien auf vielfältige Weise Teil dieser agonalen Auseinandersetzung. Auch wenn das von Jacob Burckhardt in die Welt gesetzte Konzept des Agonalen

auf fragwürdigen Annahmen wie eines einheitlichen „griechischen Geistes" und der Singularität der griechischen Wettstreitkultur beruht (Burckhardt 1898–1902), so hat es doch allgemeine Anerkennung erfahren. Voraussetzung des „Agonalen Prinzips" ist, dass der Wettstreit unter Ebenbürtigen erfolgt. Das demokratische Athen bot hier die besten Voraussetzungen: Alle Bürger galten im politischen Bereich als gleich. So konnten jene Tätigkeiten, die alle beobachten konnten, zum Gegenstand der Wettkampfkultur werden. Die Komödien werden im Rahmen eines Agons des Dionysosfestes aufgeführt. Um den ersten Platz kämpfen der Dichter und sein Geldgeber, der Chorege. In der Komödie kämpfen komische Helden um Anerkennung. Gleichzeitig musste bei allem Wettstreit um den ersten Platz die Gleichheit der Bürger gewahrt werden.

In der hier behandelten Quelle kämpft der komische Held um den politischen Sieg vor dem Rat der 500 mit den Mitteln der Agora: ein großes Maul haben, Lockangebote verkünden, den Markt monopolisieren und beim Feilschen schlauer sein. Das agonale Verhalten auf der Agora wird dem agonalen Verhalten in politischen Versammlungen gleichgesetzt. Diese Überlagerung von Kaufen und Verkaufen, Reziprozität, Status und demokratischer Ideologie lässt sich vielfach belegen. Die Agonalität ist verbunden mit dem Prozess des Gebens und Nehmens, wodurch die Beziehungen zwischen den Bürgern ständig neu ausgehandelt wurden. Die kostenlose Verteilung des Korianders und Schnittlauchs gehört dazu. Für Aristoteles (eth. Nic. 1132b35–33a4) ist es gerade das Erwidern eines Gunstbeweises oder das Gewähren eines solchen, was die Polisbürger aneinanderbindet. Das Geben und Nehmen auf der Agora, verbunden mit dem ständigen Bemühen, den anderen durch Geschick und List zu übertreffen, lässt sich als „agonale Reziprozität" bezeichnen (Millett 1998, 220).

Um Agonalität geht es auch beim Konsum von Fisch. James Davidson hat glänzend gezeigt, wie in den Komödien verdächtiges Verhalten auf dem Gebiet des Geltungskonsums, das deutlich agonale Züge trägt, mit anderen Formen der Transgression – sexuellen wie politischen – assoziiert wurde. Der Wettstreit auf diesem Gebiet war im demokratischen Athen, das während des 5. und 4. Jh. v.Chr. einen ausdrücklich egalitären Anspruch erhob, besonders suspekt. Jeder, der einen als übertrieben luxuriös oder aristokratisch angesehenen Lebensstil pflegte, wurde verdächtigt, eine Tyrannis anzustreben. In Aristophanes' Wespen wird jemand, der einen als luxuriös angesehenen Barsch kauft, aber seine Nase über Sprotten rümpft, sogleich von dem Sprottenverkäufer nebenan beschuldigt: „Dieser Mann kauft Fisch wie einer auf dem Weg zur Tyrannis." (Vesp. 495).

Die Symbolik des Fisches in Athen ergibt sich nach Davidson aus der Tatsache, dass Fisch zu den ergänzenden Nahrungsmitteln zählte und frei von rituellen Beschränkungen ungehindert zu erwerben und zu verzehren war. Fisch war, im Gegensatz zu Fleisch, kein Opfertier. Diese ergänzenden Nahrungsmittel, zu denen auch Oliven, Käse, Zwiebeln usw. zählten, standen dem Grundnahrungsmittel Getreide gegenüber. Wer nun das eigentlich nur ergänzende oder überflüssige Lebensmittel zum notwendigen und substantiellen Teil seiner Nahrung machte, wurde der radikalen Unterwanderung der normalen Ordnung verdächtigt. Der demokratische Diskurs über Fischkonsum ließ nach Davidson nur jemanden als guten Demokraten gelten, der mit der billigsten und gewöhnlichsten Sorte Fisch zufrieden war. Wer große Fische in beträchtlichen Mengen verspeiste, verhielt sich elitär und strebte nach Macht. Der Paphlagonier, alias Kleon, wird von Aristophanes als machtgierig charakterisiert, indem er Tintenfisch und Bestechungsgelder, Thunfisch und Tribute, Seebarsch und Inseln verschlingt (1993, 59). Und noch viel schlimmer: Die Lust auf Fisch führte zur Abhängigkeit und zur unkontrollierbaren sexuellen Sucht. Anhand der Symbolik des Kaufs und Konsums von Fischen konnten die Komödiendichter mithin soziale Unterschiede, den Zusammenhang von Geltungskonsum und revolutionären Umsturzversuchen sowie demokratische Kommunikationsstrategien der Athener wie Überredung, Betrug und Übervorteilen des politischen Gegners offenlegen (1999, 25–47). Wenn mithin der Wursthändler das günstige Angebot kleiner Fische wie Sardellen und Sprotten ankündigt, dürfen die Ratsherren nach diesen verlangen, denn sie verhalten sich demokratisch. Nahrung ist ein symbolträchtiges Medium, das Ideen über Gruppenidentität und die Sozialbeziehungen bestimmende zentrale Werte ausdrückt.

Bedeutung

Wie wurde über das Kommunikationsverhalten bei der Herbeiführung demokratischer Entscheidungen nachgedacht? Wie sahen die Bürger Athens ihr eigenes demokratisches Verhalten? Wie werden die Mittel geschildert, mit denen sich politische Gegner bekämpften? Wieso ist in den Komödien so häufig von Fisch die Rede?

Aristophanes nutzt die Schaulust des Volkes im Theater, um es mit dem eigenen Verhalten in der Volksversammlung, vor Gericht und auf der Agora zu konfrontieren. Alle drei Orte gehörten zu den zentralen Institutionen der athenischen Demokratie. Sie dienten dem gesellschaftlichen und politischen Austausch, man kämpfte dort um Ehre und Anerkennung. Indem die Komödie die politischen Auseinandersetzungen den kommerziellen Aktivitäten auf der Agora gleichstellt – als heftiges Feilschen in der Absicht, den anderen zu übervorteilen –, verdeutlicht sie die harten Kämpfe um Macht und Ansehen. Gleichzeitig wird aber auch das Theater als demokratische Institution einbezogen, was durch die metatheatralischen Elemente hervorgehoben wird. Das Volk wird darauf aufmerksam gemacht, wie es sich durch schmeichelhafte Reden verführen lässt und die Auseinandersetzungen der Politiker in der Volksversammlung wie die Rededuelle im Theater verfolgt.

In den „Rittern" kritisiert Aristophanes das Verhältnis des Volks von Athen zu seinen führenden Politikern, den Demagogen. Der Paphlagonier stellt die Verkörperung allgemeiner demagogischer Verhaltensweisen dar. Dabei spricht ihm Aristophanes nicht ab, dass er die Mechanismen der athenischen Politik durchschaut habe, denn sein „Kleon" verfolgt prinzipiell eine erfolgreiche Strategie. Der Wursthändler wird von den beiden Haussklaven instruiert, dieselbe Strategie anzuwenden, dann könne er den Paphlagonier mit dessen eigenen Waffen schlagen (V. 213–219). Ein gebildetes Auftreten sei nur schädlich (V. 188–193; Mann 2007, 170f.). Der Wursthändler wird mit Hilfe seiner Bauernschläue und Prägung durch die Agora zum komischen Helden. Er illustriert, dass zwischen agonalem Verhalten in der Politik und auf dem Marktplatz kein Unterschied besteht. Am Ende siegt aber der (Herr) Demos, der den Wettkampf zwischen Paphlagon und dem Wursthändler entscheidet und als Belohnung zwei „Friedensverträge" in Gestalt schöner Mädchen erhält. So hat Aristophanes letztlich ein versöhnliches und optimistisches Bild der Demokratie gezeichnet, mit all ihren Schwächen und Fehlern (MacDowell 1995, 105f.). Das gefiel dem Publikum, dem souveränen Volk von Athen, das auf seine Demokratie außerordentlich stolz war, so dass Aristophanes mit dem ersten Preis geehrt wurde.

Was heute zunächst schwer verständlich ist, die Thematisierung von Fisch, lässt sich über den Gedanken an Nahrung als symbolträchtiges Medium entschlüsseln, das Ideen über Gruppenidentität und zentrale Werte, die die Sozialbeziehungen bestimmen, ausdrückt. Das Kaufen und Verspeisen von Fisch, der nur ein ergänzendes Nahrungsmittel darstellte, entspricht einer Symbolik, die große Fische als Metapher für Machtgier und sexuelle Ausschweifungen verwendet.

Die Aristophanische Komödie diente dem demokratischen Athen als Mittel der Selbstreflexion. Die Selbstreflexivität der Komödie, die die Kommunikation zwischen den Darstellern auf der Bühne und dem Publikum im Theater herstellt, lässt alle zu Teilnehmern der Kommunikationsformen der Polis werden. Indem der Dichter letztlich die Meinung seiner Zuschauer wiedergab, wurde er ebenfalls zum Teil des demokratischen Diskurses, auf den er nur insofern einwirkt, als dass er ihn kreativ verstärkt.

Die Interpretation aristophanischer Komödien steht im Zentrum dieses Kapitels. Es handelt sich um bedeutende Quellen für das Verständnis der athenischen Demokratie. Während sie Auskunft über die Kommunikationsformen im demokratischen Athen des 5. Jh. v.Chr. geben, stehen für das 4. Jh. Gerichtsreden zur Verfügung, die ebenfalls nur in ihrem situativen und performativen Kontext zu verstehen sind. Auch hier bildet der Demos das Publikum für agonale Auseinandersetzungen. Die attischen Tragödien sind durch ihren Stoff, der den mythischen Geschichten entnommen wurde, dem aktuellen Geschehen entrückt. Gelegentlich lassen sich Einflüsse aktueller Ereignisse finden, wie die Reformen des Ephialtes von 462 v.Chr. in der vier Jahre später aufgeführten Orestie des Aischylos, doch geschieht dies in sublimierter Form, durch die Darstellung der Durchsetzung der neuen, gerechten Ordnung der Polis durch die jüngere Göttergeneration des Zeus (Meier 1980, 144–222; 1988). Die Tragödien zeigen kein unmittelbares kommunikatives Verhalten oder aktuelle politische Diskussionen, sie helfen bei der Deutung und Bewältigung allgemein menschlicher Konflikte.

Leitfragen für die Interpretation

Für die attischen Komödien sind die situativen Kontexte von besonderer Bedeutung. Die übrigen Kontexte sind durch ihre Aufführung im demokratischen Athen des 5. Jh. bestimmt.
- Welche Kommunikationssituation wird auf der Bühne dargestellt? Für welche der anderen kommunikativen Situationen im demokratischen Athen steht sie?
- Wie werden demokratisches und agonales Verhalten auf der Bühne dargestellt? Was wird als typisch demokratische Verhaltensweise hingenommen? Welche Verhaltensweisen werden durch den Komödiendichter kritisiert? Welche Verhaltensweisen, Vorurteile, Sorgen und Überzeugungen der Athener bilden sich in den Komödien ab? Wie werden demokratische Entscheidungen herbeigeführt?
- Wie wirken die metatheatralischen Mittel und die Kritik an bestimmten demokratischen Verhaltensweisen auf die Zuschauer? Welches Selbstverständnis lässt sich hieraus erschließen?
- Gibt es einen Symbolgehalt zu entschlüsseln? Welche Bedeutung nimmt er für die Bewertung der Handlungsoptionen und Kommunikationssituationen ein?
- Welche Bedeutung ergibt sich aus der erarbeiteten Fragestellung?

Leseempfehlungen

Dobrov, Gregory W. (Hg.) (2010): Brill's Companion to the Study of Greek Comedy, Leiden.
Mann, Christian (2007): Die Demagogen und das Volk. Zur politischen Kommunikation im Athen des 5. Jahrhunderts v.Chr., Berlin.
Revermann, Martin (Hg.) (2014): The Cambridge Companion to Greek Comedy, Cambridge.
Zimmermann, Bernhard (2006): Die griechische Komödie, Frankfurt a.M.

4. Inschriften

Eine weitere wichtige Gruppe von Quellen stellen Inschriften dar. Sie werden von der Epigraphik (vom griechischen Wort *epigraphê* – Aufschrift, Inschrift) bearbeitet, die sich mit dem gesamten antiken Schrifttum auf beständigem Material (Stein, Ton, Metall) beschäftigt. Nicht dazu gehören Texte in mittelalterlichen Handschriften, auf Münzen oder Papyrus, die von der Klassischen Philologie, Numismatik und Papyrologie ediert und bearbeitet werden (vgl. Schmidt 2004, 1). Inschriften sind wertvolle Quellen, da sie neben ihrem materiellen Charakter auch selbst sprechen, das heißt eine Aussage mit einer Selbstauffassung oder Deutung verbinden. Viele für den Historiker wichtige, von den literarischen Quellen aber nicht beachtete Zusammenhänge wären ohne Inschriften unbekannt.

Genese und Gebrauch

Die ältesten Inschriften auf Stein in griechischer Sprache stammen aus dem 7. Jh. v.Chr., in lateinischer Sprache aus dem 6. Jh. v.Chr. Im gesamten Bereich der griechisch-römischen Kulturen finden sich Inschriften, wobei im östlichen Mittelmeerraum die griechische Sprache überwiegt und im westlichen die lateinische. Je nach Inhalt und Funktion lassen sich verschiedene Gruppen von Inschriften unterscheiden: Gesetze, Volksbeschlüsse, Senatsbeschlüsse, Briefe von Herrschern, Weih- oder Votivinschriften (nach dem lateinischen Wort für Gelübde – *votum*), Bauinschriften, Meilensteine. Inschriften, die eine Ehrung, sei es eine Statue oder einen Altar begleiten und erklären, werden fälschlicherweise meist als Ehreninschriften bezeichnet: Nicht die Inschrift ist die Ehrung, sondern nur deren Erläuterung (vgl. Schmidt 2004, 50). Die Übergänge zwischen den Inschriftengruppen sind jedoch fließend. Eine Bauinschrift kann zum Beispiel gleichzeitig eine Ehrung markieren, wenn das Gebäude eine Ehrung darstellt.

Eine bedeutende Gruppe bilden die Grabinschriften, aus denen das hier behandelte Beispiel stammt. John Bodel schätzt, dass etwa zwei Drittel aller heute bekannten Inschriften Grabinschriften oder Epitaphe (nach dem griechischen Wort *epitáphios* – zum Grabe gehörig) sind (2001, 30). Sie illustrieren allgemeine historische Trends, sind aber auch individuelle Zeugnisse. Trotz ihres massenhaften Vorkommens und ihrer Konventionalität gibt es bezüglich statistischer Auswertungen Vorbehalte. Versuche einer demographischen Auswertung scheitern an den dem Material innewohnenden Verzerrungen: Nicht jeder konnte sich einen Grabstein leisten, Männer sind stärker vertreten als Frauen, und die Altersangaben, soweit überhaupt vorhanden, beziehen sich auf Jugendliche oder sehr alte Menschen und lassen sich vielfach durch fünf teilen, sind also gerundet. Das

Material reflektiert keine demographischen Realitäten, sondern kulturell bedingte Erinnerungspraktiken, die sich schlechter als Zeit, Raum oder wirtschaftlicher Status identifizieren lassen (2001, 35–39). Werden Grabinschriften dagegen individuell untersucht, zeigen sich Aspekte des antiken Lebens, die selten in anderen Quellengattungen zu finden sind. Insbesondere in den aus römischer Zeit erhaltenen Grabinschriften lassen sich soziale Gruppen erschließen, die anhand der literarischen Quellen, die normalerweise aus Sicht der Elite sprechen, verborgen bleiben würden.

Eine Inschrift ist immer als etwas Dauerhaftes gedacht. Folglich wird der Text auf einem haltbaren Material eingeritzt, eingemeißelt oder in Metallbuchstaben auf diesem angebracht. Die meisten Inschriften, die heute überliefert sind, sind Texte auf Stein. Die einst sicherlich häufigen Bronzetafeln sind zum großen Teil längst eingeschmolzen worden. Inschriften gehören zu den Denkmälern, zählen also in der Terminologie von Droysen sowohl zur Tradition als auch zu den Überresten. Bei Denkmälern wirkte im Gegensatz zu den Überresten die Absicht der Erinnerung mit (1977, 426). Neben dem Anspruch auf Unvergänglichkeit steht das Ziel der Ansprache einer Öffentlichkeit. Silvio Panciera schlägt vor, eine Inschrift als speziellen Typ menschlicher Kommunikation anzusehen, die nur in eine Richtung verläuft und an eine Gesamtheit gerichtet ist (2012, 8). Diese Gesamtheit ist die zeitgenössische Öffentlichkeit, was Inschriften zu besonders ergiebigen Quellen macht, denn ihr medialer wie situativer Kontext ist entscheidend für die Interpretation.

Eine Inschrift, auch wenn sie vollständig überliefert ist, stellt, wie besonders Werner Eck betont hat, immer nur einen Teil des kulturellen Phänomens dar, von dem die Inschrift spricht. Erst durch die Einbettung der Inschrift in ihren historischen Kontext lasse sich das Spezifische des einzelnen Textes oder einer Textgruppe erkennen (2007, 449).

Neuere Forschungsansätze

Im 19. Jahrhundert begann die große Zeit der Corpora der lateinischen und griechischen Inschriften. 1815 entstand auf Betreiben vor allem August Boeckhs und Barthold Georg Niebuhrs das Projekt einer umfassenden Publikation aller bekannten antiken Inschriften, das die Preußische Akademie der Wissenschaften in Berlin übernahm. Den Anfang machte das *Corpus Inscriptionum Graecarum* (CIG), dessen erster vollständiger Band 1828 erschien. Bis 1877 wurden vier Bände und ein Indexband publiziert. Schon bald zeigte sich durch zahlreiche Neufunde, dass Neubearbeitungen der attischen Inschriften nötig wurden, die seit 1873 erschienen. Zu Beginn des 20. Jahrhunderts stellte Ulrich von Wilamowitz-Moellendorff das Vorhaben als *Inscriptiones Graecae* (IG) neu auf, jedoch beschränkt auf die Inschriften des griechischen Mutterlandes. Er orientierte sich dabei am Corpus der lateinischen Inschriften, dem *Corpus Inscriptionum Latinarum* (CIL), das seit 1853 sein Schwiegervater vorantrieb, der Altertumswissenschaftler Theodor Mommsen. Die Bände sind nach Regionen geordnet und durchnummeriert. Heute gibt die Berlin-Brandenburgische Akademie der Wissenschaften sowohl die IG wie das CIL heraus. Als Regel für die Bearbeitung gilt, dass die Inschriften möglichst originalgetreu wiedergegeben werden. 1931 wurde ein spezielles Zeichensystem festgelegt, das Beschädigungen, Fehler, Auslassungen und Ergänzungen einheitlich für Inschriften, Papyri und Handschriften kenntlich macht, das sogenannte „Leidener Klammersystem".

Seit Mommsen und Wilamowitz hat sich viel verändert. So reicht es längst nicht mehr, den Text sorgfältig ediert in einem Corpus-Band zu lesen. Bereits 1964 wies Antony E. Raubitschek darauf hin, dass eine Inschrift ein Teil eines Denkmals ist, das an einem bestimmten Ort, zu einer bestimmten Zeit, aus einem bestimmten Grund, zu einem bestimmten Zweck aufgestellt wurde. Daher müsse der Epigraphiker zugleich Philologe, Historiker und Archäologe sein. Die Epigraphik sei als ein Teil der Denkmalkunde und damit der Archäologie zu behandeln (1964, 219). Die Bände der IG und des CIL geben zwar einen hochwertigen Text der Inschrift wieder, doch ist der visuelle, archäologische oder topographische Kontext einer Inschrift im Detail häufig schwer nachvollziehbar. Etwas Abhilfe schaffen hier die elektronischen Datenbanken, die zumindest Fotos für jede erfasste Inschrift vorsehen. Allerdings sind längst nicht alle Inschriften erfasst und auch mit einem geeigneten Foto versehen.

Als Ramsay MacMullen von einem „epigraphic habit" im römischen Reich sprach, fragte er sich, warum Menschen vor allem in den ersten drei Jahrhunderten n.Chr. in Italien und den römischen Provinzen vermehrt auf Stein schrieben (1982). Seitdem wurden mögliche Antworten diskutiert. Sicher spielten zwei Bedingungen eine wesentliche Rolle: der soziale Zusammenhalt, der die öffentliche Zurschaustellung persönlicher Erfolge oder der eigenen Existenz bedeutungsvoll für den Rest der Gemeinschaft machte, und das Vertrauen in die Dauerhaftigkeit der Gesellschaft, denn ohne dies wäre wohl kaum der Wunsch nach Verewigung entstanden. Der gesellschaftliche Zusammenhalt und der positive Blick in die Zukunft sind Folge der neuen politischen Ordnung der Prinzipatszeit, die Frieden und Stabilität brachte. Die politische Stabilität hatte eine hohe geographische und soziale Mobilität zur Folge, so dass Gruppen wie die Freigelassenen gerne von ihren persönlichen Erfolgen kündeten (Beltrán Lloris 2014, 144f.). Mittlerweile scheint deutlich, dass sich kein allgemeiner „epigraphic habit" feststellen lässt, sondern jeweils eine Anzahl von ökonomischen, demographischen, sozialen, politischen und psychologischen Faktoren die kulturelle Praxis an verschiedenen Orten zu verschiedenen Zeiten bestimmte. Daher spricht man heute auch eher von epigraphischen Kulturen. Zudem muss berücksichtigt werden – wie Bodel besonders hervorhebt –, dass Menschen nie einfach nur das auf Stein schrieben, was sie kommunizieren oder festhalten wollten, sondern das, was als angemessen für ein bestimmtes Objekt an einem bestimmten Ort zu einer bestimmten Zeit galt. Er bezeichnet diese Verzerrung als „epigraphic bias" (2001, 34, 46–48).

Eine Lanze für eine neue „archäologische Epigraphik", mithin für die strenge Kontextualisierung des inschriftlichen Textes, brach Graham J. Oliver (2000). Noch 2001 beklagte sich Francisca Feraudi-Gruénais darüber, dass die Grabinschriften in der Forschung meist isoliert und als für sich stehende Gattung betrachtet werden; eine eingehende Untersuchung im Kontext ihrer Anbringung stelle nach wie vor ein Desideratum dar (2001, 203). Margaret Laird gelingt es in ihrer Untersuchung der Grabmonumente der *Augustales*, die Bildhaftigkeit der Inschriften mit der Ikonographie der Denkmäler zu verbinden und einem kulturellen Denksystem dieser Darstellungen auf die Spur zu kommen (2015, 19–69).

Inschriften als Quellen für die römische Sozialgeschichte

Einige soziale Gruppen werden in den literarischen Quellen ausschließlich aus der Sicht der Elite behandelt; gäbe es keine Inschriften, wären sie kaum identifizierbar oder nur als Zerrbild zu erkennen. Hier sind die Grabinschriften von Freigelassenen und ihren Angehörigen besonders aufschlussreich. Allein in der Stadt Rom stammen schätzungsweise drei Viertel aller Grabinschriften von ihnen, und auch außerhalb der Hauptstadt sind die Grabinschriften der Freigelassenen in der Mehrzahl. Darüber hinaus sind die meisten auf Grabdenkmälern als Freigeborene bezeichnete Personen Kinder von Freigelassenen. Der epigraphische Befund spiegelt folglich in keiner Weise die Zusammensetzung der Bevölkerung wider. Offensichtlich hatten Freigelassene besondere Gründe, an sich selbst und ihre Familien zu erinnern (Taylor 1961). In den Grabinschriften zeichnet sich allerdings wiederum nur eine Gruppe von Freigelassenen ab: die gut ausgebildeten und wirtschaftlich erfolgreichen Ex-Sklaven, die „für einen Moment die Hefe Italiens" waren, wie Paul Veyne schreibt (1995, 26). Einen Grabstein zu errichten kostete Geld.

Die Grabmonumente sind sicherlich die besten Selbstzeugnisse. Hier teilen die Freigelassenen ihre Lebensgeschichte mit einem Publikum. Sie erinnern an wichtige biografische Momente, an Leistungen und Beziehungen, die ihr Leben prägten. Mithin ist es möglich, etwas über die Selbstwahrnehmung der Freigelassenen auszusagen. Neben spektakulären oder auch einfacheren Grabmonumenten, die nach außen gerichtet sind und Passantinnen ansprechen, gibt es eine Unmenge von Grabsteinen, längst nicht einmal alle mit einer Inschrift versehen, die sich in Grabkammern, sogenannten Columbarien, oder auf Friedhöfen befinden und für Sklavinnen und Freigelassene bestimmt waren. Sie wurden von den Familien errichtet, zu deren Haushalt sie gehörten. Hier sprechen die Inschriften zum familiären Umfeld der Verstorbenen, sind also quasi nach innen gerichtet und lassen sich als eine direkte emotionale Antwort auf deren Verlust verstehen. Die Inschrift, auf eine Urne oder nur in die Wand geritzt, scheint der wesentliche Zweck an sich (Mouritsen 2011, 281).

Aber warum reagierten nur die Freigelassenen auf den Verlust von Angehörigen mit einer Inschrift? Mit der Freilassung war nicht nur die Erlangung des Bürgerrechts und größere ökonomische Freiheit verbunden, sondern vor allem die Kontrolle über den eigenen Körper und das Recht auf eine vollwertige Ehe und damit auf eine eigene Familie. Dieses Privileg, das erst die Freilassung ermöglichte, machte einen wesentlichen Teil der Identität der Freigelassenen aus und erklärt, warum sie, im Gegensatz zu den meisten anderen Römern, ihrer Verwandten durch Inschriften gedachten und eheliche wie elterliche Bindungen besonders betonten (Mouritsen 2011, 289).

Während der späten Republik und der frühen Kaiserzeit stellten sich Freigelassene auf ihren Grabmonumenten häufig durch ein Portraitbüstenrelief dar. Sie schauten aus ihren Grabdenkmälern heraus, gekleidet mit der Toga als Symbol für das römische Bürgerrecht und begleitet von ihrer Ehefrau mit der Stola der römischen Matrona und ihrem Sohn (Zanker 1975). Der Stolz auf die bürgerliche Anerkennung und den Besitz einer Familie wird auf diese Weise mit Nachdruck kundgegeben.

Lange Zeit wurde die römische Gesellschaft der Kaiserzeit als soziale Pyramide dargestellt, die die rechtlichen Kategorien der Freigeborenen, Freigelassenen und Unfreien mit denen der verschiedenen Stände verknüpft (Alföldy 2011,196–206). Diese Darstellung ist freilich nicht unumstritten (Rilinger 1985). Demgegenüber versucht Elke Hartmann die kaiserzeitliche Gesellschaft in den Inszenierungen, Aushandlungsprozessen und sozialen Praktiken an bestimmten Orten zu erfassen. Ein Vorteil ihrer Darstellung liegt darin, dass soziale Gruppen nicht von vornherein als fest umrissene Entitäten gesehen werden, sondern dass sozialer Ein- bzw. Ausschluss als ein Prozess betrachtet wird (2016, 25–32). Hartmanns Ansatz lässt sich auch für eine Untersuchung der Freigelassenen in einer italischen Stadt fruchtbar machen. Hier bilden nämlich die sozialen Abgrenzungen unklare Übergänge bei eindeutiger rechtlicher Einordnung. Im epigraphischen Material lässt sich gut feststellen, wie Freigelassene Erwartungen an den normalen Wortgebrauch enttäuschen und dynamisch auf soziale Normen reagieren. Rose MacLean hat daher, statt nach festen Identitäten zu fragen, die unterschiedlichen Darstellungen von Fleiß, Ehrerbietung und anderen normativen Tugenden der Freigelassenen als Strategien des Gedenkens untersucht, mit deren Hilfe die Denkmäler spezifische Rollen entwerfen (2018, 16, 22–24). Der Ansatz scheint erfolgversprechend. Bereits 1961 stellte Paul Veyne anhand einer Analyse vom „Gastmahl des Trimalchio" in den *Satyrischen Geschichten* des römischen Senators und Autors Titus Petronius Arbiter (um 14–66 n.Chr.) fest, dass die römische Elite den Freigelassenen keine passende Rolle in der Gesellschaft zugewiesen habe (1995, 50). Freigelassene mussten daher ihre Rolle je nach Maßgabe ihrer Möglichkeiten erst noch finden.

Im Folgenden soll ein Grabdenkmal aus der italischen Stadt Pompeji auf die Fragen hin untersucht werden, welche soziale Rolle ein Freigelassener und seine Ehefrau für sich entwarfen und wie sie mit den städtischen Eliten interagierten.

Beispiel: Freigelassene und ihre soziale Rolle

1813 wurde am Herkulaner Tor in Pompeji das sehr gut erhaltene Grab eines Ehepaars gefunden. Die Grabinschrift lautet (CIL X 1030):

> *Naevoleia L(uci) lib(erta) Tyche sibi et*
> *C(aio) Munatio Fausto aug(ustali) et pagano*
> *cui decuriones consensu populi*
> *bisellium ob merita eius decreverunt*
> 5 *hoc monumentum Naevoleia Tyche libertis suis*
> *libertabusq(ue) et C(ai) Munati Fausti viva fecit*

> Naevoleia Tyche, Freigelassene des Lucius, für sie selbst und
> für Gaius Munatius Faustus, *Augustalis* und *Paganus*,
> dem die Ratsherren mit Einverständnis des Volkes
> einen Ehrensessel für seine Verdienste verliehen.
> 5 Naevoleia Tyche ließ dieses Monument zu Lebzeiten für ihre eigenen Freigelassenen beiderlei Geschlechts und die des Gaius Munatius Faustus anfertigen.

Abbildung 1: Grabmal der Naevoleia Tyche und des Gaius Munatius Faustus (Grab 22 Süd der Nekropole am Herkulaner Tor)

Inhalt

Die Freigelassene (*liberta*) Naevoleia Tyche hat für sich, ihren Ehemann und ihre Freigelassenen beiderlei Geschlechts (*liberti* und *libertae*) das Grabmonument errichten lassen, auf dem diese Inschrift angebracht wurde. Indes ergeben sich bei genauerem Hinsehen Unklarheiten. Die ersten vier Zeilen besagen, dass dieses Monument für sie und ihren Mann bestimmt war, ohne dass die übliche Formel *sibi et suis* (für sich und ihre Kinder) verwendet wird. Zeilen 5 bis 6 widersprechen dieser Aussage, denn hier wird gesagt, sie hätte das Grabmal für ihre und ihres Mannes Freigelassenen errichten lassen (Campbell 2015, 127). So bleibt unklar, ob jemals die Absicht bestand, dort selbst bestattet zu werden. Die archäologischen Funde belegen nur einen 57-jährigen Freigelassenen des Ehemannes (CIL X 1031) und einen sechsjährigen Knaben, der vermutlich noch Sklave war, als er starb (CIL X 1032; Kockel 1983, 100).

Naevoleia Tyche nennt sich selbst *liberta* des Lucius. Die Ex-Sklavinnen bekamen bei ihrer Freilassung den Gentilnamen ihres ehemaligen Herrn als Vornamen. Infolgedessen dürfte ihr vorheriger Besitzer ein gewisser Lucius Naevoleius gewesen sein (Castrén 1975, 194 Nr. 265, 4). Männliche Freigelassene erhielten neben dem Gentilnamen auch den Vornamen ihres einstigen Besitzers. Ihr Name „Tyche" ist zwar griechischen Ursprungs, aber angesichts seiner Verbreitung unter Sklavinnen wäre der Schluss auf die Herkunft der Namensträgerin nicht gerechtfertigt.

Der Status des Gaius Munatius Faustus wird nicht angegeben, weder wird ein Freilasser genannt noch ein Vatername, was für eine freie Geburt spräche (Bruun 2014, 607). Möglicherweise fehlt diese Angabe, weil die Herkunft ohnehin klar war, oder weil sie nicht besonders betont werden sollte. Während Virginia Campbell die Herkunft als ungewiss bezeichnet (2015, 111, 128f.), spricht meines Erachtens vieles dafür, dass es sich um einen Freigelassenen handelte. Er war *Augustalis* und *Paganus*, Ehrenämter, die fast immer von Freigelassenen bekleidet wurden, auch wenn sich in Pompeji kein *Augustalis* als *libertus* bezeichnete (Petersen 2006, 75). Die *Augustales* bildeten ein Sechs-Männer-Kollegium, das in den italischen Städten außerhalb Roms für die bürgerliche Wohlfahrt und den Kaiserkult zuständig war. Ein *Paganus* ist zunächst ein Bewohner des vorstädtischen Bezirks von Pompeji, des *Pagus Felix Augustus Suburbanus*. Bei dieser Inschrift fragt man sich jedoch, was an der Bezeichnung als *Paganus* so ehrenvoll sein könnte, um es hervorzuheben. Antonella De Carlo hat anhand vergleichbarer Inschriften plausibel gemacht, dass es sich um ein Kollegium von *magistri pagi*, Vorstehern des *pagus*, handeln könnte, denen Sklaven als Gehilfen beigeordnet waren (2007).

Die Ehre, die Naevoleia Tyche in der Grabinschrift ganz besonders hervorhebt, ist das *bisellium*, ein zweisitziger Ehrenstuhl für öffentliche Veranstaltungen, das die Ratsherren im Konsens mit den Bürgern ihrem Ehemann für seine Verdienste verliehen. Die *Augustales* verfügten über kein prestigeträchtiges Sitzmöbel wie städtische Beamte, die auf der *sella curulis*, dem alten, elfenbeinbeschlagenen Klappstuhl der Könige, sitzen durften. Daher war der *Augustalis* Gaius Munatius

Faustus auf die Ehre des *bisellium*, die unabhängig von Ämtern verliehen wurde, besonders stolz (Schäfer 1990, 308–310).

Kontexte

Medialer Kontext
Die Inschrift befindet sich an der Vorderseite eines Grabaltars, der erhöht auf einem Columbarium aufsitzt. Der zur Grabkammer ausgebaute Sockel konnte besonders eng an die Straße herangeschoben werden, so dass das Grab mit seinem aufgesetzten Altar groß und herausgehoben auf den Betrachter wirkt und kaum zu übersehen ist. Das Grab befindet sich auf der südlichen Seite der Straße, die durch das Herkulaner Tor von Pompeji nach Nordwesten führt, so dass es vielen vorbeiziehenden Betrachtern aufgefallen sein muss. In der griechisch-römischen Antike wurden Gräber gerne an den Ausfallstraßen der Städte errichtet. Das links davon liegende Grab gehört Gaius Calventius Quietus, einem weiteren *Augustalis*, dem ebenfalls die Ehre des *bisellium* zuteilwurde, und ist ähnlich gestaltet, so dass beide zusammen sehr prominent wirken.

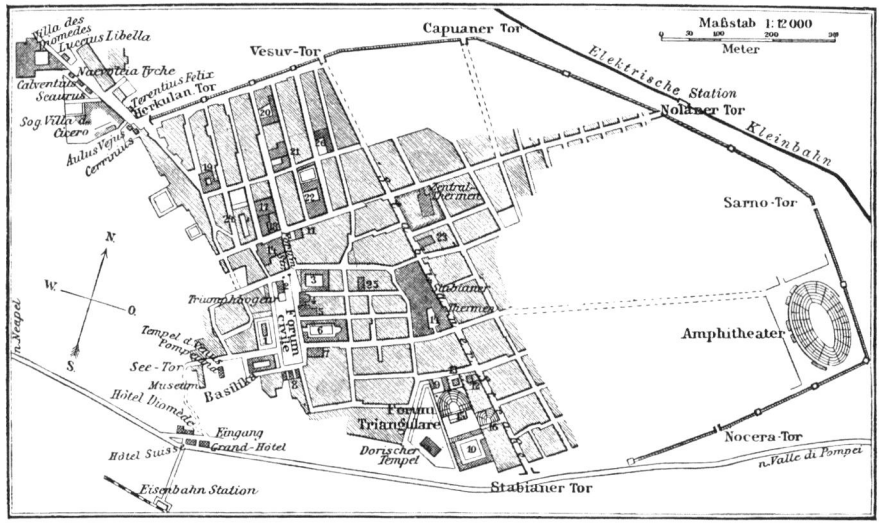

Abbildung 2: Plan der Ausgrabungen in Pompeji bis 1906
(Die Zahlen beziehen sich auf den Artikel in Meyers Konversationslexikon von 1909.)

Über der Inschrift befindet sich das kleine Brustbild einer Frau, die aus einem durch Fensterläden markierten Fenster schaut. Es wird angenommen, dass es sich dabei um Naevoleia Tyche, die Erbauerin des Grabes, handelt, die sich in Anlehnung an den Brauch der alten republikanischen Nobilität wie in einem geöffneten Ahnenschrein präsentiert (Schäfer 1990, 326). Das Brustbild steht in der Tradition der Büstenreliefs der späten Republik und der frühen Kaiserzeit, wobei ein Zusammenhang dieser Art von Porträts mit der Gruppe der Freigelassenen nur in Rom gesichert ist (Zanker 1975). Naevoleia trägt ein Unterkleid und einen Mantel, ihre Gesichtszüge sind stark beschädigt; man erkennt noch die in die Fläche gebreiteten Ohren und einen Ohrring, wie auch die rechte Seite der Wellenfrisur mit Mittelscheitel. Ihre Frisur gehört in die Zeit des Kaiser Claudius (41–54 n.Chr.), was insofern bei der Datierung nicht hilft, als ältere Frauen häufig bereits unmoderne Frisuren tragen (Kockel 1983, 104).

Der aristokratische Gebrauch von Ahnenbildnissen war niemals mit Grabdenkmälern verbunden, und es ist auch nicht sicher, ob jemals Frauen als Ahnen

Abbildung 3: Frontseite des Grabmals mit Inschrift

galten (Flower 2002). Offensichtlich führte hier das Beispiel der Imitation zu einer originellen Praxis (Andreau 1991, 221). Bei der Übernahme eines Statussymbols, das eine Abstammung suggeriert, kann es sich im Fall von Freigelassenen nur um einen Wunsch für die Zukunft handeln (Campbell 2015, 126).

Unter der Inschrift befindet sich ein Bildrelief mit zwei sich gegenüberstehenden Gruppen. Auf der rechten Seite stehen sechs Männer, die alle bis auf einen durch die Toga als römische Bürger gekennzeichnet sind und als *Augustales* bestimmt werden können. Die vorderste Figur ist etwas herausgehoben. Auf der linken Seite stehen Männer, Frauen und Kinder. Die Männer sind mit Tunica und Kapuzenmantel bekleidet, die Frauen mit dem üblichen Chiton, ihre Haare sind zum Nackenzopf gebunden. Alle tragen Körbe in den Händen. Zwischen beiden Gruppen stehen zwei kleine, mit einer Tunica bekleidete Gestalten, anhand ihrer Bedeutungsgröße wohl Sklaven. Die rechte Gestalt scheint regungslos und hält vermutlich ein Schreibgerät in den Händen, die linke beugt sich über einen zylindrischen Gegenstand, der als Getreidemaß gedeutet wird. In der Hand hält sie ein Gerät, mit dem sie das überstehende Getreide abstreicht. Rechts leicht nach hinten versetzt liegt ein großer Haufen Getreide (Schäfer 1990, 326f.). Die aus der rechten Gruppe hervorgehobene Figur dürfte der Stifter der Getreidespende sein, nämlich Gaius Munatius Faustus. Getreidespenden stärkten im Allgemeinen die soziale Position des Spenders und dienten nicht der Versorgung der Bevölkerung (Erdkamp 2005, 269-271). Die Darstellung einer Getreidespende auf einem Grabrelief ist eine Rarität (Kockel 1983, 105). Anlass für diese Spende dürfte die in der Inschrift genannte Verleihung des *bisellium* sein. Dieser Ehrensitz ist auf dem östlichen Seitenrelief wiedergegeben, und zwar mit Fußhocker und Fransentuch, das auf priesterliche Funktionen, traditionell sogar patrizische, hinweist (Schäfer 1989, 161, 264).

Auf dem westlichen Seitenrelief ist ein Handelsschiff dargestellt. Vier Seeleute sind dabei, die Segel zu reffen, während ein mit einer Tunica bekleideter Seemann die Schoten befestigt. Das Schiff ist prächtig mit einem Minervakopf am Bug und einem Schwanenhals am Heck ausgearbeitet. Im Heck sitzt ein mit einer gegürteten Tunica bekleideter Mann, der in der Linken das Steuerruder hält und mit der Rechten Anweisungen zu geben scheint. Diese Schiffsszene ist sowohl allegorisch als auch realistisch gedeutet worden. Der Verlauf des Lebens gleiche einer Schifffahrt über das Meer, der Tod dem Hafen, wo beim Eintreffen die Segel gerefft werden; ein Bild, das auf einem Grabdenkmal sinnvoll erscheint. Oder die Darstellung beziehe sich auf das Leben des Munatius Faustus, der sein Geld im Seehandel verdient habe (Kockel 1983, 105–107). Diese Deutung liegt näher, da die anderen Seiten des Altars ebenfalls Darstellungen aufweisen, die sich auf Verdienste und Aspekte des Lebens des Munatius beziehen. Demzufolge ließ seine Frau die Quelle des Reichtums ihres Mannes darstellen, der bezeichnenderweise sein Schiff auch selbst steuert. Federico de Romanis hat sogar eine Verbindung zwischen einem Graffito im Heiligtum des Pan im Wadi Menih in Oberägypten und einem gewissen *Gaios Mounatios* gezogen, was ihn zu einem weitgereisten

4 | Inschriften 95

Abbildung 4:
Ostseite des Grabmals mit *bisellium*

Abbildung 5:
Westseite des Grabmals mit Schiffsdarstellung

Fernhändler machen würde, der sich auf der Route zum Roten Meer und nach Indien bewegte (1996, 214 Nr. 12 Taf. 16, 254–257; Rossi 2016).

Campbell sieht in diesem Grabmal eine Mischung repräsentativer Bildsprachen zweier sozialer Gruppen. Während die Elite ihre ehrenvollen öffentlichen Aufgaben gemäß kaiserlichen Ausdrucksformen darstellte, wählten die normalen Leute ihre beruflichen Tätigkeiten. Naevoleia Tyche zeigt durch die Darstellung der Getreidespende und des *bisellium* ihren Mann als Wohltäter der Gemeinde und Mitglied zweier Kollegien, der *Augustales* und der *magistri pagi*. An der rechten Seite wird Munatius Faustus als Schiffsbesitzer und Fernhändler abgebildet, was auf seine berufliche Tätigkeit und die Quelle seines Reichtums verweist. Der Freigelassene wird durch die Bildsprache und Inschrift der Frontseite nicht nur zum vollwertigen Mitglied der Gemeinde, sondern Teil der Elite von Pompeji (2015, 126). Dies bestätigt sich, wenn man das Umfeld des Grabes in der Nekropole am Herkulaner Tor betrachtet, denn dort befand sich das Ehepaar in der Gesellschaft der führenden Familien Pompejis (Petersen 2006, 71f.).

Produktionskontext
Die Erbauung des Grabmals wird in den Zeitraum um 60 n.Chr., die Zeit des Kaiser Nero (54–68 n.Chr.), datiert (Kockel 1983, 108). In dieser Zeit bürgerte sich die Praxis ein, den Grabinschriften die Formel *D(is) M(anibus)* oder *D(is) M(anibus) S(acrum)* voranzustellen: „den Totengeistern geweiht". Doch in Pompeji fehlt diese Eröffnungsformel (Campbell 2015, 63f.). Hierdurch erscheint die Inschrift weniger als Epitaph denn als „Ehreninschrift", die auf die Leistungen des Verstorbenen hinweist (Kolb/Fugmann 2008, 23f.). Henrik Mouritsen unterscheidet denn auch die nach Außen gerichtete Weih- oder Ehreninschrift von dem eigent-

lichen Epitaph, das die Urne oder den Sarkophag im Inneren des Grabbaus markiert (2011, 281).

Niemandem war aufgrund seines Rechtsstatus ein Begräbnisplatz verwehrt, er musste ihn sich nur leisten können; insofern war die ökonomische Kraft entscheidend, nicht der soziale Status (Eck 1998, 31). Die prächtigen Altargräber in Pompeji setzen großen Reichtum voraus, doch das inschriftliche Material reicht nicht für eine vollständige Analyse des Status der Besitzer aus (Campbell 2015, 45). Die Errichtung von Grabmonumenten verlor in dem Maße an Attraktivität für die Elite, in dem die Freigelassenen dieses Medium zur Selbstdarstellung entdeckten. Bald konzentrierten sich die lokalen Eliten auf die Zentren der Städte. In ihnen wurde der Zugang zu Ehrenmonumenten durch den Rat geregelt und der Verdacht auf offensichtliche Eigenwerbung war geringer (Mouritsen 2005, 55). Den Freigelassenen blieb keine Alternative, als ihre Gräber immer protziger zu gestalten. Dafür gibt das Grab des freigelassenen Bäckers Marcus Vergilius Eurysaces ein Beispiel, der bereits am Ende der Republik (30–20 v.Chr.) außerhalb der Porta Maggiore in Rom seinen übergroßen Bäckerofen als Grabdenkmal errichten ließ (Kolb/Fugmann 2008, 119–124).

Das Grab des Gaius Munatius Faustus und seiner Ehefrau belegt ebenfalls diese Tendenz. Sie besaßen außergewöhnlicherweise sogar zwei Gräber. Munatius Faustus ließ sich zwischen 50 und 60 n.Chr. zunächst ein bescheideneres, schlichteres Grab am Nocera-Tor errichten. Diese Grabstätte wurde sorgfältig zusammen mit dem links danebenliegenden Grab geplant und konstruiert. Es gehört dem *Augustalis* Aulus Veius Atticus, einem Freigelassenen einer politisch aktiven Familie (Castrén 1975, 235 Nr. 434,5). Obwohl die Form der Hausfassade mit Giebel gelegentlich in Pompeji vorkommt, ist die Spiegelung beider Gräber einzigartig (Wallace-Hadrill 2008, 65 Abb. 2.9). Es sieht so aus, als wollten beide als Mitglieder desselben Kollegiums auch im Tod zusammengehörig erscheinen (Petersen 2006, 74f.).

Auch hier stellt sich Munatius Faustus durch eine Inschrift dar (D'Ambrosio/De Caro 1983, 9 ES):

C(aius) Munatius Faustus
augustal(is) et pagan(us) d(ecreto) d(ecurionum) sibi et
Naevoleiae Tyche coniugi

Gaius Munatius Faustus
Augustalis und *Paganus*, auf Beschluss der Dekurionen für sich und
seine Frau Naevoleia Tyche

Munatius Faustus bekam die Erlaubnis, öffentliches Land für sein Grab zu verwenden (*ex decreto decurionum*), was aber nicht heißt, dass er das Land geschenkt bekam (Campbell 2015, 84, 105f.). In diesem Grab wurde Munatius Faustus auch bestattet, wie eine im Grabinneren gefundene marmorne Stele mit der Inschrift

C • MUNATIO / FAUSO [sic] belegt. Weitere sechs Inschriften auf sogenannten *columellae*, kleine Stelen, die vorne flach und hinten gerundet Kopf und Schultern eines Menschen darstellen, wurden gefunden: Ein L(ucius) Naevoleius Eutrapel(us) könnte ein Freigelassener der Naevoleia sein, aber auch ihr Vater oder Patron (Wallace-Hadrill 2008, 64); eine Freigelassene namens Munatia Euche und vier Sklavinnen, die im Säuglings- und Kleinkindalter verstarben, sowie ein Sklave namens Atimetus, der 26 Jahre alt wurde (D'Ambrosio/De Caro 1983, 9 ES). Es bleibt unklar, ob das Ehepaar nach der Freilassung noch eigene Kinder hatte, die eigenen Freigelassenen wurden Teil der erweiterten Familie.

Fundkontext
Im Herbst 79 n.Chr. wurde Pompeji durch den Ausbruch des Vesuvs von einer bis zu 25 Meter dicken Schicht aus vulkanischer Asche und Bimsstein bedeckt. Zahlreiche Menschen kamen dabei um, wiewohl ein Teil der Einwohner die Stadt aufgrund der Vorzeichen bereits verlassen hatte.

Die Grabungsgeschichte Pompejis reicht zwar weit ins 18. Jahrhundert zurück, aber erst Anfang des 19. Jahrhunderts begannen unter französischer Herrschaft systematische Grabungen. Zuvor hatten sich die Könige von Neapel die besten Stücke gesichert, Wandgemälde an andere Königshäuser verschenkt oder zerstören lassen, damit niemand ihrer habhaft werden konnte. 1813 stieß man bei Ausgrabungen auf den sehr gut erhaltenen Altar des Grabes Süd 22 in der Nekropole am Herkulaner Tor. Als man tiefer grub, fanden sich Reste von Holztüren und die Grabkammer. Jedoch verschloss man sie sogleich wieder, um sie beim Besuch der Königin von Neapel erneut öffnen zu können. Ihr wurden zwei Urnen und einige Terrakottalampen für ihre Privatsammlung übergeben. Die restlichen Funde verblieben in der Grabkammer, die mit einer Gittertür verschlossen wurde (Kockel 1983, 102). Die Inschrift befindet sich noch heute vor Ort.

Direkt links neben dem Grab liegt das Grabdenkmal des Gaius Calventius Quietus, ebenfalls *Augustalis* und mit der Ehre des *bisellium* bedacht (CIL X 1026):

C(aio) Calventio Quieto
Augustali
huic ob municificent(iam) decurionum
decreto et populi conse(n)su biselli
honor datus est

Dem Gaius Calventius Quietus,
Augustalis.
Diesem für seine Großzügigkeit auf Beschluss der Dekurionen
mit Zustimmung des Volkes wurde die Ehre eines *bisellium* gegeben.

Hier stellt sich ebenfalls wieder eine gesuchte Nähe zwischen zwei *Augustales*, die beide mit dem *bisellium* geehrt wurden, her. Die Calventii gehörten wie die Veii zu den politisch aktiven Familien Pompejis. Munatius Faustus, dessen Freilasser weniger bedeutend gewesen zu sein scheint, suchte die unmittelbare Nähe zu ihren einflussreichen Freigelassenen.

Situativer Kontext
Aus der Zeit der Errichtung des Grabmals stammt der wohl berühmteste literarische Text, der Auskunft über die Sicht der Elite auf die Freigelassenen gibt: „Das Gastmahl des Trimalchio" in Petronius' *Satyrischen Geschichten*. Es ist sogar denkbar, dass Petronius das Grabmal kannte, zumindest kannte er ähnliche. Die Elite wusste sehr wohl um die Neigung zur protzigen Selbstdarstellung reicher Freigelassener, wie an der Parodie ihrer Grabdenkmäler deutlich wird. Petronius portraitiert in seinem Werk einen Freigelassenen namens Trimalchio, wie er in schon recht betrunkenem Zustand einem befreundeten Steinmetz namens Habinnas ausführliche Anweisungen gibt, wie sein Grabmal auszusehen habe:

„(6) Ich bitte dich sehr, dass du zu Füßen meiner Statue mein Schoßhündchen malst und Kränze und Salbölfläschchen und alle Kämpfe des Petraites, auf dass es mir dank deiner Wohltat vergönnt sei, nach dem Tode zu leben; außerdem, dass es an der Frontseite hundert Fuß, in der Tiefe zweihundert Fuß sind. (7) Jede Sorte Obstbäume nämlich, so will ich es, soll um meine Asche herumstehen und reichlich Weinstöcke. Es ist nämlich ganz falsch, dass man zwar, solange man lebt, gepflegte Häuser hat, aber sich nicht um die kümmert, wo wir länger wohnen müssen. Und deshalb will ich, dass vor allem hinzugesetzt wird: ‚Dieses Grabmal soll nicht an einen Erben übergehen.' (8) Im Übrigen werde ich es mir angelegen sein lassen, durch mein Testament Vorsorge zu treffen, dass ich als Toter keine Beleidigung hinnehmen muss. Ich will nämlich einen von meinen Freigelassenen zur Bewachung vor meine Ruhestätte stellen lassen, damit nicht die Leute an mein Grabmal zum Kacken laufen. (9) Ich bitte dich, dass du auch Schiffe darstellst, die mit vollen Segeln dahinfahren, und mich, wie ich auf der Ehrentribüne sitze, in einer Toga mit Purpurbesatz und mit fünf goldenen Ringen, und wie ich in der Volksmenge Münzen aus einem Geldbeutel ausschütte; denn du weißt, dass ich ein Festmahl fürs Volk gegeben habe, zwei Denare pro Kopf. (10) Dargestellt werden sollen auch, wenn es dir gut scheint, meine Triklinien. Du wirst auch die ganzen Leute darstellen, wie sie sich's genüsslich machen. (11) An meine rechte Seite wirst du eine Statue meiner Fortunata mit einer Taube in der Hand stellen, und sie soll mein Schoßhündchen an ihrem Gürtel angeleint führen; und dann meinen Liebling und große Amphoren, mit Gips verschlossen, damit sie den Wein nicht herausfließen lassen. Und eine darfst du zerbrochen modellieren, und über ihr einen Knaben, wie er weint. Eine Uhr in der Mitte, so dass jeder, der nach der Stunde sieht, nolens volens meinen Namen liest. (12) Auch sieh genau zu, ob diese Inschrift dir passend genug erscheint: ‚C. Pompeius Trimalchio Maecenatianus ruht hier. Ihm wurde der Sitz im Sechs-Männer-Kollegium in Abwesenheit zuerkannt.

Obwohl er allen Dekurien Roms hätte angehören können, wollte er es doch nicht. Fromm, tapfer, treu; aus kleinen Verhältnissen stieg er auf; dreißig Millionen hat er hinterlassen, und niemals hat er einen Philosophen gehört. Lebe wohl! – Auch du!'" (Petron. 71, Übersetzung N. Holzberg).

Trimalchios Monolog war aus der Sicht der Elite, der Petronius und seine Leser angehörten, sicher urkomisch. Es war nicht das Bedürfnis, durch ein Denkmal in Erinnerung zu bleiben, das zum Lachen anregte, es war die völlige Übertreibung, was die Größe (29,6 x 59,2m) und das Sammelsurium an ikonographischen Bezügen angeht. Einzelne Elemente finden sich bei ausgegrabenen Grabdenkmälern, wie zum Beispiel das Schiff auf dem Grabdenkmal der Naevoleia Tyche. Ebenso lässt sich die Darstellung der Freigiebigkeit des Trimalchio mit der des Munatius Faustus vergleichen. Der Grabbezirk der Naevoleia Tyche und des Gaius Munatius Faustus maß dagegen nur etwa 7 x 8m und war dennoch sehr auffällig. Trimalchios Vorstellungen von seinem Grabmal gipfeln in seinem Epitaph. Die Frage nach der Angemessenheit, die er dem Bildhauer stellt (71,12), konnte ein Angehöriger der Elite nur mit einem Nein beantworten. Diesen erheiterte jedoch die subtile Verformung einer sofort erkennbaren Reihe an epigraphischen Konventionen der senatorischen und kaiserlichen Selbstdarstellung (Beard 1998, 95-98), einem Spiel mit dem „epigraphic bias" (Bodel 2001, 34f.).

Verwendungskontext
Ein auffälliges Grabmal an einer der Ausfallstraßen von Pompeji wurde von allen Reisenden gesehen, seien es Freigeborene, Freigelassene oder Unfreie, Reiche oder Arme. Ganz sicher wollte Naevoleia Tyche auf die Verdienste ihres Mannes aufmerksam machen und dies gewiss nicht nur den anderen Freigelassenen gegenüber, sondern ebenso mit der Mehrheitsgesellschaft und der Elite kommunizieren. Wie Mary Beard es ausdrückte: Die römische Sub-Elite erbaute Denkmäler für sich selbst und andere, um sich in einem Spiel, das Leben in Text verwandelte, zu feiern. Die interpretierenden Leser, wie auch die Verfasser, waren aktiver Teil dieses Spiels (1998, 95).

Sozialer Kontext
Die Freigelassenen bildeten keine einheitliche soziale Gruppe; wenn man von einem *ordo libertinorum* spricht, meint man eher ein Milieu als einen wirklichen Stand der *libertini*. Wie unter den Sklaven große Unterschiede zwischen denjenigen herrschten, die in der Landwirtschaft oder im Bergbau arbeiteten, und den persönlichen Sekretären und Dienern in Elitehaushalten, so gingen auch die Freigelassenen verschiedenen Tätigkeiten nach, die mehr oder weniger Wohlstand versprachen. Auch wurden nicht alle Ex-Sklaven auf dieselbe Art freigelassen und manche von ihnen bekamen seit Augustus durch eine informelle Freilassung nur eingeschränkte Bürgerrechte (López Barja de Quiroga 1998). Auch die unterschiedlich starken Bindungen der Ex-Sklaven an ihre ehemaligen Herren führten

zu großen Unterschieden in der Möglichkeit freier Entfaltung. Bei der Freilassung erhielten die Ex-Sklaven und Ex-Sklavinnen den Vor- und Gentilnamen der vorherigen Besitzer oder Besitzerinnen. Dadurch bildete deren *gens* einen Ersatz für das Fehlen der Ahnen und band die Freigelassenen unauslöschlich an den Haushalt des ehemaligen Besitzers, der ihr Patron wurde. Rechtliche Folge waren die Verpflichtung zu Gehorsam (*obsequium*) und Strafen für einen dem Patron gegenüber undankbaren (*ingratus*) Freigelassenen. Das *obsequium* verbot Freigelassenen, ihre ehemaligen Herren gerichtlich zu belangen. Ohne dass dies aus dem *obsequium* abzuleiten wäre, hatte der ehemalige Herr Anspruch auf *operae* (Werke), genau festgelegte materielle Verpflichtungen, meist Arbeitstage, die für den Patron abzuleisten waren (Waldstein 1986, 125f.). Es bestanden zudem Einschränkungen bei der Heirat und im Erbfall (Andreau 1991, 207–209). Der fiktive Trimalchio hatte in dieser Beziehung Glück: Sein Herr ließ ihn bei seinem Tod frei und hinterließ keine Kinder. Zudem vermachte er ihm sein Senatorenvermögen (Petron. 76,2).

Die Freilassung war an sich eine problematische Handlung, stellte sie doch den Wechsel vom Status des Sklaven, der juristisch eine Sache war, in den Status einer Person dar. Aus diesem Grund führten Juristen eine dritte Kategorie ein, die des Freigelassenen (*libertus*), so dass zwischen dem Freigeborenen und dem Freigelassenen ein Unterschied bestand. Die Römer waren in der Lage, zwei gegensätzliche Positionen zu vertreten: die Freigelassenen als Menschen zu sehen, aber dennoch als naturgemäß ehrlos. Dies war in ihren Augen die Folge des unauslöschlichen Makels, den die Sklaverei in den natürlichen Anlagen des Menschen hinterließ. Sklaven galten als moralisch und physisch schwach, daher konnten sich in den Augen der Sklavenhalter nur gut erzogene Sklaven so entwickeln, dass sie als Freigelassene an der Bürgerschaft teilhaben konnten.

Aus diesem Grund wurden vorwiegend die erfolgreichsten Sklaven freigelassen, denen die Verwaltung und Führung der Haushalte der Elite anvertraut war. Die damit verbundenen Fähigkeiten konnten die Ex-Sklaven für ihre eigenen Zwecke nutzen, um zu beachtlichem Reichtum zu gelangen. Die Folge war, dass sich die Aristokraten durch die Außenseiter provoziert fühlten, die mit ihren Talenten und Geld die Macht und den Einfluss der Führungsschicht herausforderten und Statusgrenzen überschritten. Die Freigelassenen provozierten die Elite stärker als andere Neureiche, und zwar aus dem bereits erwähnten Grund: Den Ex-Sklaven haftete in den Augen der Elite der immerwährende Makel und Zustand der Erniedrigung an (Knapp 2012, 193f.).

Freigelassenen war der Zugang zu den ordentlichen Ämtern verschlossen. Sie konnten seit der *lex Visellia* aus dem Jahr 24 n.Chr. auch außerhalb Roms keine städtischen Ämter mehr übernehmen oder dem Dekurionenrat angehören. Daher schuf man für sie gegen Zahlung einer *summa honoraria* an die Stadtkasse ein ehrenvolles Pseudo-Amt, die *Augustalitas*. Unter dem Begriff *Augustales* werden im Allgemeinen verschiedene antike Benennungen zusammengefasst: *Augustales*, *seviri Augustales* und *seviri* (Petersen 2006, 249). Die ältere Forschung verband sie vorwiegend mit dem Kaiserkult, die neuere betont hingegen ihre soziale Funktion: Sie stellten Gelder für öffentliche Aufgaben wie die Errichtung und Reparatur von Bauten und Statuen, die Ausstattung von Spielen und öffentlichen Banketten zur Verfügung. Sie hatten das Anrecht, mit den Dekurionen bei öffentlichen Gastmählern zu speisen, und durften sich mit einem Liktor, dem typischen Hoheitszeichen eines römischen Beamten, schmücken (Laird 2015, 7f.). Damit konnte ein Ex-Sklave als Mitglied der *Augustales* wie ein städtischer Beamter agieren, während die Stadt sich dessen Reichtum zu Nutze machte. Auch wenn die *Augustales* meist reiche Freigelassene waren, je nach Region gehörten auch Freigeborene dazu (Abramenko 1993, 76, 315–324), wobei dies für Pompeji nicht belegt ist. Die *Augustales* waren eng mit der lokalen politischen Elite verbunden, denn es war der städtische Rat, der die geeigneten Kandidaten auswählte (Petersen 2006, 58f.). Diese Kollegien bildeten eine wichtige und unübersehbare soziale Gruppe der Kaiserzeit, jedoch keinen eigentlichen *ordo* (Mouritsen 2011, 256f.).

Munatius Faustus war *Augustalis* und als solcher von den Dekurionen ausgewählt, die ihm zudem die Ehre des *bisellium* zuerkannt hatten. Die *Augustales* besaßen wie städtische Dekurionen das gehobene Sozialprestige, den *honos* (Ehre), und zählten somit sie zu den *honesti*, die nicht als Mittelschicht, sondern als Teil der städtischen Eliten zu betrachten sind (Alföldy 2011, 176). Mit seinen Grabmälern dokumentiert er den Anspruch, zur städtischen Elite von Pompeji zu gehören.

Kognitiver Kontext
Es ist gewiss einfacher, die Sicht der Elite auf die Freigelassenen zu rekonstruieren, als deren Selbstbild. Der literarische Blick auf die Freigelassenen stellt diese gerne stereotyp als vulgäre Emporkömmlinge dar (Mouritsen 2011, 284). Die Autoren, Senatoren und Ritter, hatten keine wirkliche Vorstellung von sozialem Aufstieg. Höchstens fiel er ihnen auf und sie äußerten sich dazu mit Missbilligung. Die Lebensgeschichte eines Freigelassenen interessierte sie nicht und sie erwähnten sie auch nicht. Es genügte ihnen, die Herkunft als Sklave festzuhalten und den Namen des Patrons zu nennen. Dies klassifizierte die Person und verknüpfte sie mit einem Römer oder einem senatorischen Geschlecht (Andreau 1991, 220).

Suchte ein Freigelassener seine Rolle in der Gesellschaft und verfügte über das nötige Vermögen, das ihm normalerweise den Zugang zur Elite ermöglicht hätte, so verursachte dies Unbehagen. Ein Freigelassener wurde den Makel der Sklaverei nie los. Die Vorstellung der Elite von einem arrivierten Parvenü, der sich viel auf seine Pseudo-Magistraturen einbildet, formulierte Petronius. Sein Trimalchio war *sevir Augustalis* wie auch dessen Gast Habinnas, der beim Gastmahl in Begleitung eines Liktors erscheint. Petronius gestaltete die Szene in Anspielung an das Erscheinen des Alkibiades, des typischen ungebetenen späten Gastes, in Platons *Symposion*. In dieser beeindruckenden und scharfsinnigen Adaption ersetzt Petronius, wie Averil Cameron herausarbeitet, eine Figur der ernsthaften Literatur durch einen gänzlich unheroischen Charakter (1969). Über Habinnas' Auftritt macht sich der Erzähler lustig, indem er ihn zunächst für den Prätor hält, sich dann aber von einem anderen Gast eines Besseren belehren lassen muss:

> „Reiß dich zusammen, du saudummer Kerl! Habinnas ist das, einer vom Sechs-Männer-Kollegium [sevir] und zugleich Steinmetz, der, wie es scheint, Grabmäler sehr gut macht." (Petron. 65,5, Übersetzung N. Holzberg)

Diese Episode zeigt die Haltung der Elite gegenüber den soziopolitischen Ambitionen der Freigelassenen. Sie strebten nach Magistraturen, hatten jedoch nur niedere Serviceämter inne. Für Politik interessierten sie sich ohnehin nicht, Petronius lässt die Gäste denn auch auf niedrigem Niveau über Lokalpolitik plaudern. Alles, was sie beschäftigt hätte, seien angeblich Brot und Spiele. Sie hätten die Qualität der Magistrate am Wert der Gladiatoren, die sie aufboten, und am Umfang staatlicher Zuwendungen gemessen (Petron. 44f.; Andreau 1991, 217).

Petronius scheint Freigelassene wie Gaius Munatius Faustus scharf beobachtet zu haben. Er bildet dennoch mit seiner Satire einen eher kleinen Ausschnitt der sozialen Wirklichkeit ab, der zudem durch Vorurteile verzerrt wird. Die Gruppe der Freigelassenen war vielfältiger. Was die Gruppe Mouritsen zufolge trotz alledem einte, war die gemeinsame Erfahrung der Transformation vom Sklaven zum Freien. Der Sklave erlangte dadurch die vollständige Kontrolle über den eigenen Körper und wurde dazu berechtigt, eine eigene Familie zu gründen (2011, 284–287). Damit lässt sich der Stolz auf ihre Leistungen erklären und der entschlossene Wille, der Nachwelt ein persönliches Statement zu hinterlassen.

Die Grabmonumente der Freigelassenen zeigen gegenüber denjenigen der Elite ein starkes Bewusstsein von Status und Wettbewerb, eine natürliche Folge ihrer sozialen Marginalität. Auch kümmerten sie sich viel häufiger bereits zu Lebzeiten selbst um ihre Grabstätten und versäumten es nicht, alle ihre Ehrungen und Ämter darzustellen. So entwickelten Freigelassene nach Mouritsen epigraphische Normen und Praktiken, die sich klar von denen der Elite absetzten. Die Grabmonumente seien Ausdruck einer geschlossenen Gemeinschaft der Freigelassenen, die ihre eigenen Werte und Vorlieben jenseits derer der Mehrheitsgesellschaft entwickelten (2005, 56–58).

Gegen diese Vorstellung spricht sich Lauren H. Petersen aus, die gegen die Konzeption einer eigenen Kunstsprache der Freigelassenen argumentiert. Insbesondere hätten die *Augustales*, die Elite der Freigelassenen, an der Elitekunst teil (2006, 57–83). Rose MacLean betont ihrerseits, dass die Freigelassenen eben keine isolierte Gruppe bildeten, denn sie interagierten mit Freigeborenen und Sklaven, lebten mit ihnen zusammen. In dem Maße, in dem die römische Gesellschaft weniger in festen hierarchischen Bezügen gedacht wird, kommen die Konsequenzen des Austausches der Ex-Sklaven mit den Aristokraten verstärkt in den Blick. MacLean arbeitet Praktiken heraus, mit deren Hilfe die Freigelassenen den Mangel an Abstammung ausglichen und Kontinuität im freigelassenen Leben durch die Betonung von Arbeit und Familie schufen. Durch die Etablierung der

Monarchie veränderten sich die Grundlagen des aristokratischen Selbstbewusstseins, so dass Aristokraten nun jenseits der politischen Karriere nach Mitteln eines erfolgreichen Lebens hätten suchen müssen. Hier werde auch auf Strategien der Freigelassenen zurückgegriffen, so dass man von einem gegenseitigen Austausch kultureller Praktiken sprechen könne (2018).

Eine Inschrift wie die der Naevoleia Tyche und des Gaius Munatius Faustus zeigt die epigraphische und bildsprachliche Kultur der Freigelassenen in ihrem Stolz auf die Anerkennung durch die Gesellschaft. Ihre Selbstdarstellung erregte wohl kein Ärgernis, die zur Schau gestellten Ehren waren alle durch den städtischen Rat gewährt worden (Mouritsen 2011, 294). Die Inschrift trat in gewisser Weise in Dialog mit der städtischen Führung. Hätten wir nur den literarischen Elitediskurs über die Freigelassenen, würden wir nicht glauben, dass die reichsten Freigelassenen eine gesellschaftliche Rolle in ihrer Stadt spielen konnten. Wir würden überall einen Trimalchio sehen, der seinem Milieu nicht entkommt und in Gesellschaft anderer Freigelassener speist (Veyne 1995, 44).

Bedeutung

Kommen wir zur eingangs gestellten doppelten Frage zurück: Welche soziale Rolle entwarfen ein Freigelassener und seine Ehefrau für sich und wie interagierten sie mit den städtischen Eliten? Naevoleia Tyche bezeichnet sich selbst als Freigelassene und nennt ihren ehemaligen Herrn, der eventuell sogar in ihrem Grab bestattet wurde. Für ihren Mann wählte sie jedoch ausschließlich die Nennung der ihm verliehenen Ehren. Die Inschrift wird durch das Bildprogramm ergänzt: Der Reichtum des Gaius Munatius Faustus beruht auf seiner Tätigkeit als Fernhändler. Den so gewonnenen Besitz setzte er zum Wohle des Volkes ein, so dass er in die Kollegien der *Augustales* und *magistri pagi* aufgenommen und ihm die Ehre des *bisellium* zugesprochen wurde.

Die *liberti* wählten verschiedene Wege, sich auf Grabdenkmälern darzustellen. Einige erwähnen ihre Freilasser, wie Naevoleia Tyche, andere konzentrierten sich auf ihre ökonomischen und bürgerlichen Erfolge und die neue Familie, so dass ihre unfreie Vergangenheit in den Hintergrund trat. Dieser Linie folgt Gaius Munatius Faustus und wird auch so von seiner Ehefrau dargestellt. Eine neue, eigene Familie scheint es jedoch nicht gegeben zu haben, weshalb nur die erweiterte Familie der eigenen Sklavinnen und Freigelassenen sichtbar wird.

Offensichtlich war Naevoleia Tyche stolz darauf, ihre Freiheit erlangt zu haben. Sie tut dies durch die Inschrift kund. Munatius Faustus dagegen stellt sich als Angehöriger der lokalen Elite dar. Wenn auch nicht ganz oben angekommen, so gehört er doch dazu, indem er über einen Ehrensitz für öffentliche Anlässe verfügt und die Bürger durch seine Wohltaten beschenkt. Seine zwei Grabmäler in unmittelbarer Umgebung der Angehörigen der städtischen Elite von Pompeji zeigen den Austausch und die Verbindungen zwischen der Elite der Freigelassenen und der städtischen Führungsschicht.

Leitfragen für die Interpretation

Die Frage nach dem medialen und situativen Kontext ist bei Inschriften besonders erhellend.
- ▶ Auf welcher Art von Denkmal wurde die Inschrift angebracht? Wie wurde die Inschrift auf dem Denkmal angebracht?
- ▶ Wo stand das Denkmal mit der Inschrift? Die unmittelbare Umgebung (Nekropole, zentraler Platz einer Stadt, Theater) und geographische Region (griechische Stadt oder Landschaft, Stadt Rom, Italien, Provinz) geben Rückschlüsse auf die epigraphische Praxis und Normen.
- ▶ Wann wurde es errichtet?
- ▶ In welchem Kommunikationszusammenhang befindet sich die Inschrift?
- ▶ Welche Ämter und sozialen Praktiken werden in den Inschriften genannt? Welche Ehrvorstellungen finden sich in diesen Darstellungen?
- ▶ Welche Selbstwahrnehmungen drücken sich in der (Selbst)darstellung der Geehrten, Verstorbenen oder Stifter aus?
- ▶ Welche Bedeutung ergibt sich aus der erarbeiteten Fragestellung?

Leseempfehlungen

Bodel, John (Hg.) (2001): Epigraphic Evidence. Ancient History from Inscriptions, London.
Bruun, Christer/Jonathan Edmondson (Hg.) (2014): The Oxford Handbook of Roman Epigraphy, Oxford.
Mouritsen, Henrik (2011): The Freedman in the Roman World, Cambridge.

5. Antike Fachtexte

In der griechisch-römischen Antike wurden Texte sehr unterschiedlicher Art dazu verwendet, Fachwissen zu vermitteln. Eine Übersicht über Fachtexte nach Gattungen kann daher schwerlich als Ausgangspunkt dienen. Das mitgeteilte Fachwissen bezog sich auf alle möglichen Sachgebiete: Landwirtschaft, Naturgeschichte, Medizin, Architektur, Musik, Mechanik, Vermessungswesen, Nautik, Kriegskunst und viele weitere Wissensbereiche (Meißner 1999; Föllinger 2011, 293–295). Nicht weniger vielfältig erweist sich die Wahl der sprachlichen und literarischen Mittel: Es gab die Wissensvermittlung in dichterischer Form wie auch Bemühungen, Wissen komprimiert in Auszügen, Exzerpten oder Lexika darzustellen (Horster/Reitz 2005; 2010). Es wurden Lehrbücher verfasst, in denen zum Beispiel die Rhetorik, die Grammatik einer Einzelsprache, die Harmonielehre oder das römische Privatrecht ausführlich und systematisch behandelt wurden (Fuhrmann 1960). Auch wenn all diese Texte Realien gewidmet waren, wurden sie, wie allgemein bei antiken Autoren üblich, rhetorisch und stilistisch ausgefeilt.

Die meisten Autoren von Fachtexten betätigten sich auch auf anderen literarischen Feldern, so dass sie durch die Bezeichnung „Fachschriftsteller" nur unzureichend charakterisiert sind. Widmeten sie sich fachlichen Texten, so mussten sie in einer Welt ohne formale wissenschaftliche Qualifikationen ihre Leser oder Zuhörer von ihrer Kompetenz direkt überzeugen. Ihr selbstbewusstes, offensiv agonales Auftreten war in aller Regel mit der Kundgabe des Anspruchs verknüpft, Ergebnisse innovativer Forschung mitteilen zu können. Die antiken Fachschriftsteller standen damit klar positioniert gegenüber den von göttlicher Inspiration geleiteten Dichtern (König 2017).

Genese und Gebrauch

Genese und Gebrauch von Fachliteratur sollen am Beispiel einiger Texte zur Landwirtschaft dargestellt werden. Die Landwirtschaft lieferte in den antiken Gesellschaften die allgemeine Lebensgrundlage. Die enge Verknüpfung von Landbesitz und sozialer Stellung führte dazu, dass sich mancher Angehöriger der griechisch-römischen Elite bereits früh systematisch Gedanken über die Führung und Vermehrung seines Grundbesitzes machte. Als erster gab der Dichter Hesiod (um 700 v.Chr.) in seinem Epos „Werke und Tage" in Form eines Lehrgedichtes den Zeitgenossen Hinweise zur Führung eines *oikos* (Haushalts). Zentral für den Wohlstand des *oikos* sind Arbeit und Fleiß (286–313), der richtige Zeitpunkt zur Durchführung von Arbeiten (383–388) und eine überlegte Vorratshaltung (363–369; 475–478). Hesiods Werk ist aber kein Handbuch der archaischen Landwirtschaft, denn er setzt umfassende Kenntnisse über Saatgut, Pflanzen oder

Viehhaltung voraus. Der Inhalt besteht vielmehr vor allem in der Begründung ethischer Verhaltensregeln.

Obwohl es um das Prestige der Agrarschriftsteller nicht schlecht bestellt war – der römische Gelehrte Varro hat eine umfangreiche Liste griechischer Agrarschriftsteller überliefert (rust. 1,1,7–9), die auch Namen von Königen und Philosophen enthält –, sind nach Hesiod für etwa 300 Jahre keine weiteren Schriften zum Thema „Landwirtschaft" überliefert. Aus dem 4. Jh. v.Chr. ist das Werk *Oikonomikós* des Atheners Xenophon erhalten geblieben. In ihm nimmt sich der Autor vor, die Haushaltsführung und die zu ihr essentiell gehörende Landwirtschaft als lehr- und erlernbare Wissenschaft darzustellen (6,9; 15,4.8–11; 19,17). Auch hier geht es um ständigen Fleiß, Arbeit, Fürsorge, besonders aber auch um die Motivierung der Arbeitskräfte (20,19). In seiner Empfehlung unablässiger Fürsorge (*epiméleia*) steht Xenophon in der Tradition Hesiods.

Die Römer wurden weniger von den Griechen als vom Karthager Mago (3./2. Jh. v.Chr.) beeinflusst, dessen Werk ins Lateinische und Griechische übersetzt wurde (Fögen 2009, 72f.). Dem Thema „Landwirtschaft" widmeten sich unter anderen Cato der Ältere (*De agricultura*, 234–149 v.Chr.), Varro (*De re rustica*, 116–27 v.Chr.), und Columella (*De re rustica*, 1. Jh. n.Chr.). Durch die Behandlung dieses besonderen Themas stellten sich die Autoren als Vertreter alter römischer senatorischer Werte dar, auch wenn sie andererseits gegenüber hellenistischen Neuerungen durchaus aufgeschlossen waren. Das römische Agrarhandbuch wurde nach Silke Diederich zum vielstimmigen Medium der fachlichen Wissensvermittlung, des literarischen Ausdrucks, sozialer Werthaltungen und eines metaphysischen Weltbildes, das auf einer sakralisierten Landschaft beruhte (2007).

Die Autoren dieser Werke standen nicht selbst hinter dem Pflug oder auf der Tenne. Paul Cartledge hat sie deshalb als „Sesselagrarwissenschaftler" bezeichnet (1993, 127). Die Adressaten ihres Wissens waren ihre Standesgenossen. Als Gutsbesitzer waren sie Angehörige der Oberschicht oder „leisure class" (Thorstein Veblen). Sie waren bei aller Freistellung von den elementaren Zwängen des Lebenserwerbs dazu angehalten, ihren Besitz möglichst erfolgreich zu bewirtschaften. Eine ertragreiche Landwirtschaft bildete die Basis für den aufwendigen Lebensstil, der Muße zur Kontemplation sowie politische Betätigung einschloss.

Neuere Forschungsansätze

Lange konzentrierte man sich unter Vernachlässigung der literarischen Qualität der Fachtexte auf ihren Inhalt, der in wissenschaftlicher oder technischer Hinsicht bedeutsam ist (Lloyd 1988; Schneider 1992). In den letzten Jahrzehnten hat sich auch die philologische Forschung verstärkt den Fachtexten zugewandt (Horster/Reitz 2003; 2005; 2010; Fögen 2005). Es wurden die enge Verknüpfung der verwendeten Sprache mit der sozialen Stellung des Autors und seiner Rezipienten thematisiert (Krenkel 2003), die Spiegelung sozialer und kultureller Praktiken über die Sachdarstellung hinaus näher untersucht (Fögen 2009, 24) und die Wechselwirkung von wissenschaftlicher Erkenntnis und literarischem Diskurs ins Auge gefasst (Reitz 2003). Die spezifische Verbindung des *docere* (lehren) mit dem *delectare* (unterhalten) in der Fachliteratur stand dabei im Mittelpunkt des Interesses.

Ebenso gewinnen die Autoritätsbehauptungen antiker Fachautoren im Rahmen aktueller Diskussionen neue Relevanz. Hier ist der Zusammenhang von wissenschaftlicher Autorität und soziopolitischem Kontext von besonderem Interesse (Fögen 2009, 17–26). Autorität kann zum einen als intratextuelles Phänomen betrachtet werden – man untersucht zum Beispiel die Stimme des Autors –, zum anderen als extratextuelles Phänomen, das heißt als Sachverstand einer bestimmten Gruppe von Menschen, die sich in schriftlich niedergelegten Abhandlungen als Experten ausweisen (König/Woolf 2017). Durch die Betrachtung der Fachtexte aus der Perspektive der Autoritätsbehauptung wurde ihr Umfang deutlich über die Schriften technischen Inhalts hinaus erweitert und auch Geographie, Historiographie und Jurisprudenz einbezogen (König 2017, 3f.). Die Unterschiede, die in der Art der Autoritätsbehauptung zwischen Poesie und Sachprosa bestehen, werden nun als sich gegenseitig befruchtende Enden eines Spektrums betrachtet und nicht als gattungskonstituierend angesehen (König 2017, 5).

Das Werk, dem die folgende Quelle entnommen wurde, Xenophons Schrift *Oikonomikós <lógos>*, „Gespräch über die Haushaltsführung", ist im Laufe der Zeit sehr unterschiedlich bewertet und interpretiert worden. Moses I. Finley sah in Xenophons Text vorwiegend eine ethische Abhandlung, keine ökonomische Untersuchung. Die Antike verfügte seiner Ansicht nach über gar keinen eigentlichen Begriff von Wirtschaft (1977, 7–12). Für Sarah Pomeroy hingegen ist Xenophon der erste griechische Ökonom. In seinen Werken, die auch eine Schrift mit Vorschlägen zur Steigerung der Einnahmen der Polis Athen (*Póroi*) umfassten, dachte er über Gesetze des Angebots und der Nachfrage, den Wert von Silber und Gold sowie über die Arbeitsteilung nach. Im *Oikonomikós* habe er sich speziell für die Arbeitsteilung der Geschlechter und den persönlichen Profit interessiert (1994, 45f.). Je nachdem, mit welchem Ansatz man sich dem Text nähert, finden sich modern anmutende Äußerungen zum wirtschaftlichen Verhalten der grundbesitzenden Elite oder aber Aussagen, die zeigen, wie sehr das wirtschaftliche Handeln in ethische und kulturelle Rahmenbedingungen der damaligen Zeit eingebettet war.

Auch Xenophons Gedanken zum Verhältnis der Geschlechter geben Anlass zu vielfältigen Interpretationen. Leicht lassen sich die Ausführungen zu den Aufgaben der Frau im *oikos* und deren Erziehung durch den Ehemann als Unterdrückung der Frau verstehen, wobei ihr Bereich insgesamt als dem des Mannes unterlegen eingestuft wird. Konzentriert sich die Geschlechtergeschichte auf die Differenz der Geschlechter, können die Räume und Aufgaben der Frau im *oikos* in ihrer kulturspezifischen Form als traditionelle und gleichwertige Rolle bewertet werden (Pomeroy 1994, 87–90; Scheer 2011, 55–59, 97f.). Die neue Geschlechtergeschichte hingegen betrachtet die Konstruktion der Rollen von Mann und Frau als aufeinander bezogen und nur so analysierbar.

Umstritten ist der Ansatz des deutschamerikanischen Philosophen Leo Strauss, demzufolge Xenophon beziehungsweise seine auftretenden Dialogpartner häufig das genaue Gegenteil von dem aussprechen, was sie wirklich meinen (1970). Diese Interpretation, die Aussagen nur indirekt versteht, gespickt mit verhüllter Ironie, geheimen Codes und subtilen Hinweisen, verdreht allerdings die rhetorischen Standards in Xenophons Werken. Nach Vivienne Gray ist die sokratische Ironie bei Xenophon gar nicht dunkel, sondern klar in ihren Andeutungen und Motiven, da vom Erzähler kommentiert und durch Reaktionen der internen Charaktere bezeugt (2011, 371). Betrachtet man Sokrates im Gespräch mit Ischomachos, seinem Gesprächspartner in Xenophons *Oikonomikós*, sehen Vertreter der Ironie-These beide als Kontrahenten an: Sokrates untergrabe im Laufe des Gesprächs die moralischen und politischen Ansichten des Ischomachos, indem er aufzeige, dass sie gänzlich auf materiellen Vorstellungen von Erfolg basieren (Kronenberg 2009, 38). Nach Fiona Hobden zeigt sich dagegen eine breite, gemeinsame Basis zwischen beiden Dialogpartnern, die eine ironische Lesart höchst unwahrscheinlich macht. Sokrates' Fragen und Einwände machten keineswegs die Vorschläge des Ischomachos zunichte; sie seien produktiv zu verstehen. Der ironische Ansatz sei daher für das Verständnis der Wendungen in der Konversation unnötig (2016, 162f.). Im Übrigen dürften Ischomachos' Worte die Meinung Xenophons wiedergeben, so dass eine Trennung zwischen den Gedanken eines Sokrates, eines Ischomachos und denen des wirklichen Xenophon unmöglich ist.

Die neueste Xenophon-Forschung stellt Xenophon viel innovativer und selbstständiger dar als die ältere, die ihm zwar Intelligenz bescheinigte, aber keine Originalität oder Tiefe (Oost 1977/78, 225). Auf eigener Erfahrung beruhend und in Auseinandersetzung mit dem Wissen seiner Zeit sind Xenophons Ansichten über die menschliche Natur und sein ökonomisches Denken sowohl traditionell als auch neuartig (Hobden 2016, 165).

Fachtexte als Quellen der Geschlechtergeschichte

Seit den 1990er Jahren werden medizinische Fachtexte (Schubert/Huttner 1999; Scheer 2011, 5–10, 63–68) unter genderspezifischen Fragestellungen untersucht. Bereits länger sind philosophische Schriften Gegenstand der Geschlechtergeschichte (Föllinger 1996; Scheer 2011, 4f., 10–12, 62f., 68–70). Als weitere Gruppe von Fachtexten wurden die Abhandlungen zur Landwirtschaft im Hinblick auf die Rollen und Aufgaben freier wie unfreier Frauen untersucht.

Der antike Haushalt (gr. *oikos*, lat. *familia*) bestand aus den Ehepartnern, Kindern, unfreiem Gesinde, Vieh, Landbesitz, dem Haus und den notwendigen Gerätschaften. Die Ehefrau, Sklavinnen und die unfreie Verwalterin hatten spezifische Aufgaben im Haushalt zu erfüllen. Diese wurden von den Agrarschriftstellern ausführlich behandelt. Dabei ist zu bedenken, dass es sich keineswegs um Darstellungen zeitgenössischer Realitäten handelt: Die Texte sollten vielmehr entweder einen längst vergangenen Zustand idealisieren oder Normen für die jeweilige Gegenwart schaffen (vgl. Scheidel 1995, 205f.). Insbesondere Xenophons *Oikonomikós* steht in einer philosophischen Tradition, in der die Geschlechterdifferenz diskutiert wurde. Aus diesem Grund sollte das Werk nicht als Zeugnis des Lebens und der Gefühle echter Männer und Frauen gelesen werden, sondern als Projektion einer utopischen Gemeinschaft. Weibliche Figuren erhalten hier eine ungewöhnliche Aufmerksamkeit und Anerkennung, insbesondere für ihre Fähigkeit, die traditionell weiblichen Qualitäten nicht zu repräsentieren, sondern zu überschreiten (Murnaghan 1988, 18).

Im Folgenden wird den Fragen nachgegangen, wie Xenophon die Rollen von Mann und Frau im klassischen Athen konstruiert, wie er sie als voneinander abhängig darstellt und wie er sein Fachwissen über die Haushaltsführung vermittelt.

Beispiel: Xenophon über die Rollen von Frau und Mann

Xenophons *Oikonomikós* ist einerseits ein Fachtext, der die Führung eines *oikos* als *technê*, eine lehr- und lernbare Wissenschaft, vermitteln soll. Andererseits ist er als Dialog mit Sokrates gestaltet und wird daher zu den sokratischen Schriften Xenophons gezählt (Nickel 2016, 132–142). Der Quellenausschnitt ist Teil eines Gespräches, das Sokrates mit dem Oikosbesitzer Ischomachos geführt haben will und das er nun seinem Gesprächspartner Kritoboulos wiedergibt. Ischomachos habe ihm, Sokrates, ein Gespräch mit dessen Ehefrau referiert, in welchem er sie über die Führung des Haushalts belehrte (7,4–10,13). An die Verschachtelungen des Dialogs erinnern die wiederholten Einschübe von Seiten des Sokrates, das „habe er [Ischomachos] gesagt" (7,18; 22).

[7,18] ἐμοὶ γάρ τοι, ἔφη φάναι, καὶ οἱ θεοί, ὦ γύναι, δοκοῦσι πολὺ διεσκεμμένως μάλιστα τὸ ζεῦγος τοῦτο συντεθεικέναι ὃ καλεῖται θῆλυ καὶ ἄρρεν, ὅπως ὅτι ὠφελιμώτατον ᾖ αὑτῷ εἰς τὴν κοινωνίαν. [19] πρῶτον μὲν γὰρ τοῦ μὴ ἐκλιπεῖν ζῴων γένη τοῦτο τὸ ζεῦγος κεῖται μετ' ἀλλήλων τεκνοποιούμενον, ἔπειτα τὸ γηροβοσκοὺς κεκτῆσθαι ἑαυτοῖς ἐκ τούτου τοῦ ζεύγους τοῖς γοῦν ἀνθρώποις πορίζεται· ἔπειτα δὲ καὶ ἡ δίαιτα τοῖς ἀνθρώποις οὐχ ὥσπερ τοῖς κτήνεσίν ἐστιν ἐν ὑπαίθρῳ, ἀλλὰ στεγῶν δεῖται δῆλον ὅτι. [20] δεῖ μέντοι τοῖς μέλλουσιν ἀνθρώποις ἕξειν ὅ τι εἰσφέρωσιν εἰς τὸ στεγνὸν τοῦ ἐργασομένου τὰς ἐν τῷ ὑπαίθρῳ ἐργασίας. καὶ γὰρ νεατὸς καὶ σπόρος καὶ φυτεία καὶ νομαὶ ὑπαίθρια ταῦτα	[7,18] Denn mir scheinen, Frau, habe er gesagt, die Götter dieses Paar, das Mann und Frau genannt wird, mit größter Umsicht zusammengefügt zu haben, damit es sich selbst möglichst nützlich sei bei seinem gemeinsamen Leben. [19] Erstens ist nämlich dieses Paar dazu bestimmt, miteinander Kinder zu zeugen, damit die Gattungen nicht aussterben; sodann wird aus dieser Verbindung – wenigstens bei den Menschen – erreicht, Pfleger für das eigene Alter zu haben; schließlich leben die Menschen nicht wie Vieh unter freiem Himmel, sondern brauchen offensichtlich Behausungen. [20] Die Menschen, die etwas haben wollen, was sie unter Dach und Fach bringen können, brauchen natürlich Arbeitskräfte für die Arbeiten auf dem Felde. Denn Bodenbear-

πάντα ἔργα ἐστίν· ἐκ τούτων δὲ τὰ ἐπιτήδεια γίγνεται.
[21] δεῖ δ᾽ αὖ, ἐπειδὰν ταῦτα εἰσενεχθῇ εἰς τὸ στεγνόν, καὶ τοῦ σώσοντος ταῦτα καὶ τοῦ ἐργασομένου δ᾽ ἃ τῶν στεγνῶν ἔργα δεόμενά ἐστι. στεγνῶν δὲ δεῖται καὶ ἡ τῶν νεογνῶν τέκνων παιδοτροφία, στεγνῶν δὲ καὶ αἱ ἐκ τοῦ καρποῦ σιτοποιίαι δέονται· ὡσαύτως δὲ καὶ ἡ τῆς ἐσθῆτος ἐκ τῶν ἐρίων ἐργασία.
[22] ἐπεὶ δ᾽ ἀμφότερα ταῦτα καὶ ἔργων καὶ ἐπιμελείας δεῖται τά τε ἔνδον καὶ τὰ ἔξω, καὶ τὴν φύσιν, φάναι, εὐθὺς παρεσκεύασεν ὁ θεός, ὡς ἐμοὶ δοκεῖ, τὴν μὲν τῆς γυναικὸς ἐπὶ τὰ ἔνδον ἔργα καὶ ἐπιμελήματα, <τὴν δὲ τοῦ ἀνδρὸς ἐπὶ τὰ ἔξω>.

[23] ῥίγη μὲν γὰρ καὶ θάλπη καὶ ὁδοιπορίας καὶ στρατείας τοῦ ἀνδρὸς τὸ σῶμα καὶ τὴν ψυχὴν μᾶλλον δύνασθαι καρτερεῖν κατεσκεύασεν· ὥστε τὰ ἔξω ἐπέταξεν αὐτῷ ἔργα· τῇ δὲ γυναικὶ ἧττον τὸ σῶμα δυνατὸν πρὸς ταῦτα φύσας τὰ ἔνδον ἔργα αὐτῇ, φάναι ἔφη, προστάξαι μοι δοκεῖ ὁ θεός.

[24] εἰδὼς δὲ ὅτι τῇ γυναικὶ καὶ ἐνέφυσε καὶ προσέταξε τὴν τῶν νεογνῶν τέκνων τροφήν, καὶ τοῦ στέργειν τὰ νεογνὰ βρέφη πλέον αὐτῇ ἐδάσατο ἢ τῷ ἀνδρί.

[25] ἐπεὶ δὲ καὶ τὸ φυλάττειν τὰ εἰσενεχθέντα τῇ γυναικὶ προσέταξε, γιγνώσκων ὁ θεὸς ὅτι πρὸς τὸ φυλάττειν οὐ κάκιόν ἐστι φοβερὰν εἶναι τὴν ψυχὴν πλέον μέρος καὶ τοῦ φόβου ἐδάσατο τῇ γυναικὶ ἢ τῷ ἀνδρί. εἰδὼς δὲ ὅτι καὶ ἀρήγειν αὖ δεήσει, ἐάν τις ἀδικῇ, τὸν τὰ ἔξω ἔργα ἔχοντα, τούτῳ αὖ πλέον μέρος τοῦ θράσους ἐδάσατο.

[26] ὅτι δ᾽ ἀμφοτέρους δεῖ καὶ διδόναι καὶ λαμβάνειν, τὴν μνήμην καὶ τὴν ἐπιμέλειαν εἰς τὸ μέσον ἀμφοτέροις κατέθηκεν. ὥστε οὐκ ἂν ἔχοις διελεῖν πότερα τὸ ἔθνος τὸ θῆλυ ἢ τὸ ἄρρεν τούτων πλεονεκτεῖ.
[27] καὶ τὸ ἐγκρατεῖς δὲ εἶναι ὧν δεῖ εἰς τὸ μέσον ἀμφοτέροις κατέθηκε, καὶ ἐξουσίαν ἐποίησεν ὁ θεὸς ὁπότερος ἂν ᾖ βελτίων, εἴθ᾽ ὁ ἀνὴρ εἴθ᾽ ἡ γυνή, τοῦτον καὶ πλέον φέρεσθαι τούτου τοῦ ἀγαθοῦ.
[28] διὰ δὲ τὸ τὴν φύσιν μὴ πρὸς πάντα ταὐτὰ ἀμφοτέρων εὖ πεφυκέναι, διὰ τοῦτο καὶ δέονται μᾶλλον ἀλλήλων καὶ τὸ ζεῦγος ὠφελιμώτερον

beitung, Aussaat, Pflanzen und Viehhüten – all das sind Arbeiten im Freien, und aus ihnen entstehen die Mittel zum Leben. [21] Wenn sie unter Dach und Fach gebracht sind, wird wieder jemand gebraucht, der sie aufbewahrt und der die Arbeiten verrichtet, die im Hause zu erledigen sind. Das Haus ist nötig für die Versorgung der neugeborenen Kinder, aber auch für die Zubereitung der Speisen aus den Feldfrüchten, ebenso auch für die Herstellung von Kleidung aus Wolle. [22] Da aber die Arbeiten drinnen und draußen beide der Ausführung und Aufsicht bedürfen, hat der Gott, so habe er gesagt, von vornherein die Natur entsprechend eingerichtet, und zwar, wie mir scheint, die der Frau für die Arbeiten und Beschäftigungen im Inneren des Hauses, die des Mannes für die Arbeiten und Beschäftigungen im Freien. [23] Denn Kälte und Hitze, Märsche und Feldzüge besser aushalten zu können, hat er Leib und Seele des Mannes eingerichtet; deshalb übertrug er ihm die Arbeiten außerhalb des Hauses; der Frau aber hat der Gott anscheinend einen dazu weniger fähigen Körper geschaffen und ihr daher, so habe er gesagt, die Arbeiten im Inneren des Hauses zugewiesen. [24] In dem Bewußtsein, daß er der Frau die Nahrung der neugeborenen Kinder in den Körper eingepflanzt und ihre Ernährung als Aufgabe zugewiesen hatte, teilte er ihr auch mehr Liebe zu den Neugeborenen zu als dem Mann. [25] Da der Gott aber der Frau auch das Bewachen des ins Haus Eingebrachten zuwies und dabei wußte, dass es nicht schlecht ist, zum Bewachen eine ängstliche Seele zu haben, maß er der Frau auch einen größeren Anteil der Ängstlichkeit zu als dem Mann. In dem Bewußtsein, daß derjenige, der die Arbeiten außerhalb des Hauses verrichtet, auch die Verteidigung übernehmen muss, wenn jemand Unrecht tut, hat er diesem wiederum einen größeren Teil an Mut verliehen. [26] Weil aber beide geben und empfangen müssen, hat er beiden Gedächtnis und Sorgfalt zu gleichen Teilen gegeben, so daß man nicht unterscheiden kann, welches Geschlecht, das weibliche oder das männliche, mehr davon besitzt. [27] Auch Selbstbeherrschung zu üben, wo es nötig ist, gab er beiden gleichermaßen Gelegenheit, zugleich aber ermöglichte es der Gott demjenigen, der der Bessere ist, sei es nun der Mann oder die Frau, auch mehr von diesem Gut davonzutragen. [28] Dadurch, daß beider Natur nicht für dies alles gleich gut geschaffen ist, brauchen sie auch einander

ἑαυτῷ γεγένηται, ἃ τὸ ἕτερον ἐλλείπεται τὸ ἕτερον δυνάμενον. [29] ταῦτα δέ, ἔφην, δεῖ ἡμᾶς, ὦ γύναι, εἰδότας, ἃ ἑκατέρῳ ἡμῶν προστέτακται ὑπὸ τοῦ θεοῦ, πειρᾶσθαι ὅπως ὡς βέλτιστα τὰ προσήκοντα ἑκάτερον ἡμῶν διαπράττεσθαι. (Edgar C. Marchant ²1921)	mehr, und die Verbindung ist nützlicher für sie; was dem einen abgeht, das kann der andere. [29] Da wir, Frau, sagte ich, das wissen, was jedem von uns durch den Gott zugewiesen ist, muß jeder von uns aufs beste auszuführen versuchen, was ihm zukommt. (Gert Audring 1992)

Inhalt

Ischomachos erklärt seiner Ehefrau, dass die Götter Weibchen und Männchen – so die wörtliche Übersetzung der griechischen Termini – als Paar zum gegenseitigen Nutzen zusammengefügt hätten. Sie seien dadurch in der Lage, Kinder zu zeugen, die sie dann im Alter versorgen könnten. Im Gegensatz zum Vieh hätten Menschen allerdings ein Dach (*stégos*) nötig, unter dem sie gemeinsam leben könnten. Zur Existenzsicherung brauche es nun aber Arbeitskräfte für die Bestellung der Felder und das Hüten des Viehs. Hier zeigt sich die Perspektive des reichen Grundbesitzers: Ärmere Bauern konnten sich kein Gesinde, weder Sklaven noch Freie, neben der Familie leisten. Die Herstellung der Lebensmittel fände im Freien statt. Sei die Ernte eingebracht, müsse sich jemand im Haus, das heißt unter dem Dach, um die Vorräte kümmern und die Produkte verarbeiten (Wagner-Hasel 1989, 25f.). Dazu würden das Kochen, die Wollverarbeitung und die Versorgung der Kinder gehören. Die Textilverarbeitung im Haus durch die Frauen war übrigens eine der produktiven Tätigkeiten, die den Wohlstand des *oikos* maßgeblich vergrößern konnte (Wagner-Hasel 2006).

Damit die Arbeiten im Haus sowie diejenigen außerhalb des Hauses erledigt werden könnten – so Ischomachos-Sokrates-Xenophon –, hätte der Gott die Natur (*phýsis*) der Frau für die Arbeit im Haus, die des Mannes aber für die Arbeit außer Haus eingerichtet. Der Mann könne nämlich Hitze und Kälte, Märsche und Feldzüge besser aushalten, ein Topos, der bei Xenophon ständig wiederkehrt (Meyer 1975, 117). Die Frau sei dazu weniger fähig, daher hätte der Gott ihr die Arbeiten im Haus zugewiesen. Die Liebe zum Neugeborenen aber sei ihr eingepflanzt worden. Zum Bewachen des Hauses sei eine größere Ängstlichkeit von Vorteil, während der Mann mit mehr Mut für die Verteidigung begabt worden sei. Obwohl hier Unterschiede zwischen Mann und Frau angesprochen werden, werden beide Geschlechter als symmetrische Eigenschaftsträger konstruiert (Föllinger 2002, 57). Über Gedächtnis (*mnêmê*) und die Fähigkeit zur Fürsorge (*epiméleia*) würden beide zu gleichen Teilen verfügen, und ebenso sei ihnen die Fähigkeit zur Selbstbeherrschung (*tò enkrateîs eînai*) gleichermaßen gegeben. Wer von beiden besser sei, könne mehr von dieser Tugend erlangen. Durch die Ungleichheit beider Naturen seien sie füreinander geschaffen und würden sich ergänzen. Am Ende habe Ischomachos seine Frau ermuntert, das Beste auf ihrem Gebiet zu leisten.

Als Sokratiker diskutierte Xenophon ein durch Erziehung verbessertes Modell der Frau, jedoch ohne ihre gesellschaftliche Stellung auf irgendeine Weise verändern zu wollen. So behauptet Ischomachos, indem er seiner Frau beigebracht habe, eine Unterhaltung zu führen (*dialégesthai*) (7,10), sei sie nun in der Lage, ihren Mann nicht nur mit Fragen zu weiteren Ausführungen anzuspornen, sondern auch intelligente Schlüsse zu ziehen (9,18–19). Die Frau durfte zwar „männlichen Verstand" (10,1) demonstrieren, aber ihr sozialer Handlungsraum blieb auf den *oikos* beschränkt. Sokrates' Bemerkung über den männlichen Verstand der Frau des Ischomachos hat in der modernen Forschung ein weites Spektrum an Kommentaren hervorgerufen, die von der Betonung sokratischer Selbstironie bis zur Auflösung der Geschlechterdifferenz unter Angleichung der Frau an die Natur des Mannes reichen (vgl. Scaife 1995, 225f.). Jedenfalls stellt diese Angleichung ein Problem für jene Historikerinnen dar, die die Stärkung weiblicher Identität und Autonomie durch die Trennung der Handlungsräume hervorheben.

Die Trennung der sozialen Handlungsräume beruht bei Xenophon auf der unterschiedlichen Natur (*phýsis*) beider Geschlechter. *Phýsis* heißt zunächst einfach „Werden, Wachsen", und zwar aus eigener Kraft. Der Begriff bezeichnete die normale Beschaffenheit eines Dinges gegenüber sekundären Abweichungen. Aus der Betonung des Normalen ergab sich die Anerkennung der *phýsis* als vorbildlich und maßgebend, sie zeigte die wirkliche Beschaffenheit der Dinge aufgrund einer unverbrüchlichen Naturgesetzlichkeit und galt als Grundlage aristokratischer Tugend. Durch den sich im 5. Jh. v.Chr. durch die Sophistik entwickelnden *phýsis-nómos*-Gegensatz wurde die *phýsis* zur einzig wahren Norm, während *nómos* unverbindliche Bräuche und Anschauungen bezeichnete (Heinimann 1945).

Bei Xenophon zeigt sich weniger ein Gegensatz als eine Ergänzung: Die durch Gott geschaffene Natur (*phýsis*) des Menschen wird durch die per Gesetz (*nómos*) geschaffenen Regeln der guten Partnerschaft (7,16; 30) bestätigt. Die Natur ist bei Xenophon weder eine absolute Größe noch moralisch relevant, wodurch er die traditionelle Sicht der Frau diskursiv verändern kann (Glazebrook 2009, 240f.). Hierdurch gelingt es ihm, die Frau durch Anwendung eines Modells der geschlechtsspezifischen Arbeitsteilung im Hinblick auf die Mehrung des *oikos* zur gleichwertigen Partnerin zu machen (3,15; Föllinger 2002, 53f.).

Die Fähigkeiten des Gedächtnisses (*mnêmê*) und der Fürsorge (*epiméleia*), die der weiblichen Natur nicht weniger als der männlichen zugeteilt sind, gehören zum Gebiet des Intellekts (*gnômê*), nicht der *phýsis*. In der Schrift „Symposion" beschreibt Xenophons Sokrates die weibliche Natur als der männlichen gleichwertig, doch Intellekt (*gnômê*) und Kraft (*ischýs*) würden ihr fehlen (2,9). Da die Frau nach Xenophon zur Selbstbeherrschung (*enkráteia*) fähig ist, vermag sie zu lernen, an *gnômê* gewinnen und damit an Wissen (Chernyakhovskaya 2014, 134–144).

Kontexte

Medialer Kontext

Sokrates wirkte auf seine Zeitgenossen allein durch seine Persönlichkeit und sein lebendiges Wort. Gleich nach dessen Hinrichtung im Jahre 399 v.Chr. begannen die ehemaligen Gesprächspartner des Philosophen Schriften zu veröffentlichen, in denen seine vermeintlichen Lehrmeinungen dargestellt wurden. Xenophons Text gehört in diese Tradition. Dessen auffälligstes Merkmal besteht in der Verwendung des von Platon erfundenen Kunstgriffs des philosophischen Dialogs. Es ist wichtig festzuhalten, dass von den ca. 300 Schriften, welche den Sokratikern zugeschrieben werden (Hobden 2016, 153), nur eine kleine Anzahl auf uns gekommen ist. Platons Dialoge (428/7–348/7 v.Chr.) ragen unten ihnen hervor, und zwar – einmal abgesehen von ihrer literarischen Qualität – wegen der Tiefe der darin entwickelten Gedanken, der Zuverlässigkeit ihrer Methodik und der Intensität der Auseinandersetzung mit Sokrates. Der Erfinder der Gattung des philosophischen Dialogs war allerdings auch ein radikaler Kritiker des Mediums Schrift. Indem er die sokratischen Gespräche wie Dramen vorstellte, in denen es einzig und allein um strenge Argumentation und Begriffsanalyse ging, suchte Platon der widernatürlichen Fixiertheit geschriebener Texte entgegenzuwirken. Dem scharfen Bewusstsein über die Folgen des Medienwechsels ist also zu verdanken, dass die Philosophie eine ihr gemäße literarische Gattung erhielt – ein Bewusstsein, das auf der Auffassung der Philosophie als konkreter Praxis beruhte, die Platon von Sokrates gelernt hatte. Xenophon teilte trotz der Übernahme der platonischen Dialogform weder Platons Schriftkritik noch dessen strengen Philosophiebegriff. Er verfasste seinerseits neben dem *Oikonomikós* zwei weitere in Dialogform gehaltene Schriften, in denen Sokrates die Hauptrolle spielte: *Symposium* und *Memorabilia*.

Der Dialog *Oikonomikós* ist komplex. Er enthält zahlreiche indirekte Reden, die ineinander verschachtelt und an verschiedene Plätze und Zeiten versetzt sind. Das Zusammenspiel von Bericht und Untersuchung ist dazu angetan, die unmittelbare Rezeption des Werkes zu bestimmen. Wie alle sonstigen Schriftstücke wurden in der Antike Dialoge normalerweise in Gesellschaft vorgelesen (Busch 2002), so dass die fiktionalisierten Argumentationen eine lebendige Stimme erhielten. Vor den Augen der Teilnehmer entwickelte sich ein Drama, das einen Lernprozess vorführte, der die Erlernung bestimmter Realia durch die Teilnehmer fördern sollte (Hobden 2016, 168). Bei allem Bewusstsein über den Medienwechsel scheint also Xenophon durch seine optimistische Verwendung der Dialogform ein Gegenspieler Platons gewesen zu sein.

Situativer Kontext

Die Schilderung des Gesprächs über die Haushaltsführung beginnt mit dem unbestimmten Hinweis, einst habe er, Xenophon, Sokrates dieses Gespräch – nämlich das mit Kritobolous – führen hören (1,1). Auch wenn das von Sokrates wiedergegebene Gespräch mit Ischomachos in der Stoa des Zeus Eleutherios stattfindet (7,1), lässt sich nur ein *terminus post quem* durch deren Bauzeit (429–410 v.Chr.) erschließen. Die Zeit der Handlung kann nicht näher präzisiert werden. Der Ort der Handlung, Athen, besteht aus einem idealisierten Konglomerat von Räumen und politischen Institutionen, die alle als typisch athenisch bekannt waren und am ehesten dem letzten Viertel des 5. Jh. v.Chr. ähneln, dem Stadtstaat, den Xenophon vor seinem Exil kannte (Pomeroy 1994, 18f.).

Wann das Werk *Oikonomikós* verfasst wurde, ist ebenfalls nicht genauer zu bestimmen. Aus dem Hinweis, das Gespräch zwischen Sokrates und Ischomachos hätte in der Stoa des Zeus Eleutherios stattgefunden, schließt Pomeroy, dass Xenophon noch nach 362 v.Chr. an diesem Werk arbeitete (1994, 8). Die Stoa sei in dieser Zeit von großer Bedeutung für Xenophon gewesen, da sich dort ein Wandgemälde befände, das dessen Sohn Gryllos darstellte, während er in der Schlacht bei Mantineia (362 v.Chr.) den thebanischen König Epameinondas tötete, bevor er selbst getötet worden sei (Paus. 1,3,4; 9,15,5).

Produktionskontext

Auch wenn das Werk *Oikonomikós* nicht genau zu datieren ist, so lässt sich doch einiges über den Autor und die Umstände, unter denen das Werk entstanden ist, feststellen. In den letzten Jahren ist immer deutlicher geworden, dass die historische Person Xenophon nicht von der literarischen zu lösen ist (Lee 2016, 16). Die Rekonstruktion seines Lebens bleibt daher von etlichen Ungewissheiten geprägt, obwohl außergewöhnlicherweise alle seine Werke erhalten geblieben sind. Diese Tatsache verdanken wir seinem Ansehen als vorbildlicher Vertreter des attischen Stils.

Xenophon wurde während des Peloponnesischen Krieges in den Jahren zwischen 430 und 425 v.Chr. in Athen geboren. Sein Vater war ein wohlhabender Athener, der vielleicht nicht zu den Reichsten gehörte, aber immer noch vermögend genug war, um Pferde zu halten. Bereits in jungen Jahren gehörte Xenophon zum Kreis des Sokrates, den er später in seinen Werken verewigte. Im Jahre 401 v.Chr. verließ er Athen, um sich Kyros dem Jüngeren, der heimlich den Sturz seines Bruders Artaxerxes II. plante, als Zivilist ohne militärische Funktion anzuschließen. Als Kyros im Kampf in der Nähe von Babylon fiel, mussten sich seine Söldner den Weg bis ans Schwarze Meer zurückbahnen, wobei Xenophon eine führende Rolle einnahm. Er wollte eigenen Worten zufolge nach Athen zurückkehren (an. 7,6,11; 7,7,57), blieb aber bei den Resten der Söldnerarmee, die in neue Dienste trat. Bis 394 v.Chr. kämpfte er in Kleinasien unter spartanischem Kommando. Mit dem spartanischen König Agesilaos kehrte er nach Griechenland zurück und kämpfte bei Koroneia gegen ein Bündnis, dem auch Athen angehörte. Vielleicht war das der Grund für seine Verbannung aus Athen, wobei Zeitpunkt und Gründe umstritten sind. Die Spartaner überließen ihm ein Landgut südlich von Olympia, das er nach 371 v.Chr., als Sparta diese Gegend verlor, wieder räumen musste. Hier lebte er mit Frau, einer Athenerin (Badian 2004, 42), und zwei

Söhnen. Vermutlich begann er in diesen Jahren zu schreiben, wiewohl die Chronologie seiner Werke höchst umstritten ist. Nach 371 v.Chr. könnte er zunächst nach Korinth gegangen sein (Diog. Laert. 2,53). Bald muss seine Verbannung aus Athen aufgehoben worden sein, denn seine Söhne kämpften in der athenischen Reiterei bei Mantineia (362 v.Chr.), wo sein ältester Sohn fiel und zum Heros wurde (Paus. 8,9,5; 8,11,6). Ob Xenophon jemals wieder permanent in seine Heimatstadt zurückkehrte, ist unklar. Er lebte bis in die Mitte oder späten 350er Jahre (Breitenbach 1967, 1573; Lee 2016).

Im *Oikonomikós* analysiert Xenophon die Natur der Hauswirtschaft, wobei er mehr als eine Beschreibung dessen liefert, wie man einen *oikos* betreibt. Behandelt werden auch die weibliche Natur, die Menschenführung, die Götter, das Lernen selbst und ethische Fragen wie die Erlangung von Besonnenheit (*sôphrosýnê*) und Selbstbeherrschung (*enkráteia*) sowie überhaupt von Tugend. Die Kombination von ethischer Belehrung und praktischen Hinweisen für die Landwirtschaft ist für philosophische Dialoge singulär (Pomeroy 1994, 20). Die *oikonomía*, die Hauswirtschaft, gehört nach Xenophon zu den Gebieten, die wie die Heilkunst, die Schmiedekunst und die Baukunst ein auf praktischem Können basiertes Fachwissen (*epistêmê*) umfassen (1,1). Können und Wissen ergeben ein Ganzes, dessen Beherrschung als *technê* bezeichnet wird. Während seit Aristoteles zwischen *epistêmê*, einem mehr theoretischen Wissen, und *technê*, einer praktischen Fertigkeit, unterschieden wird, sind für Xenophon beide Begriffe austauschbar (Parry 2014). Die Hauptsache dabei ist, dass die Kunst der Haushaltsführung erlernt und gelehrt werden kann. Xenophon stellt sich als Autorität dar, die sowohl erfahren als auch in der Lage ist, die dazugehörigen theoretischen Grundlagen zu vermitteln (15,10–12). Andere Autoren, von denen allerdings nichts mehr erhalten ist, werden von ihm dafür kritisiert, dass sie zwar die Landwirtschaft in der Theorie gründlich behandeln, aber nicht praktisch arbeiten (16,1). Sokrates wird denn auch von Ischomachos belehrt, dass es bei der landwirtschaftlichen Arbeit nicht darauf ankäme, über das neueste Wissen zu verfügen oder überhaupt zu wissen, sondern auf die Sorgfalt und den Fleiß (20,2–5). Wissen erwerbe man durch Zusehen und Zuhören (19,16–17). Für uns ist Xenophon der Erste, der sich um ökonomisches Wissen, die Vermehrung von Wohlstand und die Natur von Reichtum systematisch bemüht hat, Themen, die unter Sokratikern heftig diskutiert wurden (Audring 1992, 122; Danzig 2003, 58f.).

Sozialer Kontext
Das Gespräch zwischen Sokrates und Ischomachos ist in ein weiteres Gespräch als Rahmenhandlung eingebettet: Sokrates unterhält sich mit Kritoboulos, einer historischen Person, die in sokratischen Dialogen den vornehmen und oberflächlichen Mann aus gutem Hause verkörpert. Bei allen Gesprächspartnern des Sokrates handelt es sich um Angehörige der Athener Elite gegen Ende des 5. Jh. v.Chr. Kritoboulos und Sokrates stammten aus demselben attischen Demos Alopeke (Pomeroy 1994, 216f.). Kritoboulos' Vater Kriton war ein Freund des Sokrates,

bekannt aus dem gleichnamigen Dialog Platons. Bei Ischomachos (Nails 2002, 176–178) und dessen Ehefrau ist sich die Forschung nicht einig, ob die Figuren des Dialogs mit historisch bekannten Personen identisch sind (Hobden 2016, 169–173; Pelling 2000, 244f.). Der *oikos* des Ischomachos ist wohl eher ein idealisierter Haushalt vor dem Ende des Peloponnesischen Krieges (Pomeroy 1994, 261–264).

Verwendungskontext
Indem Xenophon im *Oikonomikós* den sozialen und politischen Wert der Landwirtschaft schildert und sie als Voraussetzung für Leistungen auf militärischem Gebiet und bei der Jagd (5,5–7; 14–16) bezeichnet, wendet er sich an die reichen, grundbesitzenden Bürger Athens. Der *oikos* wird als Miniaturausgabe der Polis geschildert, so dass die Erfahrung der erfolgreichen Haushaltsführung zur Führung der Polis befähigt (Ferrario 2016, 73f.). Die Landwirtschaft erzeuge gute Bürger, da der Bauer sein Land verteidige, die Arbeit auf dem Lande einen kräftigen Körper hervorbringe und die meiste Zeit für Freunde und die Politik ließe (6,6–10). Xenophon schildert folglich keineswegs eine bäuerliche Idylle, sondern erörtert die Bedingungen politischer Machtausübung, zu der spezielle Kompetenzen gehören. Nach Xenophon verknüpft die Führungspersönlichkeit Wissen und Können, Macht und Moral. Dem *Oikonomikós* zufolge stellt sie diese Fähigkeiten unter Beweis, indem sie natürliche Ressourcen sachkundig nutzt, politisch handelt, ökonomisches Wissen anwendet und militärisch-strategisches Denken verwirklicht (Nickel 2016, 141f.).

Im *Oikonomikós*, ganz im Sinne der Adressaten der Schrift, konstruierte und verteidigte Xenophon einen der Elite angemessenen Lebensstil. Indem er *pónos*, eigentlich die mühsame und produktive Arbeit der Sklaven, Handwerker und einfachen Bauern, zu einem moralischen, hierarchiestiftenden Begriff machte, hoffte er die Stellung der Elite in Athen zu sichern und zu rechtfertigen. Der *pónos* der Aristokraten wird demzufolge zur stilisierten Arbeit, die den geeigneten Weg zu Besonnenheit (*sôphrosýnê*) und Selbstbeherrschung (*enkráteia*) darstellt (Johnstone 1994). Die Haushaltsführung und damit die Landwirtschaft boten die besten Voraussetzungen auf dem Weg zur Tugend. Xenophon wollte offensichtlich durch die Verbindung von Tugend und Führungsqualitäten den reichen Athenern neue Perspektiven in der demokratischen Polis aufzeigen. Vielleicht wollte er sich selbst gar als geeignete Version eines demokratischen Führers anpreisen, nachdem seine Verbannung aufgehoben worden war (Tuplin 2016, 349).

Kognitiver Kontext
Das Gespräch zwischen Kritoboulos und Sokrates führt zu der Erkenntnis, dass erst durch den Erwerb von *paideia* (Erziehung, Bildung) die menschliche Vollkommenheit (*kalokagathía* – „das Schön und Gut sein") erreicht werden kann. Auch wenn Xenophon das Wissen über die gelungene Hauswirtschaft als *technê* beziehungsweise *epistêmê* bezeichnet, so geht es doch bei diesem Thema um viel mehr:

die richtige Lebensführung. Sie umfasst für Xenophon die Verehrung der Götter, die Sorge um den *oikos*, die Vermehrung des Vermögens, damit es den Göttern, den Freunden und der Polisgemeinschaft an nichts fehle, und die Ertüchtigung des Körpers durch das Reiten (11,2–21). Eine solche Lebensführung wird durch das Fachwissen der *oikonomía* erreicht. Der gute Oikonom besitzt dadurch das Vorrecht auf den Titel des *kalós kaí agathós*, desjenigen, der „schön und gut" ist und sich durch eine vorbildliche Lebensführung auszeichnet – ein Titel, der stets auf Aristokraten angewandt wurde (Audring 1992, 123).

Das griechische Wort *oikonomía* setzt sich aus zwei Wörtern zusammen: *oíkos* – Haushalt und *némein* – zuteilen, weiden und besitzen. Es bezieht sich also zunächst auf die Verwaltung und Organisation eines Haushalts, nicht auf die Polisgemeinschaft. Im Gegensatz zur modernen Vorstellung von Wirtschaft ging das antike Denken über *oikonomía* von einer natürlichen Fülle an Gütern aus, die für den Unterhalt der Menschen als völlig ausreichend betrachtet wurde (Lesham 2016, 226). Dennoch soll der gute Hausverwalter nach Vermehrung seines Reichtums streben. Das griechische Wort *periousía* bezeichnet „das, was übrig bleibt", also den Überschuss der Ernte, der den Unterschied zwischen Überleben und Wohlstand ausmachte. Dieser Überschuss wurde nicht wie im modernen Kapitalismus reinvestiert, sondern diente dem Leben in Muße und schuf die Möglichkeit zur richtigen Lebensführung (11,9; vgl. 2,5–8). Die Erlangung von Reichtum wird ethisch und politisch gerechtfertigt, nicht wirtschaftlich. Das Ziel der richtigen Haushaltsführung ist nicht die Mehrung des Vermögens an sich, sondern dessen richtige Verwendung.

Es stellt sich in diesem Dialog die Frage, wie ein Überschuss zu erreichen sei. Sokrates wundert sich, wieso die einen von denselben Arbeiten reich werden und die anderen arm und gibt gleich eine Antwort: Planvolle Arbeit und Sorgfalt erzeuge den größeren Gewinn (2,17f.). Diese Fürsorge (*epiméleia*) ist Kernpunkt aller Aussagen der Gesprächspartner. Klaus Meyer hat diesen Begriff im *Oikonomikós* 111 Mal gezählt (1975, 104–106). Nach Ischomachos ist es weder das Wissen noch die Unwissenheit, die den einen Gutsbesitzer in Wohlstand leben lässt, den anderen in Armut, sondern die Fürsorge beziehungsweise deren Mangel (20,2–5). Dadurch reduziert sich das Fachwissen (*epistêmê*) der Haushaltsführung auf den Appell zur fürsorgenden Umsicht, was sich mit diesem Nachdruck allerdings nur bei Xenophon findet (Audring 1992, 26).

Die Grundlage des Wohlstands bildete die Landwirtschaft. Die erfolgreiche Bewirtschaftung des Landgutes machte es nach Xenophon möglich, sich tugendhaft zu verhalten und den aristokratischen Lebensstil zu sichern, das heißt: Zeit für politische Aufgaben und Muße für Freunde und geistige Betätigung zu gewinnen. So konnte sich ein distinktiver Lebensstil herausbilden, der jedoch den nivellierenden Tendenzen des demokratischen Athen entgegenlief. Indem Xenophon allerdings die Hauswirtschaft als lernbare *technê* auslegte, stellte er den eigentlich elitären Lebensstil als offen für alle dar – versteht sich: für all diejenigen, welche Zugang zu Bildung hatten. Die Landwirtschaft wird insofern zur wahrhaft egalitären Beschäftigung, als ihre Arbeitsverfahren offensichtlich sind und keine speziellen Kenntnisse erfordern (19,16–17). Die wichtigste Voraussetzung für *oikonomía* sei auch gar nicht der Besitz eines *oikos*, sondern der Besitz eines tugendhaften Charakters, der sich der Versklavung durch die Leidenschaften widersetze (1,16–23). Dies wird nicht zuletzt dadurch unterstrichen, dass Xenophon Sokrates als Gesprächspartner über *oikonomía* auftreten lässt, also jemand, der für seine Armut und Gleichgültigkeit materiellem Besitz gegenüber bekannt war.

Letztlich bleibt dies allerdings Rhetorik. Xenophon ging es im Grunde darum, seinen Lesern die Basis eines elitären Lebensstils anhand einiger Prinzipien wie der Gefahr einer falschen äußeren Erscheinung, der Natur der Herrschaft, der Bedeutung, eine freie Person zu sein, und der Wichtigkeit der Ordnung zu vermitteln. Seinen Darlegungen lässt sich entnehmen, wie Eliten ihre alltäglichen, produktiven Tätigkeiten stilisierten, indem sie sie zum Objekt selbstbewusster Reflexion machten. Der höhere soziale Status eines Aristokraten wird durch die Fähigkeit zur diskursiven Erfassung der eigenen Praxis begründet (Johnstone 1994).

Während Xenophons Überlegungen zu Landwirtschaft, Wohlstand und aristokratischem Verhalten den üblichen Werten der Elite entsprachen, entwickelte er in Bezug auf die Fähigkeit zur Erlangung von Tugend eine radikale These: Bei allen Menschen, und zwar bei Männern wie Frauen, Freien und Unfreien sowie Griechen und Nicht-Griechen, seien die gleichen Anlagen dazu vorhanden. Daher sei der tugendhafte Charakter erlernbar und für alle Menschen erreichbar (Chernyakhovskaya 2014, 126). Xenophon wollte weder die Sklaverei abschaffen noch die politischen Rechte auf die Frauen ausdehnen. Aber im Vergleich mit Aristoteles, dessen Vorstellungen von der natürlichen Sklaverei und der eingeschränkten Rationalität der Frauen ein langes Nachleben hatten, scheint Xenophon einer Art aufklärerischer Haltung verpflichtet gewesen zu sein (Flower 2016, 5).

Bedeutung

Fragt man nach der Konstruktion der Rollen von Mann und Frau im klassischen Athen im *Oikonomikós*, so bleibt festzuhalten, dass Xenophon im Hinblick auf die Frau vom traditionellen Bild abweicht. Indem er die durch Gott geschaffene unterschiedliche Natur (*phýsis*) von Mann und Frau weder als absolut noch als moralisch relevant betrachtete, beide als einander ergänzend und in den Fähigkeiten des Gedächtnisses (*mnêmê*), der Fürsorge (*epiméleia*) und der Selbstbeherrschung (*enkráteia*) als gleichwertig erachtete, veränderte er diskursiv die traditionelle Sicht der Frau. Dadurch wertete Xenophon die Natur der Frau auf und hielt diese für fähig zur *sôphrosýnê* (Besonnenheit) und damit zur Tugend. Diese diskursive Aufwertung der Frau entsprach nicht der athenischen Realität des 5. und 4. Jh. v.Chr. Doch vor dem Hintergrund der wirtschaftlichen Schwierigkeiten, in denen sich Athen zur Zeit der Abfassung dieser Schrift in der ersten Hälfte des 4. Jh. befand, könnte

Xenophons Werk als Versuch, die Haushalte ökonomisch zu stärken, verstanden werden. Hierzu hatten die Ehefrauen durch Teilhabe am technischen Wissen der Haushaltsführung ihren Teil beizutragen.

Indem Xenophon die Haushaltsführung als *technê*, eine lehr- und lernbare Fähigkeit, verstand, bestimmte er auch die Rolle des Mannes in *oikos* und Gesellschaft des klassischen Athen. Die gelungene Führung des Haushalts ist Grundlage der erfolgreichen politischen und militärischen Führung. Der *oikos* als zentrale Institution, die der Erfüllung der Aufgaben gegenüber der Gesellschaft und den Göttern dient, lässt sich nach Xenophon erfolgreich nur durch tätige Mithilfe der Ehefrau führen. Wurden Frauen bei Hesiod und anderen antiken Autoren als faul, unproduktiv und betrügerisch dargestellt, so macht Xenophon sie zu aktiven, produktiven, vertrauenswürdigen und leistungsfähigen Partnerinnen in der Verwaltung eines *oikos*. Er konstruiert nicht nur eine wirtschaftliche Symmetrie im *oikos*, sondern zeigt auf, wie Frauen mittels tätiger Erziehung durch ihren Ehemann am Verstand, am aristokratischen Ideal des natürlich Schönen und Guten sowie an der Tugend teilhaben könnten, ohne jedoch die gesellschaftliche Asymmetrie der Geschlechter in der Polis verändern zu wollen.

In diesem Fachtext zur antiken Haushaltung und Landwirtschaft gelingt es Xenophon, sich als Spezialist für Führungsaufgaben und Ratgeber der athenischen Elite darzustellen. Indem er zum Mittel des sokratischen Dialogs greift, legt er seine Gedanken und Grundsätze in den Mund des Sokrates-Ischomachos und gewinnt dadurch an Überzeugungskraft. Der Lehrer Sokrates forderte seine Schüler durch Fragen zum Denken heraus, die sokratischen Dialoge sind didaktische Dialoge. Durch die Bestimmung der Haushaltsführung als lehr- und lernbare Wissenschaft kann Xenophon anschließend durch den sokratischen Dialog das nötige Fachwissen glaubhaft vermitteln. Dies geht jedoch weit über unsere Vorstellung eines Kompendiums zur Haushaltung und Landwirtschaft hinaus. Die antiken Schriften zur Landwirtschaft waren ethische Abhandlungen, die der Elite zur richtigen Lebensführung verhelfen sollten. Immer ging es um die Vermittlung der Grundlagen des aristokratischen Lebensstils. Die römischen Agrarschriftsteller schrieben in Zeiten, in denen die Geschlossenheit der Elite nicht mehr gewährleistet war. Die Autoren wollten daher ihren Standesgenossen durch Rückbesinnung auf die mit dem Landbau verbundenen Werte zu neuer Stärke verhelfen. Wie im Fall der Fachtexte zur Landwirtschaft stehen auch die übrigen Fachtexte in soziopolitischen und ethischen Zusammenhängen, die weit über die bloße Wissensvermittlung, auf die sich die ältere Forschung bezog, hinausgehen.

Leitfragen für die Interpretation

▶ Durch welche Mittel gelang es dem Autor eines antiken Fachtextes, sich Autorität und Gehör zu verschaffen?
▶ In welchem sozialen Umfeld hatte der Autor eines antiken Fachtextes seine Kenntnisse zu beweisen und wer waren seine Adressaten?
▶ Welche kognitiven Kontexte und zeitgenössischen Ideologien bestimmten Thema und Darstellung des antiken Fachtextes?
▶ Welche Bedeutung ergibt sich aus der erarbeiteten Fragestellung?

Leseempfehlungen

Fögen, Thorsten (Hg.) (2005): Antike Fachtexte, Ancient Technical Texts, Berlin.
Fögen, Thorsten (2009): Wissen, Kommunikation und Selbstdarstellung. Zur Struktur und Charakteristik römischer Fachtexte der frühen Kaiserzeit, München.
Horster, Marietta/Christiane Reitz (Hg.) (2003): Antike Fachschriftsteller. Literarischer Diskurs und sozialer Kontext, Stuttgart.
König, Jason/Greg Woolf (Hg.) (2017): Authority and Expertise in Ancient Scientific Culture, Cambridge.

6. Antike Bilderwelt

Die Menschen der griechisch-römischen Antike waren ständig von einer Fülle bildlicher Darstellungen umgeben: Abbildungen auf Münzen, Reliefschmuck an Tempeln, Portraitbüsten und Skulpturen an öffentlichen Plätzen. Dazu gehört auch die Malerei, die die Wände von Wohnhäusern, Gräbern und Säulengängen verzierte. Leider sind die Wandmalereien nur unter besonderen Umständen in Gräbern oder bedeckt von der Asche des Vesuvs erhalten geblieben. Sie erlauben, wie auch die Mosaiken, Einblicke in die Kunstfertigkeit antiker Bildproduktion. Fast vollständig verloren sind die wertvollen Textilien, in die figürliche Bilder gewebt wurden (Wagner-Hasel/Nosch 2019). Die Farbigkeit der antiken Bilderwelt ist heute nur noch schwer nachzuvollziehen. Die Ausstellung „Bunte Götter" führt deutlich vor Augen, dass die nur noch weiß erscheinenden Tempel und Skulpturen einst sehr farbig in der Sonne standen (Brinkmann/Scholl 2010). Den besten Eindruck von der Kunstfertigkeit antiker Maler geben die in erheblicher Anzahl erhalten gebliebenen, mit vielfältigen Bildern bemalten Vasen aus dem archaischen und klassischen Athen. Der deutsche Begriff „Vase", vom italienischen „vaso" (Gefäß) abgeleitet, bezeichnet in der Sprache der Archäologen das bemalte Tongefäß. Wegen ihrer Vielfalt und Bedeutung für die antike Bilderwelt im Allgemeinen werden im Folgenden die attischen Vasenbilder im Mittelpunkt stehen.

Genese und Gebrauch

Die Athener nutzten, den archäologischen Funden nach zu urteilen, viele verschiedene Gefäßformen mit einer breiten Bildthematik (Scheibler 1998). Die athenischen Vasen wurden von spezialisierten Handwerkern hergestellt, die in der Regel keine Auftragswerke, sondern nach eigenem und zeittypischem Geschmack produzierten. Auch wenn die Verzierung allgemeinen Konventionen und Standards folgte, ist jedes Vasenbild auch Ergebnis einer bewussten Entscheidung von Seiten des Malers, der mit eigenem Kunstwollen Dinge in den Vordergrund rückte, wegließ oder erkennbar anders darstellte.

Die zahlreichen Gefäßformen lassen sich nicht ohne Weiteres in ihrer Funktion bestimmen. Einige sind einem bestimmten Kontext zuzuweisen, wie die Trinkschalen und Mischgefäße dem Symposion, dem Trinkgelage der Männer. Gefäßformen sind jedoch meist polyfunktional. Die Loutrophoren, in denen das Wasser zum Baden gebracht wurde, waren mit dem Hochzeitsritual verbunden, wurden aber auch als Grabbeigabe für unverheiratete Frauen und Männer verwendet. Ebenso können Lekythen, Gefäße für Salböl, sowohl männlichen als auch weiblichen Kontexten zugeordnet werden (Heinemann 2016, 33).

Eingeteilt werden die attischen Vasen heute nach der von John D. Beazley (1885–1970) entwickelten Methode, der seinerseits die Ansätze des italienischen Arztes und Kunstkritikers Giovanni Morelli (1816–1891) adaptierte. Sie besteht im Wesentlichen darin, durch Fokussierung kleinster zeichnerischer Details, wie zum Beispiel die Gestaltung eines Fußknöchels oder einer Ohrmuschel, die als verräterische Indizien aufgefasst werden, charakteristische Züge für einzelne Maler herauszuarbeiten. Das Ergebnis ist die vollständige Klassifikation der attischen Vasenmalerei nach Werkstätten, Töpfern und Malerhänden, woraus sich Anhaltspunkte zu einer Datierung ableiten lassen.

Die Vasenbilder dienen in althistorischen Untersuchungen häufig als Illustration für aus den schriftlichen Quellen erschlossene Fakten, nicht als eigene Quellengattung, die einer eigenen Hermeneutik bedarf. Meist werden die Vasenbilder zudem losgelöst von ihrem Bildträger, der Vase, in Büchern abgebildet und auch so beschrieben. Doch handelt es sich eben gerade nicht um eigenständige Bilder, sondern um Bilder auf Vasen, die für ihre damaligen Benutzer Objekte waren, die der Erfüllung bestimmter Aufgaben dienten. Form und Funktion der Vasen müssen bei der Bildanalyse einbezogen werden.

Neuere Forschungsansätze

Das Spannungsfeld von Konventionalität, Massenwarecharakter und künstlerischem Ausdruck bildet die große Herausforderung, eine uns zum Teil völlig fremde Bilderwelt korrekt zu deuten. Noch 1973 ging John Boardman davon aus, dass das Feld der Vasenforschung in einen reichhaltigen und aussagekräftigen literarischen Hintergrund eingebettet sei, aus dem es die Ansätze für die Interpretation der Vasen schöpfen könne (1973, 67). Seit den 1980er Jahren wird der Nutzen literarischer Zeugnisse für das Verständnis der antiken Bilderwelt wesentlich skeptischer beurteilt und die Eigenständigkeit der Bildersprache ausdrücklich betont. Eine Gruppe von französischen Forschern und Forscherinnen um Claude Bérard und Jean-Pierre Vernant machte in ihrem Buch über die Bilderwelt der Griechen 1985 darauf aufmerksam, welch zentrale Rolle die Bilder in der griechischen Kultur spielten und wie spezifisch die visuelle Sprache der Athener war, die über ihre eigenen Normen, Bedingungen und Ausdrucksmittel verfügte. Vernant zufolge stellt deren Verständnis folgende grundlegende Aufgabe:

„Kein Bildsystem ist bloß eine Illustration des gesprochenen oder geschriebenen Wortes, noch eine rein photographische Wiedergabe der Wirklichkeit. Das Bild ist eine Konstruktion, nicht ein Abklatsch; es ist ein kultureller Akt, die Schöpfung einer Sprache, welche – wie jede andere Sprache – ein willkürliches Element notwendigerweise in sich einschließt." (1985, 8)

Mittlerweile haben sich die Ansätze zum Verständnis antiker Bilder im Zuge des „iconic turn" oder „pictorial turn" vervielfacht. Statt alle kulturellen Phänomene als Text zu behandeln, in der Annahme, Denken erfolge nur in ausformulierten Satzgefügen, riefen der amerikanische Literaturwissenschaftler und Kulturtheoretiker William J.T. Mitchell 1992 den „pictorial turn" und der Kunsthistoriker Gottfried Boehm 1994 den „iconic turn" aus. Es geht um das Denken mit Hilfe von Bildern, das Erkennen *durch* Bilder, darum, die Welt *in* Bildern zu verstehen. Bilder sind in einer solchen Sicht vor allen Dingen ein besonderes Erkenntnismedium, Bildlichkeit wird demzufolge zu einer eigenen Analysekategorie (Bachmann-Medick 2006, 329–380). In der Neueren Geschichte hat sich bereits ein eigener Forschungszweig herausgebildet: die „Visual History". Sie befasst sich sowohl mit der Visualität von Geschichte wie mit der Historizität des Visuellen. Nach diesem Verständnis sind Bilder weitaus mehr als Beiläufiges fürs Auge. Sie werden zu Medien und handelnden Subjekten mit einer eigenständigen Ästhetik, die Sehweisen und Wahrnehmungsmuster bestimmen, Deutungen vermitteln, das ästhetische Verhältnis historischer Subjekte zu ihrer sozialen und kulturellen Wirklichkeit organisieren und schließlich ihre eigenen Realitäten schaffen (Paul 2014; Brocks 2012).

Trotz des Vorstoßes von Bérard und Vernant werden Bilder in der Alten Geschichte nach wie vor zu oft als Illustration einer Textstelle verwendet oder eine bestimmte Textstelle als Schlüssel zum Verständnis des jeweiligen Bildes aufgefasst. Dass Bilder eine andere Sprache als Texte verwenden, wird dabei übersehen. Während die semantische Vielschichtigkeit der Texte mittlerweile anerkannt und methodisch untersucht wird, herrscht Bildern gegenüber weitgehend Naivität. Das mag nicht zuletzt auch daran liegen, dass die etablierte Arbeitsteilung zwischen der Alten Geschichte, die sich mit Texten befasst, und der Klassischen Archäologie, die sich um die Bildinterpretation kümmert, der methodologischen Reflexion im Wege steht.

In der Klassischen Archäologie sind die neuen Ansätze bereits seit längerer Zeit aufgenommen worden, doch ist man von der Herausbildung einer Standardmethode weit entfernt. An dieser Stelle kann keineswegs ein Überblick über die laufenden Diskussionen um die methodischen Ansätze zur Bildinterpretation in der Archäologie gegeben werden. Stellvertretend sei auf das „Oxford Handbook of Greek and Roman Art and Architecture" (2015) hingewiesen. Nach Meinung des Herausgebers muss jeder Versuch eines Überblicks lückenhaft bleiben, doch spiegeln sich in der Vielfalt der Ansätze erfreulicherweise die verschiedenen nationalen Forschungstraditionen (Marconi 2015, 2f.). Anregend sind die Beiträge des ersten Teils, in dem anhand der schriftlichen Quellen ein Einblick in das Nachdenken über Kunst und Architektur in der Antike gegeben wird. Der fünfte und letzte Teil behandelt in acht Kapiteln ausgewählte Forschungsrichtungen wie „Connoisseurship" (Kennerschaft auf dem Gebiet der antiken Kunstwerke und Texte, die die Voraussetzung für die Bestimmung der Autorschaft bildet, auch „Meisterforschung" genannt); Formanalyse (Stilforschung); Ikonographie und

Ikonologie, Sozialgeschichte, Geschlechterforschung, Anthropologie, Rezeptionsgeschichte, Semiotik und Handlungstheorie. Der Einblick in den Stand der Forschung und der Ausblick auf weitere Perspektiven eignen sich bestens als Einstieg und Anregung zu weiteren Studien.

Einen Beitrag zur Selbstreflexion leistet Katharina Lorenz, die ein interessantes Experiment durchführt, indem sie drei Objekte aus verschiedenen Gattungen und drei verschiedenen antiken Epochen anhand dreier unterschiedlicher Ansätze analysiert. Es handelt sich um drei mythologische Darstellungen: eine rotfigurige Hydria aus Athen, die ca. 420 v.Chr. hergestellt wurde, der Pergamonfries aus der ersten Hälfte des 2. Jh. v.Chr. und ein römischer Sarkophag von ca. 190 n.Chr. Lorenz analysiert alle drei Objekte jeweils nach den Methoden der Ikonologie, der Semiotik und dem, was sie „Image Studies" nennt – eine Verbindung der anglo-amerikanischen „Visual Culture Studies" und der deutschen „Bildwissenschaft". Sie wirft dadurch unterschiedliche Blicke auf die antike Bilderwelt und erhält demgemäß unterschiedliche Antworten. Auf diese Weise kann sie zeigen, wie *wir* die antike Bilderwelt betrachten und unsere Erkenntnisse darüber durch die verwendete Betrachtungsweise bestimmt werden (2016).

Bilder als Quellen der kognitiven Welt

Die antike Bildsprache gibt keinesfalls eine Wirklichkeit wertneutral oder objektiv wieder: Indem sie sie darstellt, entwirft und verformt sie, wie jede Sprache, die Wirklichkeit nach spezifischen Regeln. Diese Regeln sind kulturell bedingt und müssen unter den semantischen Vorgaben und in Kenntnis der jeweiligen fremden Kultur und ihrer spezifischen konventionellen Bildsprache untersucht werden (Hölscher 2009, 149). Um die Regeln der Bilddarstellung zu erfassen, hilft es wenig, sich an den schriftlichen Quellen zu orientieren, ja Texte können bei der Bilderinterpretation geradezu in die Irre führen. Oft genug stimmen die Aussagen der schriftlichen Quelle bei genauerer Betrachtung gerade nicht mit dem überein, was auf den Vasenbildern dargestellt ist. Viele Tätigkeiten und Bereiche, die das Leben im demokratischen Athen prägten – wie zum Beispiel die landwirtschaftliche Produktion, die Gerichtsverfahren oder die Volksversammlungen –, sind selten oder nie auf den Vasen zu sehen. Wir sollten erst gar nicht erwarten, dass die eine oder andere Quellengattung die ganze Wahrheit in sich bergen könnte, sondern stattdessen vorsichtig schriftliche und ikonographische Zeugnisse gegeneinander abwägen, ohne sie notwendigerweise zur Deckung bringen zu wollen (Lewis 2002, 7f.).

Wie es im Falle sprachlicher Kommunikation Sender und Empfänger gibt, so gibt es auch bei Bildern Urheber oder Produzenten und Betrachter. In beiden Fällen verständigen sich die beteiligten Akteure über einen Sachverhalt mithilfe sprachlicher bzw. visueller Mittel. Sowohl der sprachliche als auch der visuelle Ausdruck übermitteln sinnvolle Informationen über das soziale und kulturelle

Miteinander sowie die Wahrnehmungen und Diskurse einer Gruppe. Wenn Sender und Empfänger, Urheber und Betrachter einer gemeinsamen Welt angehören, dann kann davon ausgegangen werden, dass der Sinn der ausgetauschten Informationen erkannt wird. Doch wie lässt sich gewährleisten, dass auch wir, die wir ja Angehörige einer gänzlich anderen Welt sind, Sinn und Bedeutung einer in ferner Vergangenheit gesendeten und empfangenen Information erfassen können? Historikerinnen und Ethnologen wollen wissen, was sich die Produzenten eines Bildes oder eines Textes gedacht und wie die anvisierten Empfänger oder Betrachterinnen die intendierten Informationen verstanden und darauf reagiert haben. Diese Fragestellung nimmt eine vorwiegend emische Perspektive auf die antiken Kulturen ein.

Bilder und Sprache lassen sich als zwei mögliche Ausdruckssysteme für Diskurse verstehen. Den sozialen Praktiken – Institutionen, Verhaltensmustern, der Vermittlung und Verbreitung von Denkformen und Handlungskategorien – liegen Diskurse zugrunde, und Diskurse bilden sich ihrerseits in solchen gesellschaftlichen Praktiken. Was Menschen in der Antike über sich selbst, ihre soziale Umwelt, ihre Vergangenheit, Gegenwart und Zukunft dachten, wie sie fühlten und ihre Emotionen äußerten, ist anhand schriftlicher Quellen recht gut erforscht, auch wenn noch alle möglichen Fragen der Beantwortung harren. Die Bildquellen können hierzu weitere Aspekte beitragen.

Gerade weil es eine Fülle unterschiedlicher Ansätze für die Bildinterpretation gibt, aus der sich bisher kein verbindlicher Standard herausgebildet hat, ist es unmöglich, eine einheitliche Methode bei der Interpretation von Vasenbildern zu verwenden. Im Folgenden werde ich, ohne Anspruch auf Vollständigkeit, verschiedene Ansätze verfolgen, die dabei helfen könnten, Vasenbilder als Quellen mit eigener Aussage zu nutzen. Auch wenn in diesem Kapitel dem visuellen Ausdruck gegenüber den Texten der Vorzug gegeben wird, fließen auch Informationen aus anderen Quellen mit ein.

Stellen wir uns also die antiken Betrachter dieser Vase und ihres Bildschmuckes vor und fragen nach den Diskursen über Werte und Normen, die diese Bilder bestimmt haben.

Beispiel: Eine Hydria im Blick antiker Betrachter

Als Beispiel für die historische Interpretation einer archäologischen Quelle wurde eine Hydria, die typischerweise beim Wasserholen Verwendung fand, mit der Darstellung einer sogenannten Brunnenhausszene ausgewählt. Sie gehört zu einer Gruppe von Hydrien, die alle mit demselben Bildthema in verschiedenen Varianten von verschiedenen Malern und Werkstätten bemalt wurden und im Wesentlichen in den letzten drei Jahrzehnten des 6. Jh. v.Chr. entstanden (Himmelmann 2004).

Abbildung 6: Hydria aus Vulci (Etrurien) in der Art des Antimenes-Malers, ca. 520 v.Chr. (London British Museum 1836,0224.169, B 330; Beazley Archive Oxford Nr. 320163)

Inhalt

Zunächst muss der Inhalt des antiken Bildes geklärt werden, was durch eine Beschreibung erfolgen soll. Eine genaue Beschreibung des zu untersuchenden Bildes öffnet die Augen für Details und zwingt, das Gesehene in Worte zu fassen. Dabei entstehen Fragen, die man auch zunächst ganz offen formulieren sollte, sonst könnte das Verständnis des Bildes durch das gelenkt werden, was man bereits kennt. Diese Vorkenntnisse sind entweder durch ein heutiges Alltagswissen oder durch das historische und antiquarische Wissen geprägt. Beides kann in die Irre führen.

Unter der Voraussetzung, dass Vasenbilder nicht losgelöst von dem Gefäß, auf welches sie gemalt wurden, betrachtet werden dürfen, ist zunächst die Gefäßform zu klären. Allzu häufig ist aber nicht mehr die ganze Vase erhalten, sondern nur ein Fragment mit der bildlichen Szene. Bei der Beschreibung einer antiken Vase verwenden Archäologen dieselben Begriffe wie bei einem menschlichen Körper: Fuß, Bauch, Schulter, Hals, Lippe. Die hier verwendete Gefäßform ist eine Schulterhydria, die häufig mit einem unteren Fries (Predella), einem hohen Bild auf dem Bauch und einem niedrigen auf der Schulter bemalt ist.

Auf dem Bauch der Hydria sieht man links ein Brunnenhaus in Vorderansicht, erkennbar an einem von einer dorischen Säule getragenen Giebel, der mit zwei einander zugewendeten Schlangen geschmückt ist. Die Ecke des Giebels ist mit einer liegenden Palmette geschmückt. Innen befinden sich zwei Wasserspeier: links im Profil ein Löwenkopf, davor rechts frontal ein Pantherkopf. Der Löwenkopf speit Wasser in eine Hydria, der Pantherkopf in eine Kalpis (eine späte Variante der Hydria, nur bauchiger). Vor dem Brunnenhaus stehen zwei Frauen mit Blüten in der Hand und dem Polster zum Tragen der Hydrien auf dem Kopf. Die Beischriften bezeichnen sie als *Kalipê kalê*, die schöne Kalipe, und *Mesila kalê*, die schöne Mesila. Hinter ihnen nach rechts gewandt tragen zweimal zwei Frauen ihre mit Wasser gefüllten Hydrien bzw. Kalpiden auf dem Kopf. Zwei von ihnen halten Blüten und Zweige in den Händen. Zwischen beiden Paaren steht die Beischrift *Rhodon* und *E(r)esila kalê*, wieder zwei Frauennamen. Ganz rechts begegnet ihnen eine Frau, die mit einer leeren, da gelegt getragen, Hydria auf dem Kopf zum Brunnen geht. Alle Frauen sind mit reichen, gemusterten Unterkleidern und kurzen Mänteln bekleidet, mit Armreifen geschmückt und kunstvoll frisiert. Sie tragen Zweige bzw. Blüten in den Händen.

In der Predella unterhalb des Hauptbildes erkennt man den griechischen Heros Herakles, wie er mit dem Nemeïschen Löwen kämpft, ein Bildthema, das jeder Grieche aus den mythischen Erzählungen kannte. Seine Attribute, der Köcher mit den Pfeilen, hängt über ihm, während seine Keule von Iolaos, seinem Neffen und Wagenlenker in der Hand gehalten wird, der links im Bild sitzt und durch den Bildzusammenhang zu identifizieren ist. Hinter ihm sitzt eine Frau, gekleidet in ein langes, gemustertes Unterkleid und Schultermäntelchen, sie hat den linken Arm erhoben und hält eine Blüte in der Hand. Dem Bildzusammenhang zufolge dürfte es sich um die Göttin Athene handeln. Rechts sitzt der Götterbote Hermes, der durch seine Flügelschuhe, den Hut und den Hermesstab erkennbar ist. Diese Szene wird von dorischen Säulen eingerahmt, was normalerweise auf einen Innenraum hinweist und daher für eine Löwenkampfszene ungewöhnlich ist.

Auf der Schulter ist eine Kriegerabschiedsszene zu sehen. In der Mitte besteigt ein bärtiger Mann einen von vier Pferden gezogenen Wagen. Er trägt einen Brustpanzer und kurzes Unterkleid, auf dem Rücken einen boiotischen Schild, in der Rechten hält er einen Stab zum Antreiben der Pferde und in beiden Händen die Zügel. Es handelt sich um einen Wagenlenker. Hinter ihm links steht ein Krieger mit Brustpanzer, Beinschienen, Helm, Speer und boiotischem Schild, der sich einem alten Mann auf einem Klappstuhl zuwendet. Vor dem Wagen rechts sitzt ebenfalls ein alter Mann auf einem Klappstuhl, in seinem Rücken bewegt sich ein weiterer vollständig bewaffneter Krieger nach rechts aus dem Bild, wendet aber den Kopf zurück.

Kontexte

Medialer Kontext
Bei der ausgewählten Quelle handelt es sich um ein Vasenbild, also eine bildliche Darstellung auf einem Gebrauchsgefäß. Hydrien dienten dem Holen und Aufbewahren von Wasser und wurden mit vielfältigen Themen bemalt, wobei die Brunnenhausszenen nur einen kleinen Teil an Gestaltungsmöglichkeiten darstellen (Schmidt 2005, 232–234). Innerhalb der Möglichkeiten weicht unsere Vase weder in der Gestaltung der Bildfelder noch ihrer Themen vom bekannten Schema ab.

Besonders hervorzuheben ist bei den Brunnenhausszenen, dass der Bildinhalt auf die Funktion des Bildträgers verweist. Die Darstellungen von Brunnenhäusern mit Frauen, die dort Wasser holen, spiegelt die Funktion der Vase, wie auch die Gefäßform auf dem Bild selbst abgebildet ist. Die in diesen Szenen dargestellte Architektur, die auf den ersten Blick so real wirkt, ist in den 1930er Jahren als Hinweis auf die genaue Konstruktion und das Erscheinungsbild von Brunnenhäusern genutzt worden (Dunkley 1935/36). Später verwendete Renate Tölle-Kastenbein die Vasenbilder zur Datierung des realen Brunnenhauses auf der Athener Agora (1986; 1994, 102). Der Bezug zwischen Vasenbildern und dem Brunnenhaus auf der Agora ist jedoch nicht so einfach herzustellen.

Das auf der Agora ausgegrabene, sogenannte Südostbrunnenhaus, wird von Pausanias (1,14,1) als das von Peisistratos ausgeschmückte Brunnenhaus bezeichnet, das die Athener Enneakrounos nennen würden, was so viel heißt wie „neunfältiger Brunnen" (Levi 1961/62, 149–171). Nach gängiger Meinung wurde es zwischen 530 und 520 v.Chr. errichtet (Camp 1994, 10). Es weist drei Räume auf, die sich als ungewöhnliche Kombination aus Schöpf- und Zapfbrunnen unter einem Dach rekonstruieren lassen (Tölle-Kastenbein 1994, 73). Thukydides (2,15,5) lokalisiert die Enneakrounos hingegen südlich der Akropolis und behauptet, die Peisistratiden hätten die Quelle Kallirhoë im Ilissostal durch neun Wasserspeier ausgeschmückt (Tölle-Kastenbein 1986; 1994, 88). Jessica Paga folgt der Lokalisierung des Thukydides und gibt die mögliche, viel diskutierte, Identifikation der Enneakrounos des Thukydides mit dem von Pausanias beschriebenen Brunnenhaus auf. Dadurch kann sie das Südostbrunnenhaus wesentlich später datieren, was ihrer Ansicht nach durch die archäologischen Funde gestützt wird. Sie schlägt eine Datierung in die Anfänge der athenischen Demokratie gegen 480 bis 450 v.Chr. vor, was jedoch gravierende Folgen für den gesamten historischen Kontext hat. Die Brunnenhausszenen könnten ihrer Meinung nach nur von der durch die Peisistratiden ausgeschmückten Enneakrounos des Thukydides angeregt worden sein (2015, 382f.).

Dies gelingt jedoch nur, wenn auch die Hydrien mit Brunnenhausszenen erst um 520 bis 480 v.Chr. datiert werden (Paga 2015, 382). Folgt man der Datierung des Beginns der Brunnenhausszenen in die 530er Jahre (Schmidt 2005, 234), dann wurde die Enneakrounos erst nach den ersten bildlichen Darstellungen errichtet. Die ersten Abbildungen von Frauen, die Hydrien tragen, finden sich sogar bereits um 540 v.Chr., ohne dass überhaupt auf ein Brunnenhaus verwiesen wird (Pfisterer-Haas 2002, 10).

Mithin ist der Zusammenhang zwischen Athener Frauen, die Wasser tragen, und dem Brunnenhaus längst nicht so unmittelbar wie einst vermutet. Die auf Vasen abgebildeten Brunnen scheinen als Gebäudetypen keine Entsprechung in der zeitgenössischen Realität zu haben. Auch die Art, in der das Wasserholen dargestellt wird, hat wenig mit der Praxis zu tun, soweit es sich in den Ruinen nachweisen lässt (Himmelmann 2004, 351). Dies ist ein gutes Beispiel dafür, dass Vasenbilder als Medium ihre eigene Ikonographie entwickeln. Der Bezug auf die soziale Wirklichkeit lässt sich aus der entwickelten Ikonographie nicht direkt entnehmen.

Produktionskontext

Die ausgewählte Hydria wurde in Athen hergestellt. Es handelt sich um eine auf der Töpferscheibe in Einzelteilen aus fein geschlämmtem attischen Ton hergestellte und zusammengesetzte Hydria der Form, wie sie zwischen 570/60 und etwa 480 v.Chr. im athenischen Töpferviertel hergestellt wurde. Sie wurde in der zwischen ca. 620 und 450 v.Chr. gebräuchlichen schwarzfigurigen Technik bemalt, das heißt, dass die Figuren vor dem Brennen mit Tonschlicker aufgetragen wurden, ebenso wie das Weiß und Dunkelrot. Die Binnenlinien wurden durch Ritzung in Tongrund bzw. Bemalung vorgenommen. Der Erfolg konnte erst nach einem aufwändigen und schwer kontrollierbaren Dreiphasenbrand beurteilt werden, der die unterschiedlichen Farben entstehen ließ. Fehler im Brand oder der Statik der Gefäße waren jedoch kein Hindernis für den Verkauf, wie viele weithin gehandelte Gefäße zeigen.

Die Hydria ist das Werk eines Töpfers, für den ein Maler aus der Werkstatt des Antimenes-Malers die Dekoration übernahm. Diese Werkstatt war eine von zwei Großwerkstätten schwarzfiguriger Technik des späten 6. Jh., die auf die Herstellung großer Gefäße spezialisiert war und eine Vorliebe für mythische Themen hatte (Burow 1990).

Gefäße mit Brunnenhausszenen wurden in nur wenigen Werkstätten, dafür jedoch in größerer Menge produziert. Susanne Pfisterer-Haas nennt in ihrem Katalog 93 schwarzfigurige und 44 rotfigurige Brunnenhausdarstellungen auf diversen Gefäßtypen, in denen sich Flüssigkeiten aufbewahren ließen (2002, 7–10). Datieren lassen sich diese Darstellungen etwa in die Zeit zwischen den 530er Jahren (Schmidt 2005, 234) und 490 v.Chr. (Trümper 2012, 288). Auch nach Einführung der rotfigurigen Technik um 530 v.Chr. wurden Brunnenhausdarstellungen weiterhin in der alten Technik produziert. Allerdings entstanden um 490 v.Chr. auch Brunnenhausszenen in der neuen rotfigurigen Technik auf der neuen, rundbauchigen Kalpis, in denen nun Sklavinnen beim Wasserholen gezeigt werden. Hier ist also Neues ins Bild gesetzt.

Fundkontext
Wie fast alle schwarzfigurigen großen Gefäße des späten 6. Jh. wurde diese Vase in Etrurien gefunden. Sie stammt aus Vulci, einer antiken etruskischen Stadt, zwischen Florenz und Rom gelegen. Sie kam 1836 in die Sammlung des British Museum in London, das damals Vasen aus dem Besitz des französischen Diplomaten und Sammlers Edmé Antoine Durand aufkaufte. Dieser hatte sich schöne Stücke aus den etruskischen Gräbern gesichert, die auf dem Landbesitz von Lucien Bonaparte, dem jüngeren Bruder Napoleons, lagen. Zu dieser Zeit kauften alle europäischen Museen athenische Vasen aus den Gräberfeldern Etruriens auf und kamen so zu ihren großartigen Sammlungen. Sicher dürfte also sein, dass es sich bei dieser Vase um einen Grabfund handelt und dass diese Vase nicht an ihrem Produktionsort Athen gefunden wurde. Ihr Fundort in Etrurien besagt, dass sie eine weite Strecke transportiert wurde, um dann als Beigabe in einem Grab deponiert zu werden.

Verwendungskontext
Die ausgewählte Hydria wurde mithin bei der Bestattung einer Etruskerin oder eines Etruskers ins Grab gestellt. Was die Etrusker in diesen Vasen sahen, ist ein anderes Thema, doch hat Sheramy Bundrick die vielen in Etrurien gefundenen Brunnenhausszenen jüngst mit einem etruskischen Wasserkult in Verbindung gebracht (2019, 136–160). Schwer klären lässt sich, ob diese Hydria jemals als Gefäß zum Wasserholen verwendet wurde, da dies keine eindeutigen Gebrauchsspuren hinterlassen haben muss. Dass diese Gefäßform in Athen zum Wasserholen und -aufbewahren diente, zeigt nicht nur die Darstellung im zentralen Bildfeld, auch die Anbringung der drei Henkel zum Schöpfen und Gießen entspricht ihrer Funktion. Die abgebildeten Frauen halten Hydrien und Kalpiden in der Hand. Jennifer Neils nimmt dies zum Anlass, die Vasenbilder als selbstreferentiell zu deuten, als ob der Töpfer seine Ware und ihren Nutzen für seine Kundinnen gleich mit anpreisen wollte (2011, 120). Gegen diese Überlegung spricht jedoch,

dass die mit Brunnenhausszenen verzierten Hydrien generell größer sind als die normalerweise zum Wasserholen verwendeten. Die hier beschriebene Hydria hat eine Höhe von 49,53 cm, während tatsächlich verwendete Hydrien ist zwischen 30 und 40 cm hoch sind. Gefüllt mit Wasser können diese Hydrien bis zu 27 kg wiegen (Manakidou 1992/93, 74). Das war sicherlich zu schwer, um sie sich selbst auf den Kopf zu heben. Sie konnten nicht an den Henkeln gehoben werden, diese waren zu zerbrechlich. Die eng am Körper der Vase liegenden Henkel machten die Hydrien ungeeignet zum Wasserholen am Brunnenhaus (Kreuzer 2017, 53). Wie Elisabeth Trinkl bemerkt, hat eine Hydria eine sehr unpraktische Form für das Schöpfen von Wasser und auch bei den Zapfbrunnen dürfte einiges daneben geflossen sein (2009, 159f.).

Neben der tatsächlichen Verwendung als Grabbeigabe kommt ihr Gebrauch beim Symposion in Frage. Wasser war notwendiger Bestandteil des Symposions, da der Wein stets mit Wasser gemischt getrunken wurde. Doch wurden Hydrien selten in dieser Funktion abgebildet, da die Priorität dem Wein und seinen speziellen Gefäßen galt (Heinemann 2016, 36). Sollten auch Brunnenhausszenen ein beim Symposion verwendetes Motiv gewesen sein, so waren die Betrachter Männer, die von den abgebildeten, sich wohlverhaltenden jungen Frauen angesprochen werden sollten.

Für Stefan Schmidt ist nicht die mögliche Verwendung der Gefäße der Anknüpfungspunkt der Vasenmaler, sondern ihr potentieller Inhalt. Die Darstellung eines Brunnenhauses, die Tätigkeit des Wasserschöpfens und die Funktion des Gefäßes werden durch ein Thema verbunden: das Wasser. Wasser hat in einer auf Regen angewiesenen Welt des Ackerbaus eine sehr hohe Bedeutung. Dieses für das tägliche Leben zentrale Thema könnte nach Schmidt in abstrakter Form den Brunnenhausszenen zugrunde liegen. Wollte man Wasser als kulturelles Gut auf Vasenbildern abbilden, so könnte dies in Form von Wasserspeiern und dem Wasserstrahl eines Laufbrunnens geschehen. Zum Brunnen aber gehörten Menschen, die, wie hier geschehen, durch die für männliche Käufer attraktiv dargestellten Frauen repräsentiert würden. Die verschiedenen Varianten der Brunnenhausszenen sollten wohl vor allem die verschiedenen Verwendungsmöglichkeiten und die Wohltaten des Wassers illustrieren (2005, 240–244).

Sozialer Kontext
Der Fundort der Vase in einem Grab in Etrurien gibt zwar keinen unmittelbaren Aufschluss über die soziale Umgebung, auf die sich die Hydria mit ihren bildlichen Darstellungen bezieht – außer, dass sich sicher nur wohlhabende Etrusker solche Grabbeigaben leisten konnten. Aber der Produktionsort Athen ermöglicht die Erschließung des sozialen Kontextes. Hydrien, die dem Wasserholen und -aufbewahren dienen, werden mit der Welt der Frauen in Verbindung gebracht (Alexandridou 2014, 17). Durch die Brunnenhausszenen wird diese Beziehung noch verstärkt: Sie zeigen eine Welt voller tätiger Frauen. Entgegen der Vorstellung vom zurückgezogenen Leben der Frauen, die lange Zeit in der Forschung vertreten wurde, zeigen

diese Szenen Frauen an öffentlichen Plätzen. Eine Zuordnung der Frauen zum vermeintlich privaten Bereich des Hauses und der Verortung der Männer in der Polisöffentlichkeit, wie sie vor allem aus den Aussagen der Philosophen geschlossen wurde, steht inzwischen auf dem Prüfstand. Beate Wagner-Hasel hält die Aufteilung in einen privaten weiblichen und einen öffentlich männlichen Raum für eine Projektion der Verhältnisse des 19. Jahrhunderts auf die Antike. Sie ist der Meinung, dass für das antike Athen von verschiedenen Öffentlichkeiten auszugehen ist, die keineswegs nur Männern vorbehalten waren (1989). Josine Blok schließt aus der Teilhabe der Athenerinnen an städtischen Festen auf eine Art Kultbürgerrecht, dass die Athenerinnen besessen hätten (2004).

Das Wasserholen am Brunnen wird unverkennbar als Tätigkeit dargestellt, die nicht im *oikos* stattfindet. Die Maler unterstrichen dies, indem sie eine bestimme Sorte von Architekturelementen verstärkt verwendeten: Sie malten Details von Säulen, Dächern und Wasserspeiern, die aufgrund ihrer Größe auf öffentliche Gebäude hinweisen. In dieser Umgebung werden die Frauen als aktiv und miteinander in Gespräche vertieft dargestellt. Diese Darstellung steht im Konflikt mit der durch die literarischen Quellen vorgegebenen Auffassung von der „orientalischen Eingeschlossenheit" der Athenerin. Wer dennoch diesem Topos folgt, kann die dargestellten Frauen nicht als Athener Bürgerinnen deuten.

Gemäß den Konventionen der Vasenmaler wurden Statusunterschiede nur selten dargestellt. Insbesondere Sklaven und Sklavinnen wurden nur selten ikonographisch von Freien unterschieden, am ehesten durch bestimmte Tätigkeiten oder unangemessenes Verhalten (Schollmeyer 2012, 59). Auch eine Untersuchung der Namensbeischriften ergibt keinen Aufschluss (Himmelmann 2004, 353f.). Auf Vasenbildern und als Terrakottastatuetten sind tätige Frauen bei der Wollverarbeitung, der Nahrungszubereitung, beim Waschen, bei der Kindererziehung und wohl auch bei der Gartenarbeit zu sehen. Es scheint so, als hätten freie Athenerinnen Seite an Seite mit ihren unfreien Bediensteten gearbeitet. Dem Vasenmaler war wohl die Arbeit selbst und nicht die Darstellung des Status der beteiligten Personen wichtig. Allerdings wurden aus ideologischen Gründen keine Tätigkeiten wie Hausputz oder Bettenmachen, die man heute allgemein als „Hausarbeit" klassifizieren würde, und keine Frauen bei landwirtschaftlichen Tätigkeiten dargestellt. Wie Sian Lewis betont, lassen sich die aus der Literatur bekannten Tätigkeiten der Frauen nicht mit den auf Vasen oder in Ton abgebildeten Tätigkeiten zur Deckung bringen, sondern ergänzen einander (2002, 59–90).

Lassen sich die Frauen in den Brunnenhausszenen nicht zweifelsfrei als Sklavinnen identifizieren, könnte es sich aufgrund der luxuriösen Kleidung um Hetären (Edelprostituierte) handeln. Für Alan Shapiro jedenfalls passen diese Szenen ganz und gar zur Welt der Hetären. Einige der Beischriften auf den Vasen könnten tatsächlich auf dieses Milieu verweisen (2003), doch fehlen den Brunnenhausszenen die für Hetärendarstellungen typischen erotischen Merkmale. Im Vergleich mit epigraphisch überlieferten Frauennamen lässt sich keineswegs feststellen, dass es sich ausschließlich um Hetärennamen handelt (Himmelmann 2004, 353f.). Häufig betonen die Namen mit ihrem blumigen Anklang die Schönheit der Frauen und auf diese Weise den ästhetischen Reiz der Szenerie (Lissarrague 1993, 226).

Der jüngeren Forschung zufolge bewegten sich Athener Bürgerinnen zumindest während religiöser Feste außerhalb des *oikos* und nahmen dort bedeutende Funktionen ein (Stehle 2012). Die Brunnenhausszenen, wie auch besonders das ausgewählte Beispiel, stellen die Frauen kostbar gekleidet, Zweige, Blüten und Kränze in den Händen haltend, dar. Die Anwesenheit von Binden und Girlanden sowie gelegentlich auch den Göttern Dionysos und Hermes deutet auf einen feierlichen Rahmen hin (Pfisterer-Haas 2002, 11f.).

Sucht man jedoch nach Ritualen, die dargestellt worden sein könnten, wie zum Beispiel das der Hydrophoría während des attischen Festes der Anthesterien, wird rasch deutlich, dass sich die Bilder nicht konkret deuten lassen. Die Anthesterien waren ein dreitägiges Fest zu Ehren des Gottes Dionysos, das am Ende des Winters gefeiert wurde. Es wurden die Weinfässer geöffnet, und es wurde rituell viel getrunken. Der dritte Tag war dem Gott Hermes Psychopompos, dem Seelengeleiter, geweiht. Mit dem Ritual der Hydrophoría gedachte man der Toten der Deukalionischen Flut. In eine Spalte am Olympieion, dem großen Tempel für Zeus östlich der Akropolis, wo sich die Wasser der Flut verlaufen haben sollen, wurde Wasser gegossen, das von den Frauen im Brunnenhaus gezapft worden sein könnte (Simon 1983, 92–99). Doch geben die Brunnenhausszenen keine konkreten Hinweise.

Die Ikonographie spricht keinesfalls gegen die Darstellung Athener Bürgerinnen. Auf dem hier besprochenen Vasenbild zeigen sich schickliche Frauen, denen eben nichts Erotisches anhaftet. In Hinblick auf Sinnlichkeit sind sie dezent gekleidet, sie wirken keusch, unterstützt durch eine zurückhaltende Gestik und Mimik. Ihr Liebreiz wird durch kostbare Kleidung und Schmuck hervorgehoben. Diese Darstellung entspricht dem, was wir in der archaischen Zeit in der Plastik sehen: Die jungen Frauen (Koren) sind in wertvolle, gemusterte Gewänder gekleidet, tragen ausgewählten Schmuck und strahlen durch ihre anmutige, aber beherrschte Haltung. Sie gehörten zu Familien der Elite und vermittelten deren Sozialprestige.

Auf diese Weise dargestellt konnten sie sich der Welt der Männer als heiratsfähige Mädchen präsentieren. Das Wasserholen im Brunnenhaus könnte als Metapher für unverheiratete Frauen stehen, die am Brunnen als Chiffre für den Raum der Polis mit all seinen kulturellen und religiösen Bedeutungsnuancen ihre bürgerliche Identität zeigen und als Jungfrauen auf der Schwelle zur Heirat öffentlich sichtbar sind. Ein Vergleich mit mythischen Darstellungen von Frauen am Brunnen bzw. am Wasser zeigt, dass es sich um Frauen im heiratsfähigen Alter handelt. Pfisterer-Haas sieht denn auch den Gang zum Brunnen als Verlassen des häuslichen Bereichs, um Männern zu begegnen, was als Gefahr durchaus einkalkuliert und gebilligt war (2002, 34–36). Jedoch handelt es sich nicht ausschließlich um Jungfrauen, gelegentlich werden im Brunnenhaus auch Frauen mit deutlichen

Alterungsspuren abgebildet, die sich in ihrem Verhalten in keiner Weise von dem der jüngeren Frauen unterscheiden (Kreuzer 2017, 111). Aus diesem Grund können die älteren Frauen auch nicht so einfach als Ammen gedeutet werden, die die jungen Frauen begleitet hätten.

Situativer Kontext
Um die Brunnenhausszenen genauer in die historische Situation einordnen zu können, bedarf es einer präziseren Bestimmung der Tätigkeit der dargestellten Frauen. Leider liegen aus der Zeit, als die Brunnenhausszenen entstanden (530er Jahre bis 490 v.Chr.), keine geeigneten schriftlichen Quellen vor. Die im Allgemeinen für dieses Thema verwendeten Quellen stammen aus dem letzten Drittel des 5. Jh. und dem 4. Jh. v.Chr., sind also deutlich später verfasst als unsere Vasenbilder. Der soziopolitische Kontext der literarischen Zeugnisse hatte sich gegenüber dem 6. Jh. deutlich verändert: In Athen herrschte eine ausgeprägte Demokratie, in der den Athener Bürgerinnen eine bedeutende Stellung als Mütter von Athener Bürgern zukam. Durch das Bürgerrechtsgesetz des Perikles aus der Mitte des 5. Jh. v.Chr. war das Bürgerrecht an die Abstammung von einem Elternpaar geknüpft, bei dem beide das Athener Bürgerrecht haben mussten. Das war im 6. Jh. anders, weshalb die Zustände des 5./4. Jh. nicht ohne Weiteres zurückprojiziert werden dürfen.

Unsere Gewährsmänner der demokratischen Zeit sind der Athener Xenophon, der in der ersten Hälfte des 4. Jh. v.Chr. ein Idealbild mit normativem Anspruch entwickelte (vgl. Kapitel 5), und die Komödien des Aristophanes zwischen 427 und 386 v.Chr., die nicht leicht zu interpretieren sind (vgl. Kapitel 3). Sie geben keine faktischen sozialen Zustände Athens wieder, sondern führen einen Diskurs über alltägliche Umgangsformen und Verhaltensweisen. Über das Wasserholen am Brunnen äußert sich Xenophon nicht. Aus seiner Angabe, dass die junge Braut noch nicht viel gesehen und nur die Wollverarbeitung und das Kochen gelernt habe, sonst aber unter ständiger Aufsicht lebe, wird gemeinhin geschlossen, dass Athener Bürgerinnen nicht zum Brunnen gingen (oik. 7,5f.). Ein anderes Szenario entwirft Aristophanes in seiner Komödie Lysistrate: Athenerinnen, die wegen der Forderung nach Beendigung des Peloponnesischen Krieges in einen Sexstreik getreten sind, werden von Männern, die die Frauen ausräuchern wollen, auf der Akropolis belagert. Ein Halbchor aus zwölf älteren Frauen nähert sich der Szene und will den eingeschlossenen Frauen helfen. Sie singen davon, dass sie ihre Hydrien am Brunnenhaus gefüllt hätten, wobei sie von der Menschenmenge, dem Lärmen und dem Klappern von Tontöpfen im Gedränge mit Sklavinnen und gebrandmarkten Sklaven belästigt worden seien (Lys. 327–334). Hier werden also Bürgerinnen beim Wasserholen am öffentlichen Brunnen beschrieben. Es könnte sich aber um eine Ausnahmesituation handeln, da die wasserholenden Frauen ihren streikenden Geschlechtsgenossinnen auf der Akropolis zu Hilfe eilen wollten. Die Situation am Brunnen wird vielleicht deshalb entsprechend abschreckend geschildert.

Die Kenntnisse über die weibliche Tätigkeit des Wasserholens in archaischer Zeit sind noch spärlicher. In der Odyssee aus der Zeit um 700 v.Chr. geht die Königstochter Nausikaa, gelockt von der Göttin Athene, gemeinsam mit ihren Mädchen zum Waschen an den Fluss, um dort auf Odysseus zu treffen (6,25–148). Für Herodot war es um 425 v.Chr. denkbar, dass die Töchter der Athener ihr Wasser früher selbst holen mussten, da sie über keine Sklavinnen verfügten. Als Erklärung für die Vertreibung der Pelasger, der sagenhaften vorgriechischen Bevölkerung, aus Attika führt Herodot an, dass sie den Töchtern der Athener, als diese zur Enneakrounos gingen, aus Übermut und Geringschätzung Gewalt angetan hätten. Als Grund für den Gang zum Brunnen gibt Herodot an, dass die Familientöchter damals noch über kein Hauspersonal verfügt hätten (6,137). Die Enneakrounos, der neunfältige Brunnen, wurde von Herodot wohl in die Frühzeit rückprojiziert.

Dass das Wasser auf dem Kopf getragen wurde, lässt sich unter anderem aus Aristophanes' Komödie „Die Frauenvolksversammlung" erschließen: Die Wortführerin der Athenerinnen begründet die Übernahme der Volksversammlung durch die Frauen damit, dass Frauen keine ständigen Neuerungen einführten, und zählt auf, was Frauen schon immer so machen würden: Sie trügen schon immer Dinge auf dem Kopf (Eccl. 222), wobei Wasser allerdings nicht extra erwähnt wird. Herodot beschreibt seinerseits, dass in Ägypten, wo die Sitten denen Griechenlands völlig entgegengesetzt seien, die Männer Lasten auf dem Kopf, Frauen aber auf den Schultern trügen (2,35,3). In Griechenland dürfte demzufolge das normale Bild die Frau mit der Last auf dem Kopf gewesen sein.

Kognitiver Kontext
Die Palette der dargestellten Bildinhalte und Symbole ist in jeder Kultur das Produkt einer Auslese. Die kulturspezifischen Werte bestimmen die Erkennungssysteme der Wirklichkeit (Vernant 1985, 8). Daher spiegeln sich in der Bildsprache die kulturspezifische Wahrnehmung und Bewertung sowohl der sozialen Praktiken als auch des kulturellen Gedächtnisses.

In der griechischen Kultur ist beiden Ausdrucksformen – der gesprochenen Sprache und dem bildlichen Ausdruck – die Verbindung von Mythischem und empirisch Nachprüfbarem gemeinsam, von überlieferten Geschichten und geläufigen sozialen Praktiken. In den Erzählungen über die Vergangenheit verschmelzen Geschichten über heroische Gründer aus weit entfernt zurückliegenden Zeiten mit mündlich, später schriftlich überlieferten Berichten über historische Ereignisse zu intentionalen Geschichten, die von den Erzählern als deren Vergangenheit akzeptiert und geglaubt werden. Dasselbe Phänomen der Verschmelzung von mythischen Szenen mit angeblich faktischer Lebenswelt findet sich in den Vasenbildern (Lewis 2002, 1–3). Häufig ist nicht zu entscheiden, ob ein göttliches Wesen oder ein Mensch dargestellt ist, falls keine Beischriften hinzugefügt sind.

Doch nicht nur die Diskurse über Vergangenes drücken sich in den Vasenbildern aus, sie spiegeln ebenfalls die Werte, Normen und sozialen Praktiken der zeitgenössischen Welt und geben sie mit den Mitteln der Bildsprache kund. Für das Athen des 6. Jh. sind dies vorwiegend das agonale Ethos und der aristokratische Ehrenkodex. Die schicklich gekleideten Frauen, keusch und zurückhaltend in Gestik und Mimik, wirken ganz besonders durch ihre anmutige, aber beherrschte Haltung. Als Repräsentantinnen aristokratischer Familien zeugen sie von deren Werten und Normen.

Insbesondere wenn man den gesamten Kontext der Brunnenhausszenen auf der Hydria betrachtet, ergeben sich aus den beiden anderen Bildfeldern (Predella und Schulter) Hinweise auf die mythisch-heroische und männliche Welt. So lassen sich alle drei Bildthemen diskursiv aufeinander beziehen und sind Ausdruck einer ideologisch begründeten, sich homerisch stilisierenden Vorstellungswelt. Sowohl die prachtvolle Kleidung wie die gemessene und würdevolle Haltung der Frauen, als auch die mythologische Szene mit Herakles, der den Nemeïschen Löwen besiegt, und der Abschied der Krieger spielen auf aristokratische Tugenden an. Diese Darstellungen bieten Handlungsmodelle und sind Teil der Selbstdarstellung der zeitgenössischen Aristokratie und ihrer Nachahmer (Himmelmann 2004, 355).

Bedeutung

Welche Aussagen lassen sich nun aus dem Vasenbild erschließen? Welche Diskurse über Werte und Normen bestimmten dieses Bild?

Auch wenn man nicht mehr von der „Orientalischen Eingeschlossenheit" der Athenerinnen ausgehen kann, vermitteln die literarischen Quellen doch die räumliche Trennung der Geschlechter als Norm im klassischen Athen. Es handelt sich dabei allerdings um sozial konstruierte Räume, die sich nur teilweise in wirklichen Räumen abbilden lassen. Adrian Stähli hat die Konstruktion geschlechtsspezifischer sozialer Räume im Medium des Bildes untersucht. Bilder konstruieren durch ikonographische Konventionen soziale Räume, die als Schauplätze der Aufführung sozialer Rollen beider Geschlechter zu verstehen seien. Türen und Möbel würden nicht besagen, dass sich Frauen vorwiegend in Innenräumen aufhielten, aber sie drückten aus, dass diese Umgebung den gesellschaftlichen Ansprüchen an ihre Rolle entspräche und bestens geeignet sei, ihre weiblichen Qualitäten zu betonen. Umgekehrt hätten soziale Räume, in denen Männer diskutieren, Sport treiben oder sich um Knaben bemühen konnten, als besonders angemessen gegolten, um deren maskuline Rolle zu erfüllen (2005).

Die antiken Bilder gaben keineswegs die soziale Wirklichkeit objektiv wieder; sie konstruierten sie vielmehr nach Regeln, die das Zusammenleben meist unausgesprochen bestimmten. Demzufolge stellen die Brunnenhausszenen weder einen Kommentar zur Lebenswelt dar, noch reflektieren sie diese oder geben gar eine explizite Stellungnahme zu den Geschlechterverhältnissen ab. Bilder waren eingebettet in Diskurse und soziale Praktiken und an bestimmte Betrachter adressiert, deren Imagination sie bedienten (Stähli 2009, 50).

Zunächst ist festzuhalten, dass die Elemente, die ein Brunnenhaus andeuten, die Szene zu einem speziellen sozialen Raum machen: Er ist von Frauen bevölkert und zugleich Ort sozialer Begegnung. Das Brunnenhaus ist insofern ein öffentlicher Ort, als er allen Bewohnern der Stadt zur Verfügung steht. Die zeremonielle und würdige Atmosphäre der Brunnenhausdarstellungen lässt an das öffentliche Auftreten von Frauen bei Festen denken, ohne sich jedoch auf konkrete Ereignisse zu beziehen. Ebenso wenig dürfte es sich um die Darstellung einer Praxis des täglichen Lebens handeln wie das wirkliche Wasserholen am Brunnen, dafür sind die Frauen zu statuarisch und festlich gekleidet dargestellt. Die sozialen Begegnungen lassen Stähli in den Brunnenhausszenen einen symbolischen Topos für die fragwürdigen Begegnungen zwischen den Geschlechtern und dem potentiell transgressiven Verhalten vermuten, das sich aus der Problematik der öffentlichen Sichtbarkeit und Zugänglichkeit von Frauen ergab (2009, 47–50).

Die besprochene Hydria wurde vermutlich von einem Mann bemalt und kann der männlichen Gedankenwelt zugeordnet werden. Gehen wir davon aus, dass die Hydria nicht für ein etruskisches Grab produziert wurde, sondern für die Verwendung im Rahmen eines Symposions, dann waren auch die antiken Betrachter Männer. Was könnten Athener Männer in diesen Brunnenhausszenen gesehen haben?

Bezieht man alle drei Bilder auf dieser Hydria in die Betrachtung ein, dann weisen die Predella und das Schulterbild auf den heroischen Kampf hin, der Teil der Selbstdarstellung der zeitgenössischen Aristokratie war. Also könnten Männer in diesen, meist jung und attraktiv, als heiratsfähig dargestellten Frauen Objekte der Begierde, sprich: Trophäen quasi-heroischer Bemühung gesehen haben. Die Brunnenhausszenen würden dann eine Kombination wünschenswerter weiblicher Qualitäten wie Schönheit und soziales Ansehen präsentieren, die weniger erotisches Verlangen als konventionelle Heiratsfähigkeit symbolisiert.

Als Quelle für eine historische Interpretation liefert dieses Vasenbild Hinweise für die Auffassung männlicher und weiblicher Rollen. Die Bereitschaft zum heroischen Kampf und zur herkulischen Anstrengung betrifft die an die Männerrolle gestellte Erwartung. Auch soll der Mann über einen wohlgeordneten *oikos* verfügen, in dem wohlerzogene Ehefrauen und Töchter leben, die sich auch am sozialen Ort eines Brunnenhauses wohlverhalten und den *oikos* würdig repräsentieren. Der sich in der Bildsprache ausdrückende Diskurs über männliches Rollenverhalten und Rollenerwartungen an Frauen lässt sich in diesem Fall durchaus mit dem der literarischen Zeugnisse vergleichen.

Leitfragen für die Interpretation

Antike Bilder sind immer auf bestimmten Bildträgern erhalten. Daher muss nach dem medialen und situativen Kontext des Bildes gefragt werden.
- ▶ Auf welcher Art von Objekt befindet sich das Bild? In welchen Kommunikationszusammenhang ist der Bildträger einzuordnen?
- ▶ Wie verstanden die antiken Betrachter, womöglich auch Betrachterinnen, das Bild? Diese emische Fragestellung setzt die Klärung besonders der sozialen und kognitiven Kontexte voraus.
- ▶ Welche Diskurse über Werte, Normen und soziale Praktiken drücken sich in dem Bild aus?
- ▶ Welche Bedeutung ergibt sich aus dem Kommunikationszusammenhang des Bildes? Welche Bedeutung ergibt sich aus der erarbeiteten Fragestellung?

 Leseempfehlungen

Bérard, Claude/Vernant, Jean-Pierre u.a. (Hg.) (1985): Die Bilderwelt der Griechen. Schlüssel zu einer »fremden« Kultur, Mainz.
Lorenz, Katharina (2016): Ancient Mythological Images and Their Interpretation. An Introduction to Iconology, Semiotics, and Image Studies in Classical Art History, Cambridge.
Marconi, Clemente (Hg.) (2015): The Oxford Handbook of Greek and Roman Art and Architecture, Oxford.
Schollmeyer, Patrick (2012): Einführung in die antike Ikonographie, Darmstadt.

Schlussbemerkung

Die Quelleninterpretation gehört zum Handwerkszeug der Geschichtswissenschaft. Jeder, der einmal versucht hat, dessen Handhabung systematisch zu vermitteln, musste erfahren, dass Erklärungen darüber, abgesehen von ein paar allgemeinen methodischen Hinweisen, immer Stückwerk bleiben. Das Handwerk erlaubt nämlich eine äußerst flexible Handhabung. Das Deutungspotenzial einer Quelle hängt von der Auswahl der theoretischen und methodischen Ansätze ab, die der Forscher einsetzt; sie bestimmen jeweils die Fragestellung, unter der eine Quelle interpretiert wird. Der Ansatz von Systematik, mit der in den vorhergehenden Kapiteln einige exemplarische Fälle betrachtet wurden, soll helfen, eigene Quelleninterpretationen zu erarbeiten. Die Nützlichkeit einiger methodischer Hinweise erweist sich erst in der Bearbeitung eines konkreten Beispiels, aber auch dann wird die erarbeitete Interpretation nicht die einzig mögliche sein.

In den letzten 30 Jahren geriet mit den Geschichtswissenschaften im Allgemeinen auch die Alte Geschichte unter den Einfluss des sogenannten *linguistic turn*. Ihr erweiterter Kulturbegriff, der alle Bereiche des gemeinschaftlichen Lebens einbezieht, hatte zur Folge, dass neue Themen wie performative Akte, Körper, Rituale und Habitus zum Gegenstand historischer, namentlich auch althistorischer Forschung wurden. Nicht nur das, die Fragestellungen änderten und erweiterten sich. Ins Zentrum des Interesses rückten Fragen nach der Inszenierung von Handlungen, der Wahrnehmung des Raumes und der visuellen Umwelt, der Erinnerungskultur, der Kommunikationssituationen und der Konstruktion der Geschlechter. Die neuen Themen und Fragestellungen erforderten zum Teil auch neue Quellen. Nun lässt sich in der Alten Geschichte der Quellenbestand nicht so leicht vergrößern. Mit der Ausnahme von Neufunden an Inschriften, Papyri, Münzen und anderen materiellen Zeugnissen durch Ausgrabungen nimmt der Bestand an literarischen Quellen kaum zu. Aber es lassen sich neue Fragen an das alte Material stellen.

Seitdem der *linguistic turn* die Kulturwissenschaften erreicht hat, gilt als Prämisse, dass die Wirklichkeit durch die menschlichen Sprachen nicht bloß abgebildet, sondern mittels ihrer Kategorien und Semantik überhaupt erst hergestellt wird. Unter dieser Voraussetzung muss den schriftlichen Quellen jede Abbildungsfunktion abgesprochen werden. Sie sind Repräsentationen einer vergangenen Welt, entstanden in Kommunikationssituationen unter dem Einfluss sozioökonomischer und kultureller Bedingungen. So gesehen, können Quellen nicht einfach als Steinbruch zur Rekonstruktion einer vergangenen Wirklichkeit verwendet werden. Die Quelle muss als Text selbst ernst genommen werden, indem dessen Produktionsbedingungen, Erscheinungsform und Wirksamkeit im Kommunikationszusammenhang untersucht werden. Da sich die Frage nach der Glaubwürdigkeit einer Quelle nur vor dem Hintergrund der Annahme einer historischen Wahrheit, von der die Quelle angeblich ein Abbild ist, stellen lässt, kann unter den Voraussetzungen einer kulturwissenschaftlich aufgeklärten Quelleninterpretation nur nach der Bedeutung einer Quelle in ihrem kommunikativen und kulturellen Umfeld gefragt werden. Aufgrund des erweiterten Textbegriffs gilt dies ebenso für visuelle Quellen.

Wird eine Quelle als Text selbst zum Gegenstand der Forschung, dann lassen sich dessen Produktionsbedingungen, Erscheinungsform und Wirksamkeit als Kontexte untersuchen. Allerdings dürfen Kontexte dann nicht so verstanden werden, als würden sie in Intertextualität aufgehen oder als würden Text und Kontext unter Umständen miteinander verschmelzen. Kontexte bilden die ideelle und materielle Umwelt, in welcher die Quellen als Medien für die Vermittlung antiker Diskurse fungieren. Die Diskurse finden ihren Niederschlag sowohl in der Quelle als auch in den Kontexten der Quelle.

Wenn Quellen als Darstellungen einer Wirklichkeit begriffen werden, die unter bestimmten Kommunikationsbedingungen entstanden, lässt sich ihre Bedeutung nur durch die Rekonstruktion dieser Bedingungen erschließen. Zu diesem Zweck wurde hier eine quasi-systematische Untersuchung verschiedener Kontexte vorgeschlagen. Exemplarisch an einzelnen Beispielen wurde gezeigt, wie unter einer solchen allgemeinen Arbeitshypothese längst bekannte Quellen einen neuen Blick auf die Antike eröffnen. Historiographische Quellen zeigen, wie die jeweiligen Autoren eine historische Realität konstruierten, die sie durch Autoritätsbeweise und die anerkannte Kunst der Rhetorik ihren Adressaten als plausibel vermittelten. Antike Lebensbilder stellen keine historiographischen Quellen dar, sondern vermitteln ihren Lesern ein moralisches Vorbild. Die attische Komödie ist ein hervorragendes Medium der Darstellung demokratischer Kommunikationsformen in Athen. Inschriften führen in Kommunikationszusammenhänge, die durch literarische Quellen nicht zu erschließen sind. Fachtexte zeigen Kommunikationszusammenhänge auf, die nicht nur über den fachlichen Inhalt Auskunft geben, sondern über Diskurse jenseits des Inhalts wie die Begründung von Autorität oder das Untergraben herrschender Normen. Visuelle Quellen bieten eine andere Form der Vermittlung antiker Diskurse, die derselben Welt wie die schriftlichen Quellen entspringen, aber diese mit ihren eigenen Mitteln darstellen.

In dieser Art nach der Bedeutung einer Quelle zu fragen, heißt die Selbstdeutungen vergangener und fremder Gesellschaften ernst zu nehmen und sie nicht aus heutiger Sicht zu bewerten. Sollte dies gelingen, wäre dies ein höchst instruktiver Einblick in die griechisch-römischen Kulturen.

Danksagung

Als Erstem gebührt dem Herausgeber dieser Reihe, Benjamin Ziemann, mein aufrichtiger Dank, hat er doch in all den Jahren stets meine Gedanken angeregt und nicht den Glauben verloren, dass dieses Buch eines Tages das Licht der Welt erblicken werde.

Einer angenehmen Pflicht komme ich nach, indem ich all den Freunden und Kolleginnen danke, die im Laufe der Jahre Kapitel gelesen oder für Fragen zur Verfügung standen. Ich hoffe, niemanden in der rein alphabetischen Reihenfolge vergessen zu haben: Reinhard Bernbeck, Hans-Joachim Gehrke, Anne Kolb, Bettina Kreuzer, Massimo Nafissi, Susan Pollock, Matthew Roller, Angela Ulacco, Beate Wagner-Hasel, Renate Zoepffel. Selbstverständlich bin ich allein für alle verbliebenen Fehler und Eigentümlichkeiten verantwortlich.

Gedankt sei den vielen Studierenden meiner Proseminare und Hauptseminare, die durch ihre Diskussionsfreudigkeit immer wieder mein Nachdenken über die hier behandelten Themen angeregt und die richtigen Fragen zur Quelleninterpretation gestellt haben.

Danken möchte ich auch Sitta von Reden und Peter Eich vom Seminar für Alte Geschichte Freiburg, die mir Freiräume zu Forschungsaufenthalten in Wien und Berlin ermöglichten. Für das Gastrecht in Wien sei Claudia Rapp und Bernhard Palme gedankt, in Berlin nahmen mich Ernst Baltrusch und Christian Wendt freundlich auf.

Für die Literaturbeschaffung über Jahre danke ich meinen studentischen Hilfskräften, für die stellvertretend Vera Bollinger genannt sei, die mich tatkräftig bei der Fertigstellung des Bandes unterstützte.

Am Schluss erwähne ich dankbar meinen Mann Luis Eduardo González, der sich unverdrossen meiner Textentwürfe angenommen hat, um sie zu kritisieren und dadurch verständlicher und lesbarer zu machen. Ihm widme ich dieses Buch.

Abbildungsverzeichnis

Abbildung 1: Grabmal der Naevoleia Tyche und des Gaius Munatius Faustus (D-DAI-ROM 2012.3204)
Abbildung 2: Plan der Ausgrabungen in Pompeji bis 1906 (Meyers Konversationslexikon, Bd. 16, Leipzig 1909, S. 139)
Abbildung 3: Frontseite des Grabmals mit der Grabinschrift (D-DAI-ROM 77.2085)
Abbildung 4: Ostseite des Grabmals mit *bisellium* (D-DAI-ROM 31.2533)
Abbildung 5: Westseite des Grabmals mit Schiffsdarstellung (D-DAI-ROM 61.328)
Abbildung 6: Hydria aus Vulci (Etrurien) in der Art des Antimenes-Malers, ca. 520 v.Chr. (London British Museum 1836,0224.169, AN1248497001)

Bibliographie

Zeitschriften sind nach *L'Année philologique* abgekürzt:
https://aboutbrepolis.files.wordpress.com/2018/09/aph_abbrc3a9viations.pdf (letzter Zugriff 25.5.2020).

Abkürzungsverzeichnis

CIL   Corpus Inscriptionum Latinarum, hg. von Theodor Mommsen u.a., Berlin 1863 ff.
DNP   Der Neue Pauly. Enzyklopädie der Antike, hg. von Hubert Cancik/Manfred Landfester, 12 Bde., Registerband, Stuttgart 1996–2003; Supplementbände seit 2004.
FRH   Die Frühen Römischen Historiker, hg., übersetzt und kommentiert von Hans Beck/Uwe Walter, Bd. 1: Fabius Pictor bis Cn. Gellius, Darmstadt 2001.
RAC   Reallexikon für Antike und Christentum, hg. von Georg Schöllgen u.a., Stuttgart seit 1950.
RE   Paulys Realencyclopädie der classischen Altertumswissenschaft, Stuttgart 1893–1980, ältere Artikel auch elektronisch: https://de.wikisource.org/wiki/Paulys_Realencyclop%C3%A4die_der_classischen_Altertumswissenschaft (letzter Zugriff 25.5.2020)

Einführungen und Überblicksdarstellungen

Bahn, Paul/Mary Beard/John Henderson (1999): Wege in die Antike. Eine kleine Einführung in die Archäologie und die Altertumswissenschaft, Stuttgart.
de Blois, Lukas/Robartus J. van der Spek (1994): Einführung in die Alte Welt, Stuttgart (berücksichtigt den Orient).
Erskine, Andrew (Hg.) (2009): A Companion to Ancient History, Malden, MA.
Gehrke, Hans-Joachim/Helmuth Schneider (Hg.) (2019): Geschichte der Antike. Ein Studienbuch, 5., erweiterte Auflage, Berlin.
Leppin, Hartmut (2014), Einführung in die Alte Geschichte, 2. aktualisierte Auflage, München.
Mann, Christian (2008): Antike. Einführung in die Altertumswissenschaften, Berlin.
Sehlmeyer, Markus (2014): Die Antike, 2. Auflage, Paderborn.
Von den Hoff, Ralf (2019): Einführung in die Klassische Archäologie, München.

Nicht im Einzelnen aufgeführt werden können die von den Verlagen Brill, Cambridge University Press, Routledge und Wiley-Blackwell publizierten Companions und die von Oxford University Press herausgegebenen Handbooks. Sie decken inzwischen zahlreiche Epochen, antike Autoren und relevante Themen auf aktuellem Forschungsstand ab.

Quellensammlungen in Übersetzung

Arend, Walter (Hg.) (1978): Geschichte in Quellen: Altertum. Alter Orient – Hellas – Rom, 3. Auflage, München.
Ascough, Richard S./Philip A. Harland/John S. Kloppenborg (2012): Associations in the Greco-Roman World. A Sourcebook, Berlin.
Asmonti, Luca (2015): Athenian Democracy. A Sourcebook, London.
Austin, Michael M. (2006): The Hellenistic World from Alexander to the Roman Conquest. A Selection of Ancient Sources in Translation, 2. Auflage, Cambridge.
Bagnall, Roger S./Peter Derow (2004): The Hellenistic Period. Historical Sources in Translation, 2. Auflage, Oxford.
Brodersen, Kai/Wolfgang Günther/Hatto H. Schmitt (Hg.) (1992–1999): Historische griechische Inschriften in Übersetzungen, 3 Bde., Darmstadt.
Chavalas, Mark W. (2006): The Ancient Near East. Historical Sources in Translation, Malden, MA.
Donahue, John F. (2015): Food and Drink in Antiquity. Readings from the Graeco-Roman World. A Sourcebook, London.
Freis, Helmut (1994): Historische Inschriften zur römischen Kaiserzeit von Augustus bis Konstantin, 2. Auflage, Darmstadt.
Futrell, Alison (2006): The Roman Games. A Sourcebook, Malden, MA.
Gehrke, Hans-Joachim/Helmuth Schneider (Hg.) (2013): Geschichte der Antike. Quellenband, 2. erweiterte Auflage, Stuttgart.
Gwynn, David M. (2015): Christianity in the Later Roman Empire. A Sourcebook, London.
Johnson, Marguerite/Terry Ryan (2005): Sexuality in Greek and Roman Society and Literature. A Sourcebook, London.
Joyal, Mark/Iain McDougall/J.C. Yardley (2009): Greek and Roman Education. A Sourcebook, London.
Kearns, Emily (2010): Ancient Greek Religion. A Sourcebook, Malden, MA.
Lee, Alan D. (2000): Pagans and Christians in Late Antiquity. A Sourcebook, London.
Maas, Michael (2000): Readings in Late Antiquity. A Sourcebook, London.
MacLachlan, Bonnie (2012): Women in Ancient Greece. A Sourcebook, London.
MacLachlan, Bonnie (2013): Women in Ancient Rome. A Sourcebook, London.
Parkin, Tim G./Arthur J. Pomeroy (2007): Roman Social History. A Sourcebook, London.

Patzek, Barbara (2000): Quellen zur Geschichte der Frauen: Antike, Stuttgart.
Rhodes, Peter J./Robin Osborne (2003): Greek Historical Inscriptions, 404–323 BC, Oxford.
Rhodes, Peter J./Robin Osborne (2017): Greek Historical Inscriptions, 478–404 BC, Oxford.
Rohde, Dorothea/Michael Sommer (2016): Wirtschaft (Quellenreader Antike), Darmstadt.
Rowlandson, Jane (1998): Women and Society in Greek and Roman Egypt. A Sourcebook, Cambridge.
Sage, Michael M. (2008): The Republican Roman Army. A Sourcebook, New York.
Schumacher, Leonhard (2001): Römische Inschriften, Stuttgart.

Datenbanken

Christoph Schäfer gibt einen nützlichen Überblick über „vernetztes Wissen" in: Wirbelauer, Eckhard (Hg.) (2007), Oldenbourg Geschichte Lehrbuch Antike, 2. Auflage, München, 481–492.
Arachne – Objektdatenbank des Deutschen Archäologischen Instituts und des Archäologischen Instituts der Universität zu Köln https://arachne.dainst.org/
Beazley Archive Oxford – größte Sammlung von Fotographien griechischer und etruskischer Keramik weltweit, online zugänglich https://www.beazley.ox.ac.uk/pottery/default.htm
Perseus Digital Library – griechische und lateinische Texte im Original und englischen Übersetzungen http://www.perseus.tufts.edu/hopper/collections
Praktische Werkzeuge für Althistorikerinnen finden sich unter https://www.geschichte.hu-berlin.de/de/bereiche-und-lehrstuehle/alte-geschichte/links#0_Top

Zur Einführung

Bachmann-Medick, Doris (2006): Cultural Turns. Neuorientierungen in den Kulturwissenschaften, Reinbek bei Hamburg.
Bachmann-Medick, Doris (2010): Cultural Turns, Version 2.0, in: Docupedia-Zeitgeschichte 17.06.2019, http://docupedia.de/zg/Cultural_Turns (letzter Zugriff 25.5.2020).
Bagnall, Roger S. (Hg.) (2011): The Oxford Handbook of Papyrology, Oxford.
Beck, Hans (2008): Die Rollen der Adligen. Prominenz und aristokratische Herrschaft in der römischen Republik, in: ders./Peter Scholz/Uwe Walter (Hg.): Die Macht der Wenigen. Aristokratische Herrschaftspraxis, Kommunikation und ‚edler' Lebensstil in Antike und früher Neuzeit, München, 101–123.

Bengtson, Hermann (1979): Einführung in die Alte Geschichte, 8. Auflage, München.
Berger, Peter L./Thomas Luckmann (1980): Die gesellschaftliche Konstruktion der Wirklichkeit. Eine Theorie der Wissenssoziologie (engl. 1966), Frankfurt a.M.
Blum, Hartmut/Reinhard Wolters (2006): Alte Geschichte studieren, Konstanz.
Brauer, Michael (2013): Quellen des Mittelalters (Historische Quellen Interpretieren), Paderborn.
Brunner, Otto/Werner Conze/Reinhart Koselleck (Hg.) (1972–1997): Geschichtliche Grundbegriffe. Historisches Lexikon zur politisch-sozialen Sprache in Deutschland, Stuttgart.
Christ, Karl (1979): Von Gibbon zu Rostovtzeff. Leben und Werk führender Althistoriker der Neuzeit, 2. Auflage, Darmstadt.
Dougherty, Carol (1993): The Poetics of Colonization. From City to Text in Archaic Greece, Oxford.
Dougherty, Carol/Leslie Kurke (Hg.) (1993): Cultural Poetics in Archaic Greece. Cult, Performance, Politics, Cambridge.
Droysen, Johann Gustav (1977): Historik Bd. 1, hg. von P. Leyh, Stuttgart.
Finley, Moses I. (1987): Quellen und Modelle in der Alten Geschichte, Frankfurt a.M.
Flaig, Egon (1998): Geschichte ist kein Text. „Reflexive Anthropologie" am Beispiel der symbolischen Gaben im römischen Reich, in: Horst W. Blanke/Friedrich Jaeger/Thomas Sandkühler (Hg.): Dimensionen der Historik. Geschichtstheorie, Wissenschaftsgeschichte und Geschichtskultur heute. Jörn Rüsen zum 60. Geburtstag, Köln, 345–360.
Flaig, Egon (2003): Ritualisierte Politik. Zeichen, Gesten und Herrschaft im Alten Rom, Göttingen.
Fuhrmann, Manfred (2002): Bildung. Europas kulturelle Identität, Stuttgart.
Geertz, Clifford (1987): Dichte Beschreibung. Beiträge zum Verstehen kultureller Systeme, Frankfurt a.M.
Gehrke, Hans-Joachim (1995): Zwischen Altertumswissenschaft und Geschichte. Zur Standortbestimmung der Alten Geschichte am Ende des 20. Jahrhunderts, in: Ernst-Richard Schwinge (Hg.): Die Wissenschaften vom Altertum am Ende des 2. Jahrtausends n.Chr., Stuttgart, 160–196.
Günther, Rosemarie (2004): Einführung in das Studium der Alten Geschichte, 2. Auflage, Paderborn.
Harders, Ann-Cathrin (2008): Suavissima soror. Untersuchungen zu den Bruder-Schwester-Beziehungen in der römischen Republik, München.
Hölkeskamp, Karl-Joachim (2017): LIBERA RES PUBLICA. Die politische Kultur des antiken Rom – Positionen und Perspektiven, Stuttgart.
Howgego, Christopher (2011): Geld in der antiken Welt. Eine Einführung, 2. aktualisierte Auflage, Darmstadt.
Jehne, Martin (1997): Caesar, München.

Kirn, Paul (1968): Einführung in die Geschichtswissenschaft (1947), fortgeführt von Joachim Leuschner, 5. Auflage, Berlin.
Koselleck, Reinhart (1992): Standortbindung und Zeitlichkeit. Ein Beitrag zur historiographischen Erschließung der geschichtlichen Welt, in: ders.: Vergangene Zukunft. Zur Semantik geschichtlicher Zeiten, 2. Auflage, Frankfurt a.M., 176–207.
Landwehr, Achim (2008): Historische Diskursanalyse, Frankfurt a.M.
Leyh, Peter (1977): Vorwort des Herausgebers, in: Johann Gustav Droysen: Historik Bd. 1, Stuttgart, IX–XXIX.
Martin, Jochen (2009): Bedingungen menschlichen Handelns in der Antike. Gesammelte Beiträge zur Historischen Anthropologie, hg. von Winfried Schmitz, Stuttgart.
Martinez, Matias/Michael Scheffel (1999): Einführung in die Erzähltheorie, München.
Meier, Christian (1980): Die Ohnmacht des allmächtigen Diktators Caesar. Drei biographische Skizzen, Frankfurt a.M., 19–100.
Meier, Christian (1993): Was soll uns heute noch die Alte Geschichte (1970), in: Wilfried Nippel (Hg.): Über das Studium der Alten Geschichte, München, 323–352.
Meister, Klaus (1997): Die Interpretation historischer Quellen, Schwerpunkt: Antike, Bd.1: Griechenland, Paderborn.
Meyer-Zwiffelhoffer, Eckhard (1995): Im Zeichen des Phallus. Die Ordnung des Geschlechtslebens im antiken Rom, Frankfurt a. M.
Momigliano, Arnaldo (1980): Le regole del gioco nello studio della storia antica (1974), in: ders.: Sesto contributo alla storia degli studi classici e del mondo antico, 2 Bde., Rom, 13–22.
Muhlack, Ulrich (1988): Von der philologischen zur historischen Methode, in: Christian Meier/Jörn Rüsen (Hg.): Theorie der Geschichte, Beiträge zur Historik Bd. 5: Historische Methode, München, 154–180.
Nippel, Wilfried (2008): Johann Gustav Droysen. Ein Leben zwischen Wissenschaft und Politik, München.
Späth, Thomas (1994): Männlichkeit und Weiblichkeit bei Tacitus. Zur Konstruktion der Geschlechter in der römischen Kaiserzeit, Frankfurt a.M.
Späth, Thomas (2007): Geschlecht und Geschlechterdiskurs, in: Wirbelauer, 376–390.
Wagner-Hasel, Beate (2000): Der Stoff der Gaben. Kultur und Politik des Schenkens und Tauschens im archaischen Griechenland, Frankfurt a.M.
White, Hayden (1991a): Metahistory. Die historische Einbildungskraft im 19. Jahrhundert in Europa, Frankfurt a.M.
White, Hayden (1991b): Auch Klio dichtet oder Die Fiktion des Faktischen. Studien zur Topologie des historischen Diskurses, Stuttgart.
Winterling, Aloys (2006): Einleitung: Begriffe, Ansätze und Aussichten Historischer Anthropologie, in: ders. (Hg.): Historische Anthropologie, Stuttgart, 9–29.

Wirbelauer, Eckhard (Hg.) (2007): Oldenbourg Geschichte Lehrbuch Antike, 2. Auflage, München.

Zimmermann, Michael (1997): Quelle als Metapher, Historische Anthropologie 5, 268–287.

Zoepffel, Renate/Jochen Martin (Hg.) (1989): Rollen und Räume von Frau und Mann, Freiburg/München.

1. Historiographie

Quellen

Dionysius von Halikarnass: Römische Frühgeschichte, eingeleitet, übersetzt und kommentiert von N. Wiater (Bibliothek der griechischen Literatur 85), Stuttgart 2018.

Titus Livius: Römische Geschichte, Buch I–III, lateinisch und deutsch hg. von Hans Jürgen Hillen, 4. Auflage, Berlin 2007.

Literatur

Armstrong, Jeremy (2016): War and Society in Early Rome. From Warlords to Generals, Cambridge.

Blösel, Wolfgang (2003): Die *memoria* der *gentes* als Rückgrat der kollektiven Erinnerung im republikanischen Rom, in: Eigler/Gotter/Luraghi/Walter, 53–72.

Chaplin, Jane D. (2000): Livy's Exemplary History, Oxford.

Chaplin, Jane D./Christina S. Kraus (Hg.) (2009): Livy, Oxford.

Cornell, Tim J. (1995): The Beginnings of Rome. Italy and Rome from the Bronze Age to the Punic Wars (c. 1000–264 B.C.), London.

Dillery, John (2009): Roman Historians and the Greeks. Audiences and Models, in: Andrew Feldherr (Hg.): The Cambridge Companion to the Roman Historians, Cambridge, 77–107.

Eigler, Ulrich/Ulrich Gotter/Nino Luraghi/Uwe Walter (Hg.) (2003): Formen römischer Geschichtsschreibung von den Anfängen bis Livius. Gattungen – Autoren – Kontexte, Darmstadt.

Feldherr, Andrew (1997): Livy's Revolution. Civic Identity and the Creation of the *res publica*, in: Thomas Habinek/Alessandro Schiesaro (Hg.): The Roman Cultural Revolution, Cambridge, 136–157.

Gehrke, Hans-Joachim (1994): Mythos, Geschichte, Politik – antik und modern, Saeculum 45, 239–264.

Gehrke, Hans-Joachim (2014): Geschichte als Element antiker Kultur. Die Griechen und ihre Geschichte(n), Berlin.

Genette, Gérard (1992): Fiktion und Diktion, München.

Giangiulio, Maurizio (2019): Traditional Narratives, Historiography, and Truth. On the Historicity of Herodotus' *Histories*, in: Astrid Möller (Hg.): Historiographie und Vergangenheitsvorstellungen in der Antike, Stuttgart, 61–74.

Gotter, Ulrich/Nino Luraghi (2003): Einleitung I und III, in: Eigler/Gotter/Luraghi/Walter, 9–15, 31–38.
Grethlein, Jonas (2010): The Greeks and Their Past. Poetry, Oratory and History in the Fifth Century BCE, Cambridge.
Jacoby, Felix (1909): Über die Entwicklung der griechischen Historiographie und den Plan einer neuen Sammlung der griechischen Historikerfragmente, Klio 9, 80–123.
Kierdorf, Wolfgang (2002): Anfänge und Grundlagen der römischen Geschichtsschreibung, Klio 84, 400–413.
Koselleck, Reinhart (1979): Historia Magistra Vitae. Über die Auflösung des Topos im Horizont neuzeitlich bewegter Geschichte, in: ders.: Vergangene Zukunft. Zur Semantik geschichtlicher Zeiten, Frankfurt a.M., 38–66.
Kraus, Christina S. (2000): The Path between Truculence and Servility. Prose Literature from Augustus to Hadrian, in: Oliver Taplin (Hg.): Literature in the Greek and Roman Worlds. A New Perspective, Oxford, 438–467.
Levick, Barbara (2015): Historical Context of the *Ab Urbe Condita*, in: Mineo, 24–36.
Luce, Torry J. (1977): Livy. The Composition of His History, Princeton.
Luce, Torry, J. (1990): Livy, Augustus, and the Forum Augustum, in: Kurt A. Raaflaub/Mark Toher (Hg.) (1990): Between Republic and Empire. Interpretations of Augustus and His Principate, Berkeley, 123–138.
Luraghi, Nino (2003): Dionysios von Halikarnassos zwischen Griechen und Römern, in: Eigler/Gotter/Luraghi/Walter, 268–286.
Marincola, John (1997): Authority and Tradition in Ancient Historiography, Cambridge.
Marincola, John (2007): Introduction, in: ders. (Hg.) (2007): A Companion to Greek and Roman Historiography, Malden, MA, 1–9.
Mehl, Andreas (2001): Römische Geschichtsschreibung. Grundlagen und Entwicklungen. Eine Einführung, Stuttgart.
Meister, Klaus (1990): Die griechische Geschichtsschreibung, Stuttgart.
Mineo, Bernard (Hg.) (2015): A Companion to Livy, Chichester.
Münzer, Friedrich (1909): Fabius, in: RE 6, 1739–1887.
Ogilvie, Robert M. (1965): A Commentary on Livy. Books 1–5, Oxford.
Pais, Ettore (1906): The Fabii at the River Cremera, and the Spartans at Thermopylae, in: James H. Richardson/Federico Santangelo (Hg.): The Roman Historical Tradition. Regal and Republican Rome, Oxford 2014, 167–185.
Pausch, Dennis (2011): Livius und der Leser. Narrative Strukturen in *ab urbe condita*, München.
Rich, John W./J.H.C. Williams (1999): *Leges et Iura P. R. Restitvit*: A New Aureus of Octavian and the Settlement of 28–27 BC, NC 159, 169–213.
Richard, Jean-Claude (1990): Historiographie et histoire. L'expédition des Fabii à la Crémère, in: Walter Eder (Hg.): Staat und Staatlichkeit in der frühen römischen Republik, Stuttgart, 174–199.

Richardson, James H. (2012): The Fabii and the Gauls. Studies in Historical Thought and Historiography in Republican Rome, Stuttgart.
Roller, Matthew (2018): Models from the Past in Roman Culture. A World of Exempla, Cambridge.
Strasburger, Hermann (1977): Umblick im Trümmerfeld der griechischen Geschichtsschreibung, in: ders.: Studien zur Alten Geschichte, Bd. 3, Hildesheim 1990, 169–218.
Thomas, Rosalind (1989): Oral Tradition and Written Record in Classical Athens, Cambridge.
Timpe, Dieter (1996): *Memoria* und Geschichtsschreibung bei den Römern, in: Hans-Joachim Gehrke/Astrid Möller (Hg.): Vergangenheit und Lebenswelt. Soziale Kommunikation, Traditionsbildung und historisches Bewusstsein, Tübingen, 277–299.
Torelli, Mario (2011): *Bellum in privatam curam* (Liv. II, 49,1). Eserciti gentilizi, *sodalitates* e isonomia aristocratica in Etruria e Lazio arcaici, in: Concetta Masseria/Donato Loscalzo (Hg.): Miti di guerra, riti di pace. La guerra e la pace: un confronto interdisciplinare, Bari, 225–234.
Verbrugghe, Gerald P. (1989): On the Meaning of Annales. On the Meaning of Annalist, Philologus 133, 192–230.
Walter, Uwe (2003): Einleitung II, in: Eigler/Gotter/Luraghi/Walter, 15–31.
Walter, Uwe (2004): *Memoria* und *res publica*. Zur Geschichtskultur im republikanischen Rom, Frankfurt a.M.
Wiseman, Thomas P. (1979): Clio's Cosmetics. Three Studies in Greco-Roman Literature, Leicester.
Woodman, Anthony J. (1988): Rhetoric in Classical Historiography. Four Studies, London.
Zanker, Paul (1987): Augustus und die Macht der Bilder, München.

2. Antike Lebensbilder

Quellen
Bernadotte Perrin (1917): Plutarch' Lives, Bd. 5: Agesilaus and Pompey, Greek – English, Cambridge, MA.
Konrat Ziegler (1955): Große Griechen und Römer, Bd. 3, eingeleitet und übersetzt, Zürich.

Literatur
Ax, Wolfram (2000): Dikaiarchs *Bios Hellados* und Varros *De vita populi Romani*, RhM 143, 337–369.
Beck, Hans (2009): Die Rollen des Adligen und die Krise der römischen Republik, in: Karl-Joachim Hölkeskamp (Hg.): Eine politische Kultur (in) der Krise? Die „letzte Generation" der römischen Republik, München, 53–71.
Beck, Mark (Hg.) (2014): A Companion to Plutarch, Chichester.

Beneker, Jeffrey (2005): Thematic Correspondences in Plutarch's *Lives* of Caesar, Pompey and Crassus, in: Lukas De Blois/Jeroen Bons/Ton Kessels/Dirk M. Schenkeveld (Hg.): The Statesman in Plutarch's Works, Bd. 2, Leiden, 315–325.

Beneker, Jeffrey (2009/10): Nepos' Biographical Method in the Lives of Foreign Generals, CJ 105, 109–121.

Dihle, Albrecht (1998): Zur antiken Biographie, in: Ehlers, 119–146.

Duff, Tim (1999): Plutarch's Lives. Exploring Virtue and Vice, Oxford.

Duff, Tim (2014): The Prologues, in: Beck, 333–349.

Ehlers, Widu-Wolfgang (Hg.) (1998): La biographie antique, Vandœuvres-Genf.

Erler, Michael/Stefan Schorn (Hg.) (2007): Die griechische Biographie in hellenistischer Zeit, Berlin.

Geiger, Joseph (2005): Plutarch's Choice of Roman Heroes: Further Considerations, in: Aurelio Pérez Jiménez/Frances Titchener (Hg.): Historical and Biographical Values of Plutarch's Works. Studies Devoted to Professor Philip A. Stadter by The International Plutarch Society, Malaga/Utah, 231–242.

Geiger, Joseph (2014): The Project of the Parallel Lives. Plutarch's Conception of Biography, in: Beck, 292–303.

Giuliani, Luca (1986): Bildnis und Botschaft. Hermeneutische Untersuchungen zur Bildniskunst der römischen Republik, Frankfurt a. M.

Hägg, Tomas (2012): The Art of Biography in Antiquity, Cambridge.

Heftner, Herbert (1995): Plutarch und der Aufstieg des Pompeius. Ein historischer Kommentar zu Plutarchs Pompeiusvita Teil I: Kap. 1–45, Frankfurt a.M.

Helmbold, William C./Edward N. O'Neil (1959): Plutarch's Quotations, New York.

Hershbell, Jackson P. (2004): Plutarch's Political Philosophy: Peripatetic and Platonic, in: Lukas De Blois/Jeroen Bons/Ton Kessels/Dirk M. Schenkeveld (Hg.): The Statesman in Plutarch's Works, Bd. 1, Leiden, 151–162.

Hillman, Thomas P. (1992): Plutarch and the First Consulship of Pompeius and Crassus, Phoenix 46, 124–137.

Hillman, Thomas P. (1994): Authorial Statements, Narrative, and Character in Plutarch's *Agesilaus-Pompeius*, GRBS 35, 255–280.

Johne, Klaus-Peter (1998), Historia Augusta, in: DNP 5, 637–640.

Kunkel, Wolfgang/Roland Wittmann (1995): Staatsordnung und Staatspraxis der Römischen Republik, Zweiter Abschnitt: Die Magistratur (Handbuch der Altertumswissenschaft 10,3,2,2), München.

Larmour, David H. J. (2014): The *Synkrisis*, in: Beck, 405–416.

Leo, Friedrich (1901): Die griechisch-römische Biographie nach ihrer litterarischen [sic] Form, Leipzig, Nachdruck Hildesheim 1990.

Lippold, Adolf (1991): Historia Augusta, in: RAC 15, 687–723.

Momigliano, Arnaldo (1971): The Development of Greek Biography, Cambridge, MA.

Mommsen, Theodor (1887): Römisches Staatsrecht, 3. Auflage, Leipzig.

Nevin, Sonya (2014): Negative Comparison. Agamemnon and Alexander in Plutarch's Agesilaus-Pompey, GRBS 35, 45–68.

Nikolaidis, Anastasios G. (2014): Morality, Characterization, and Individuality, in: Beck, 350–373.
Opsomer, Jan (2016): Plutarch's Unphilosophical Lives. Philosophical, After all?, in: Bonazzi, Mauro/Stefan Schorn (Hg.): Bios Philosophos. Philosophy in Ancient Greek Biography, Turnhout, 101–126.
Pelling, Christopher (2002): Plutarch and History. Eighteen Studies, London.
Schepens, Guido (2007): Zum Verhältnis von Biographie und Geschichtsschreibung in hellenistischer Zeit, in: Michael Erler/Stefan Schorn (Hg.): Die griechische Biographie in hellenistischer Zeit, Berlin, 335–362.
Schettino, Maria Teresa (2014): The Use of Historical Sources, in: Beck, 417–436.
Schorn, Stefan (2014): Biographie und Autobiographie, in: Bernhard Zimmermann/Antonios Rengakos (Hg.): Handbuch der griechischen Literatur der Antike II: Die Literatur der klassischen und hellenistischen Zeit (Handbuch der Altertumswissenschaft 7,2), München, 678–733.
Sonnabend, Holger (2002): Geschichte der antiken Biographie. Von Isokrates bis zur Historia Augusta, Stuttgart.
Späth, Thomas (2005): Das Politische und der Einzelne. Figurenkonstruktion in Biographie und Geschichtsschreibung, in: Lukas De Blois/Jeroen Bons/Ton Kessels/Dirk M. Schenkeveld (Hg.): The Statesman in Plutarch's Works, Bd. 2, Leiden, 27–42.
Stadter, Philip A. (Hg.) (1992): Plutarch and the Historical Tradition, London.
Stadter, Philip A. (2014): Plutarch and Rome, in: Beck, 13–31.
Tatum, W. J. (1996), The Regal Image in Plutarch's *Lives*, JHS 106, 135–151.

3. Attische Komödie

Quellen
Henderson, Jeffrey (1998): Aristophanes I: Acharnians, Knights, Cambridge, MA.
Rau, Peter (2016): Aristophanes Komödien Bd. 1: Die Acharner, Die Ritter, Die Wolken, übersetzt, eingeleitet und kommentiert, Darmstadt.
Sommerstein, Alan H. (1997): Knights. Edition, Translation and Notes, Reprinted with Corrections, Warminster.
Aristophanis Fabulae recognovit brevique adnotatione critica instruxit Nigel G. Wilson, Bd. I, Oxford 2007.

Literatur
Burckhardt, Jakob (1898–1902): Griechische Kulturgeschichte, hg. von Max Oeri, Berlin.
Csapo, Eric (2010): The Production and Performance of Comedy in Antiquity, in: Dobrov, 103–142.
Davidson, James N. (1993): Fish, Sex and Revolution in Athens, CQ 43, 53–66.

Davidson, James N. (1999): Kurtisanen und Meeresfrüchte. Die verzehrenden Leidenschaften im klassischen Athen, Berlin.
Davies, John K. (1971): Athenian Propertied Families. 600–300 B.C., Oxford.
Dobrov, Gregory W. (Hg.) (2010): Brill's Companion to the Study of Greek Comedy, Leiden.
Ehrenberg, Victor (1968): Aristophanes und das Volk von Athen. Eine Soziologie der altattischen Komödie (1943), Zürich.
Finley, Moses I. (1962): Athenian Demagogues, P&P 21, 3–24.
Gelzer, Thomas (1970): Aristophanes 12, in: RE suppl. 12, 1392–1570.
Goette, Hans R. (2007): An Archaeological Appendix, in: P. Wilson (Hg.): The Greek Theatre and Festivals. Documentary Studies, Oxford, 116–21.
Gomme, Arnold W. (1938): Aristophanes and Politics, in: ders.: More Essays in Greek History and Literature, Oxford 1962, 70–91.
Halliwell, Stephen (2014): Laughter, in: Revermann, 189–205.
Heath, Malcolm (1987): Political Comedy in Aristophanes, Göttingen.
Henderson, Jeffrey (1990): The *Dêmos* and the Comic Competition, in: John J. Winkler/Froma I. Zeitlin (Hg.): Nothing to Do with Dionysos? Athenian Drama in Its Social Context, Princeton, 271–313.
Konstan, David (2014): Defining the Genre, in: Revermann, 27–42.
MacDowell, Douglas M. (1995): Aristophanes and Athens. An Introduction to the Plays, Oxford.
Mann, Christian (2007): Die Demagogen und das Volk. Zur politischen Kommunikation im Athen des 5. Jahrhunderts v.Chr., Berlin.
McDonald, Marianne/Michael Walton (Hg.) (2007): The Cambridge Companion to Greek and Roman Theatre, Cambridge.
Meier, Christian (1980): Die Entstehung des Politischen bei den Griechen, Frankfurt a.M.
Meier, Christian (1988): Die politische Kunst der griechischen Tragödie, München.
Millett, Paul (1998): Encounters in the Agora, in: Paul Cartledge/Paul Millett/Sitta von Reden (Hg.): Kosmos. Essays in Order, Conflict, and Community in Classical Athens, Cambridge, 203–228.
Ober, Josiah (1989): Mass and Elite in Democratic Athens. Rhetoric, Ideology, and the Power of the People, Princeton.
Olson, S. Douglas (2010): Comedy, Politics, and Society, in: Dobrov, 35–69.
Reden, Sitta von (1995): Exchange in Ancient Greece, London.
Revermann, Martin (Hg.) (2014): The Cambridge Companion to Greek Comedy, Cambridge.
Rhodes, Peter J. (1985): The Athenian Boule, 2. Auflage, Oxford.
Rhodes, Peter J. (2003): Ancient democracy and modern ideology, London.
Roselli, David K. (2009): *Theorika* in Fifth-Century Athens, GRBS 49, 5–30.
Roselli, David K. (2011): Theater of the People. Spectators and Society in Ancient Athens, Austin.
Rosen, Ralph M. (2010): Aristophanes, in: Dobrov, 227–278.

Slater, Niall W. (2002): Spectator Politics: Metatheatre and Performance in Aristophanes, Philadelphia.
Sommerstein, Alan H. (1998): The Theatre Audience and the Demos, in: J. A. López Férez (Hg.): La comedia Griega y su influencia en la literatura Española, Madrid, 43–62.
Sommerstein, Alan H. (2002): Die Komödie und das Unsagbare, in: Andrea Ercolani (Hg.): Spoudaiogeloion. Form und Funktion der Verspottung in der aristophanischen Komödie, Stuttgart, 125–145.
Sommerstein, Alan H. (2004): Harassing the Satirist. The Alleged Attempts to Prosecute Aristophanes, in: Ineke Sluiter/Ralph M. Rosen (Hg.): Freedom of Speech in Classical Antiquity, Leiden, 145–174.
Sommerstein, Alan H. (2014): The Politics of Greek Comedy, in: Revermann, 291–305.
Stark, Isolde (2004): Die hämische Muse. Spott als soziale und mentale Kontrolle in der griechischen Komödie, München.
Zimmermann, Bernhard (2006): Die griechische Komödie, Frankfurt a.M.
Zimmermann, Bernhard (2010): Structure and Meter, in: Dobrov, 455–469.

4. Inschriften

Quellen
Petronius Arbiter: Satyrische Geschichten, lateinisch – deutsch hg. und übersetzt von Niklas Holzberg, Berlin 2013.
EAGLE (elektronischer Datenbankverbund)
  http://www.edr-edr.it/edr_programmi/res_complex_comune.php?do=book&id_nr=EDR147597&fo_antik=&fo_modern=&Bibliografia%5B%5D=&Testo=&boolTesto=AND&Testo2=&bool=AND&ordinamento=id_nr&javasi=javascriptsi&se_foto=tutte&lang=en (letzter Zugriff 25.5.2020)

Literatur
Abramenko, Andrik (1993): Die munizipale Mittelschicht im kaiserzeitlichen Italien. Zu einem neuen Verständnis von Sevirat und Augustalität, Frankfurt a.M.
Alföldy, Géza (2011): Römische Sozialgeschichte, 4. Auflage, Wiesbaden.
Andreau, Jean (1991): Der Freigelassene, in: Andrea Giardina (Hg.): Der Mensch der römischen Antike, Frankfurt a.M., 200–225.
Beard, Mary (1998): *Vita Inscripta*, in: Widu-Wolfgang Ehlers (Hg.): La biographie antique, Vandœuvres-Genf, 83–114.
Beltrán Lloris, Francisco (2014): The "Epigraphic Habit" in the Roman World, in: Bruun/Edmonson, 131–148.
Bodel, John (2001): Epigraphy and the Ancient Historian, in: ders. (Hg.): Epigraphic Evidence. Ancient History from Inscriptions, London, 1–56.
Bruun, Christer (2014): Slaves and Freed Slaves, in: Bruun/Edmondson, 605–626.

Bruun, Christer/Jonathan Edmondson (Hg.) (2014): The Oxford Handbook of Roman Epigraphy, Oxford.
Cameron, Averil (1969): Petronius and Plato, CQ 19, 367–370.
Campbell, Virginia L. (2015): The Tombs of Pompeii. Organization, Space, and Society, London.
Castrén, Paavo (1975): Ordo populusque Pompeianus. Polity and Society in Roman Pompeii, Rom.
D'Ambrosio, Antonio/Stefano De Caro (1983): Un impegno per Pompei. Fotopiano e documentazione della necropoli di Porta Nocera, Mailand.
De Carlo, Antonella (2007): *Pagi* e *pagani* nella documentazione pompeiana, in: Elio Lo Cascio (Hg.): Forme di aggregazione nel mondo romano, Bari, 71–80.
De Romanis, Federico (1996): Cassia, cinnamomo, ossidiana. Uomini e merci tra oceano indiano e mediterraneo, Rom.
Droysen, Johann Gustav (1977): Historik, Bd. 1, hg. von P. Leyh, Stuttgart.
Eck, Werner (1998): Grabmonumente und sozialer Status in Rom und Umgebung, in: Peter Fasold u.a. (Hg.): Bestattungssitte und kulturelle Identität. Grabanlagen und Grabbeigaben in der frühen römischen Kaiserzeit in Italien und den Nordwest-Provinzen, Köln, 29–40.
Eck, Werner (2007): Die Inschrift: Fragment einer Kultur, in: Marc Mayer (Hg.): Acta XII congressus internationalis epigraphiae graecae et latinae, Barcelona, 449–460.
Erdkamp, P. (2005): The Grain Market in the Roman Empire, Cambridge.
Feraudi-Gruénais, Francisca (2001): Grabinschriften im archäologischen Kontext. Komplementarität von Schrift und Bild?, in: Michael Heinzelmann u.a. (Hg.): Römischer Bestattungsbrauch und Beigabensitten in Rom, Norditalien und den Nordwestprovinzen von der späten Republik bis in die Kaiserzeit, Wiesbaden, 203–213.
Flower, Harriet (2002): Were Women Ever „Ancestors" in Republican Rome?, in: Jakob Højtje (Hg.): Images of Ancestors, Aarhus, 159–184.
Hartmann, Elke (2016): Ordnung in Unordnung. Kommunikation, Konsum und Konkurrenz in der stadtrömischen Gesellschaft der frühen Kaiserzeit, Stuttgart.
Knapp, Robert C. (2012): Römer im Schatten der Geschichte. Gladiatoren, Prostituierte, Soldaten: Männer und Frauen im Römischen Reich, Stuttgart.
Kockel, Valentin (1983): Die Grabbauten vor dem Herkulaner Tor in Pompeji, Mainz.
Kolb, Anne/Joachim Fugmann (2008): Tod in Rom. Grabinschriften als Spiegel römischen Lebens, Mainz.
Laird, Margaret L. (2015): Civic Monuments and the *Augustales* in Roman Italy, New York.
López Barja de Quiroga, Pedro (1998): Junian Latins. Status and Number, Athenaeum 86, 133–163.
MacLean, Rose (2018): Freed Slaves and Roman Imperial Culture. Social Integration and the Transformation of Values, Cambridge.

MacMullen, R. (1982): The Epigraphic Habit in the Roman Empire, AJP 103, 233–246.
Mouritsen, Henrik (2005): Freedmen and Decurions. Epitaphs and Social History in Imperial Italy, JRS 95, 38–63.
Mouritsen, Henrik (2011): The Freedman in the Roman World, Cambridge.
Oliver, Graham J. (2000): An Introduction to the Epigraphy of Death. Funerary Inscriptions as Evidence, in: ders. (Hg.): The Epigraphy of Death. Studies in the History and Society of Greece and Rome, Liverpool, 1–23.
Panciera, Silvio (2012): What Is an Inscription? Problems of Definition an Identity of an Historical Source, ZPE 183, 1–10.
Petersen, Lauren H. (2006): The Freedman in Roman Art and History, Cambridge.
Raubitschek, Antony E. (1964): Die Inschrift als Denkmal. Bemerkungen zur Methodologie der Inschriftkunde [sic], Studium Generale 17, 219–228.
Rilinger, Rolf (1985): Moderne und zeitgenössische Vorstellungen von der Gesellschaftsordnung der römischen Kaiserzeit, in: Saeculum 36, 299–325.
Rossi, Lucia (2016): Préambule: Caius Munatius Faustus, *l'Augustalis et paganus* pompéien aux deux tombeaux, DHA 42, 25–40.
Schäfer, Thomas (1989): Imperii Insignia. Sella curulis und Fasces, Mainz.
Schäfer, Thomas (1990): Der *honor biselli*, MDAIRom 97, 307–346.
Schmidt, Manfred G. (2004): Einführung in die lateinische Epigraphik, Darmstadt.
Taylor, Lily Ross (1961): Freedmen and Freeborn in the Epitaphs of Imperial Rome, AJP 82, 113–32.
Veyne, Paul (1995): Das Leben des Trimalchio, in: ders.: Die römische Gesellschaft, München, 9–50.
Waldstein, Wolfgang (1986): *Operae libertorum*. Untersuchungen zur Dienstpflicht freigelassener Sklaven, Stuttgart.
Wallace-Hadrill, Anthony (2008): Housing the Dead. The Tombs as House in Roman Italy, in: Laurie Brink/Deborah Green (Hg.): Commemorating the Dead. Text and Artifacts in Context, Berlin, 39–77.
Zanker, Paul (1975): Grabreliefs römischer Freigelassener, JDAI 90, 267–315.

5. Antike Fachtexte

Quellen
Xenophontis opera omnia recognovit brevique adnotatione critica instruxit Edgar C. Marchant, Bd. II, Oxford ²1921.
Xenophon: Ökonomische Schriften, griechisch und deutsch von Gert Audring, Berlin 1992.

Literatur

Badian, Ernest (2004): Xenophon the Athenian, in: Christopher Tuplin (Hg.): Xenophon and His World. Papers from a Conference Held in Liverpool in July 1999, Stuttgart, 33–53.

Breitenbach, Hans R. (1967): Xenophon von Athen, in: RE IX A 2, 1569–1928.

Busch, Stephan (2002): Lautes und leises Lesen in der Antike, RhM 145, 1–45.

Cartledge, Paul (1993): Classical Greek Agriculture. Recent Work and Alternative Views, Journal of Peasant Studies 21, 127–136.

Chernyakhovskaya, Olga (2014): Sokrates bei Xenophon. Moral – Politik – Religion, Tübingen.

Danzig, Gabriel (2003): Why Socrates was Not a Farmer. Xenophon's *Oeconomicus* as a Philosophical Dialogue, G&R 50, 57–76.

Diederich, Silke (2007): Römische Agrarhandbücher zwischen Fachwissenschaft, Literatur und Ideologie, Berlin.

Ferrario, Sarah B. (2016): Xenophon and Greek Political Thought, in: Flower, 57–83.

Finley, Moses I. (1977): Die antike Wirtschaft, München.

Flower, Michael A. (Hg.) (2016): The Cambridge Companion to Xenophon, Cambridge.

Fögen, Thorsten (Hg.) (2005): Antike Fachtexte, Ancient Technical Texts, Berlin/New York.

Fögen, Thorsten (2009): Wissen, Kommunikation und Selbstdarstellung. Zur Struktur und Charakteristik römischer Fachtexte der frühen Kaiserzeit, München.

Föllinger, Sabine (1996): Differenz und Gleichheit. Das Geschlechterverhältnis in der Sicht griechischer Philosophen des 4. bis 1. Jh. v.Chr., Stuttgart.

Föllinger, Sabine (2002): Frau und Techne. Xenophons Modell einer geschlechtsspezifischen Arbeitsteilung, in: Barbara Feichtinger/Georg Wöhrle (Hg.): Gender Studies in den Altertumswissenschaften. Möglichkeiten und Grenzen, Trier, 49–63.

Föllinger, Sabine (2011): Fachtexte, in: Bernhard Zimmermann (Hg.): Handbuch der griechischen Literatur der Antike I: Die Literatur der archaischen und klassischen Zeit (Handbuch der Altertumswissenschaft 7,1), München, 289–295.

Fuhrmann, Manfred (1960): Das systematische Lehrbuch, Göttingen.

Glazebrook, Allison (2009): Cosmetics and *sôphrosunê*. Ischomachus' Wife in Xenophon's *Oikonomikos*, CW 102, 231–246.

Gray, Vivienne (2011): Xenophon's Mirror of Princes. Reading the Reflections, Oxford.

Heinimann, Felix (1945): Nomos und Physis. Herkunft und Bedeutung einer Antithese im griechischen Denken des 5. Jahrhunderts, Basel.

Hobden, Fiona (2016): Xenophon's *Oeconomicus*, in: Flower, 152–173.

Horster, Marietta/Christiane Reitz (Hg.) (2003): Antike Fachschriftsteller. Literarischer Diskurs und sozialer Kontext, Stuttgart.

Horster, Marietta/Christiane Reitz (Hg.) (2005): Wissensvermittlung in dichterischer Gestalt, Stuttgart.
Horster, Marietta/Christiane Reitz (Hg.) (2010): Condensing Texts – Condensed Texts, Stuttgart.
Johnstone, Steven (1994): Virtuous Toil, Vicious Work. Xenophon on Aristocratic Style, in: Vivienne Gray (Hg.) (2010): Xenophon, Oxford, 137–66.
König, Jason (2017): Introduction: Self-Assertion and Its Alternatives in Ancient Scientific and Technical Writing, in: König/Woolf, 1–26.
König, Jason/Greg Woolf (Hg.) (2017): Authority and Expertise in Ancient Scientific Culture, Cambridge.
Krenkel, Werner (2003): Sprache und Fach-Sprache, in: Horster/Reitz, 11–30.
Kronenberg, Leah (2009): Allegories of Farming from Greece and Rome, Cambridge.
Lee, John W.I. (2016): Xenophon and His Times, in: Flower, 15–36.
Lesham, Dotan (2016): What Did the Ancient Greeks Mean by *Oikonomia?*, The Journal of Economic Perspectives 30, 225–238.
Lloyd, Geoffrey E.R. (1988): The Revolutions of Wisdom. Studies in the Claims and Practice of Ancient Greek Science, Berkeley.
Meißner, Burkhard (1999): Die technologische Fachliteratur der Antike. Struktur, Überlieferung und Wirkung technischen Wissens in der Antike (ca. 400 v. Chr.–ca. 500 n.Chr.), Berlin.
Meyer, Klaus (1975): Xenophons „Oikonomikos". Übersetzung und Kommentar, Diss. Marburg.
Murnaghan, Sheila (1988): How a Woman Can Be More Like a Man. The Dialogue between Ischomachus and His Wife in Xenophon's *Oeconomicus*, Helios 15, 9–22.
Nails, Debra (2002): The People of Plato. A Prosopography of Plato and Other Socratics, Indianapolis.
Nickel, Rainer (2016): Xenophon. Leben und Werk, Marburg.
Oost, Stewart I. (1977/78): Xenophon's Attitude towards Women, CW 71, 225–236.
Parry, Richard (2014): *Episteme* and *Techne*, in: Edward N. Zalta (Hg.): The Stanford Encyclopedia of Philosophy, https://plato.stanford.edu/archives/fall2014/entries/episteme-techne/ (letzter Zugriff 25.5.2020).
Pelling, Christopher (2000): Literary Texts and the Greek Historian, London/New York.
Pomeroy, Sarah B. (1994): Xenophon: Oeconomicus. A Social and Historical Commentary, Oxford.
Reitz, Christiane (2003): Dichtung und Wissenschaft, in: Horster/Reitz, 61–71.
Scaife, Ross (1995): Ritual and Persuasion in the House of Ischomachus, CJ 90, 225–232.
Scheer, Tanja (2011): Griechische Geschlechtergeschichte, München.
Scheidel, Walter (1995): The Most Silent Women of Greece and Rome. Rural Labour and Women's Life in the Ancient World (I), G&R 42, 202–217.

Schneider, Helmuth (1992): Einführung in die antike Technikgeschichte, Darmstadt.
Schubert, Charlotte/Ulrich Huttner (1999): Frauenmedizin in der Antike, Darmstadt.
Strauss, Leo (1970): Xenophon's Socratic Discourse. An Interpretation of the *Oeconomicus* with a New Literal Translation of the *Oeconomicus* by Carnes Lord, Ithaca, NY.
Tuplin, Christopher (2016): Xenophon and Athens, in: Flower, 338–359.
Wagner-Hasel, Beate (1989): Frauenleben in orientalischer Abgeschlossenheit? Zur Geschichte und Nutzanwendung eines Topos, AU 32, 18–29.
Wagner-Hasel, Beate (2006): Arbeit und Kommunikation, in: Späth, Thomas/Beate Wagner-Hasel (Hg.): Frauenwelten in der Antike. Geschlechterordnung und weibliche Lebenspraxis, 2. Auflage, Stuttgart, 311–335.

6. Antike Bilderwelt

Alexandridou, Alexandra (2014): De l'eau pour les défunts. Les hydries à décor peint en contexte funéraire attique de l'âge du fer à l'époque archaïque, Pallas 94, 17–38.
Bachmann-Medick, Doris (2006): Cultural Turns. Neuorientierungen in den Kulturwissenschaften, Reinbek bei Hamburg.
Blok, Josine H. (2004): Recht und Ritus der Polis. Zu Bürgerstatus und Geschlechterverhältnis im Klassischen Athen, HZ 278, 1–26.
Boardman, John (1973): Treading on Classical Ground, Encounter 40, 67–69.
Brinkmann, Vinzenz/Andreas Scholl (Hg.) (2010): Bunte Götter. Die Farbigkeit antiker Skulptur. Eine Ausstellung der Antikensammlung, Staatliche Museen zu Berlin, München.
Brocks, Christine (2012): Bildquellen der Neuzeit (Historische Quellen Interpretieren), Paderborn.
Bundrick, Sheramy D. (2019): Athens, Etruria, and the Many Lives of Greek Figured Pottery, Madison, WI.
Burow, Johannes (1990): Der Antimenesmaler, Mainz.
Camp, John McK. (1994): Before Democracy: Alkmaionidai and Peisistratidai, in: William D.E. Coulson/Olga Palagia/Theodore L. Shear, Jr. u.a. (Hg.): The Archaeology of Athens and Attica under the Democracy, Oxford, 7–12.
Dunkley, B. (1935/36): Greek Fountain-Buildings before 300 B.C., ABSA 36, 142–204.
Heinemann, Alexander (2016): Der Gott des Gelages. Dionysos, Satyrn und Mänaden auf attischem Trinkgeschirr des 5. Jahrhunderts v.Chr., Berlin.
Himmelmann, Nikolaus (2004): Archaische Brunnenhausbilder, in: Taner Korkut (Hg.): Fahri Işik zum 60. Geburtstag, Istanbul, 351–358.
Hölscher, Tonio (2009): Bildwerke: Darstellungen, Funktionen, Botschaften, in: Borbein, Adolf H./Tonio Hölscher/Paul Zanker (Hg.): Klassische Archäologie. Eine Einführung, 2. Auflage, Berlin, 147–165.

James, Sharon L./Sheila Dillon (Hg.) (2012): A Companion to Women in the Ancient World, Malden, MA.
Kreuzer, Bettina (2017): Attisch schwarzfigurige Hydrien (CVA München 19, München).
Lang, Franziska (2002): Klassische Archäologie. Eine Einführung in Methode, Theorie und Praxis, Tübingen.
Levi, Doro (1961/62): Enneakrounos, ASAA 39/40, 149–71.
Lewis, Sian (2002): The Athenian Woman. An Iconographic Handbook, London.
Lissarrague, François (1993): Frauenbilder, in: Pauline Schmitt Pantel (Hg.): Geschichte der Frauen: Antike, Frankfurt a.M., 177–254.
Lorenz, Katharina (2016): Ancient Mythological Images and Their Interpretation. An Introduction to Iconology, Semiotics, and Image Studies in Classical Art History, Cambridge.
Manakidou, Eleni (1992/93): Athenerinnen in schwarzfigurigen Brunnenhausszenen, Hephaistos 11/12, 51–91.
Marconi, Clemente (2015): Introduction. Advocating a Hermeneutic Approach, in: ders. (Hg.): The Oxford Handbook of Greek and Roman Art and Architecture, Oxford, 1–17.
Neils, Jennifer (2011): Women in the Ancient World, London.
Paga, Jessica (2015): The Southeast Fountain House in the Athenian Agora. A Reappraisal of Its Date and Historical Context, Hesperia 84, 355–387.
Paul, Gerhard (2014): Visual History, Version: 3.0, in: Docupedia-Zeitgeschichte, 13.03.2014, http://docupedia.de/zg/paul_visual_history_v3_de_2014, DOI: http://dx.doi.org/10.14765/zzf.dok.2.558.v3 (letzter Zugriff 20.6.2020).
Pfisterer-Haas, Susanne (2002): Mädchen und Frauen am Wasser. Brunnenhaus und Louterion als Orte der Frauengemeinschaft und der möglichen Begegnung mit einem Mann, JDAI 117, 1–79.
Robert, Carl (1919): Archäologische Hermeneutik. Anleitung zur Deutung klassischer Bildwerke, Berlin.
Scheibler, Ingeborg (1998): Gefäße, Gefäßformen/-typen, in: DNP 4, 853–861.
Schmidt, Stefan (2005): Rhetorische Bilder auf attischen Vasen. Visuelle Kommunikation im 5. Jahrhundert v.Chr., Berlin.
Schollmeyer, Patrick (2012): Einführung in die antike Ikonographie, Darmstadt.
Shapiro, Alan (2003): Brief Encounters: Women and Men at the Fountain House, in: Bernhard Schmaltz/Magdalene Söldner (Hg.): Griechische Keramik im kulturellen Kontext, Akten des internationalen Vasen-Symposions Kiel 2001, Münster, 96–98.
Simon, Erika (1983): Festivals of Attica. An Archaeological Commentary, Madison, WI.
Stähli, Adrian (2005): Die Konstruktion sozialer Räume von Frauen und Männern in Bildern, in: Henriette Harich-Schwarzbauer/Thomas Späth (Hg.): Gender Studies in den Altertumswissenschaften. Räume und Geschlechter in der Antike, Trier, 83–99.

Stähli, Adrian (2009): Nackte Frauen, in: Stefan Schmidt/John H. Oakley (Hg.): Hermeneutik der Bilder. Beiträge zur Ikonographie und Interpretation griechischer Vasenmalerei, München, 43–51.

Stehle, Eva (2012): Women and Religion in Greece, in: James/Dillon, 191–203.

Tölle-Kastenbein, Renate (1986): Kallirhoe und Enneakrounos, JDAI 101, 66–73.

Tölle-Kastenbein, Renate (1994): Das archaische Wasserleitungsnetz für Athen, Mainz.

Trinkl, Elisabeth (2009): Sacrificial and Profane Use of Greek Hydriai, in: Athena Tsingarida (Hg.): Shapes and Uses of Greek Vases (7th–4th Centuries B.C.), Proceedings of a Symposion Held at the Université Libre de Bruxelles, Brüssel, 153–171.

Trümper, Monika (2012): Gender and Space, „Public" and „Private", in: James/Dillon, 288–303.

Vernant, Jean-Pierre (1985): Vorwort, in: Claude Bérard/Jean-Pierre Vernant (Hg.): Die Bilderwelt der Griechen. Schlüssel zu einer "fremden„ Kultur, Mainz, 7–9.

Wagner-Hasel, Beate (1989): Frauenleben in orientalischer Abgeschlossenheit? Zur Geschichte und Nutzanwendung eines Topos, AU 32, 18–29.

Wagner-Hasel, Beate/Marie-Louise B. Nosch (Hg.) (2019): Gaben, Waren und Tribute. Stoffkreisläufe und antike Textilökonomie, Stuttgart.

Glossar

Bedeutung	Sie bildet das eigentliche Objekt historischer Forschung, wie dies nach endgültiger Überwindung des Positivismus insbesondere dank des → *linguistic turn* und der neuen → Kulturgeschichte erkannt wurde. Gemeint ist nicht die Wortbedeutung der Philologie, sondern die Sinndimensionen menschlicher Handlungen. Die einst im Zentrum geschichtswissenschaftlicher Forschung stehende Frage nach den historischen Tatsachen wird durch die Modellierung besagter Sinndimensionen abgelöst. Nach Bedeutungen kann aus → emischer oder etischer Perspektive gefragt werden, wobei die Historikerin sowohl durch ihre etische Sicht als auch durch die Bestimmung der → Kontexte ihr Untersuchungsobjekt selbst herausarbeitet.
Diskurs	Ensemble von Regeln, die darüber bestimmen, was in einer gegebenen historischen Situation – dem Szenario des Handelns – nicht nur sagbar, sondern auch erkennbar und denkbar ist. Durch die Erweiterung des Begriffs auf soziale Praktiken werden sie zu Bedingungen menschlichen Handelns. Sie unterliegen insbesondere den jeweiligen Machtverhältnissen. Diskurse haben keine Wirklichkeit außerhalb sozialer Praktiken (Späth 2007, 387). Sie lassen sich in → Texten, → Kontexten sowie deren Interaktion aufspüren.
emisch, etisch	„Emisch" bezeichnet in der anthropologischen Forschung die Eigenperspektive einer Kultur, „etisch" die Beobachtersicht. Dass zwischen beiden Perspektiven keine Symmetrie besteht, wird in der Geschichtswissenschaft besonders deutlich. Die Historikerin schafft erst durch ihre Fragestellungen das Untersuchungsobjekt und kann somit ihrer etischen Sicht nicht entkommen. Die emische Sicht kann als Korrektiv der etischen Perspektive dienen und die Selbstwahrnehmung der handelnden Personen und ihrer zeitgenössischen Umwelt deuten helfen.
familia	In Rom alle Personen, die unter der Gewalt des → *pater familias* stehen nebst dem dazu gehörenden Besitz (Land, Gebäude, Hausrat, Geld, Sklaven).

Gattung	Einheitliches Ganzes, das Einteilungen in Arten zulässt. Dadurch werden Klassifikationen möglich, die allerdings selten trennscharf sind. Hier werden Materialitätsgattungen nach Überlieferungsträger und Literaturgattungen nach inhaltlichen Kriterien unterschieden.
gens, Pl. *gentes*	Bezeichnung für den römischen Familienverband, der im Glauben an einen gemeinsamen männlichen Ahnen dessen Namen, den → Gentilnamen, trug.
Gentilname	Mittlerer Bestandteil des römischen Männernamens, der aus Vornamen, Gentilnamen und Beinamen gebildet wird, z.B. Gaius Iulius Caesar.
Grundwissenschaften	Früher „Hilfswissenschaften" genannt; da sie über eigene Forschungsgegenstände und Methoden verfügen, bilden sie gesonderte Fächer. Für die Alte Geschichte relevant sind: Epigraphik (Inschriftenkunde), Numismatik (Münzkunde), Papyrologie, Onomastik (Namenskunde), Prosopographie (jetzt Historische Netzwerkforschung), Historische Geographie. Unentbehrliche Nachbarfächer sind Klassische Philologie und Klassische, Provinzialrömische, Christliche und Byzantinische Archäologien.
Kontext	Hier nicht im engen literaturwissenschaftlichen Sinn verstanden, sondern als sprachliche wie nicht-sprachliche Umgebung eines → Textes, in der er nicht nur → Bedeutung gewinnt, sondern auf die er auch einwirkt. Kontexte bilden die ideelle und materielle Umwelt, in der Quellen als Medien zur Erschliessung antiker → Diskurse dienen können.
Kulturgeschichte	Gemeint ist die seit den 1990er Jahren entwickelte Neue Kulturgeschichte, welche die aus ihrer Sicht beschränkte Sichtweise der Sozialgeschichte überwinden wollte. Im Fokus stehen u.a. die Handlungsoptionen von Individuen, die kulturelle Konstruktion von Gender, die Selbstwahrnehmung sozialer Gruppen, die Diskursivität sozialer Praktiken. Besonderes Interesse gilt den Wahrnehmungen und der Zuschreibung von → Bedeutung durch die historischen Akteure selbst.
Literatur	Literatur, im Gegensatz zu → Quellen, sind hier alle seit Beginn der modernen Geschichtswissenschaft entstandenen Werke und Abhandlungen, die sich kritisch mit den antiken Quellen auseinandersetzen und auf ihrer Basis die Alte Geschichte erforschen (Meister 1997, 16).

linguistic turn	„Sprachkritische Wende". Am Beginn des 20. Jh. steht die philosophische Erkenntnis, dass die Untersuchung der Darstellungsfunktion der Sprache alle erkenntnistheoretische Forschung ersetzen muss. Spätestens gegen Ende des 20. Jh. erreichte das sprachkritische Bewusstsein die Geschichtswissenschaft. Ist alle historische Wirklichkeit entweder sprachvermittelt oder in Worte zu fassen, lässt sich die Tatsachengläubigkeit endgültig überwinden. Der Blick wird frei für die → Bedeutung und die Sinndimensionen menschlicher Handlungen.
Materialität	Die Untersuchung von → Diskursen in den Kulturwissenschaften lenkt den Blick auf die materielle Beschaffenheit der Medien, durch welche die Diskurse übermittelt werden. Die materielle Ausgestaltung des Mediums zählt zu den bestimmenden Faktoren der Wahrnehmung der Empfänger.
Metapher	Eine der wichtigsten rhetorischen Figuren. Zwei Wortbedeutungen werden über ein implizites *tertium comparationis* verbunden, derart, dass eine neue unmittelbar einleuchtende Bedeutung entsteht („Mauer des Schweigens", „Wink mit dem Zaunpfahl"). Engverwandt und dennoch grundverschieden ist die Figur der Metonymie. Eine neue Sprachbedeutung wird metonymisch erzeugt, indem ein bestehender faktischer Zusammenhang, der sich auf bloße raum-zeitliche Kontiguität reduzieren kann, zum Anlass für eine (oft Kompliziertes abkürzende) Ausdrucksweise genommen wird („Ich lese Goethe", „Berlin widerspricht Washington").
oikos	Der griechische Haushalt, der alle in ihm lebenden Menschen wie die Kernfamilie, abhängige Freie und Unfreie sowie Tiere und sämtliche mobilen und immobilen Besitztümer umfasst. Er stellt die grundlegende sozioökonomische Produktions-, Reproduktions- und Verbrauchseinheit dar.
pater familias	Hausvater; das älteste noch lebende männliche Mitglied einer agnatischen Abstammungsgruppe, das heißt von ihm abstammende Söhne und unverheiratete Töchter. Verheiratete Töchter gehörten dazu, wenn sie nicht durch eine Art der möglichen Eheformen in die Gewalt ihres Ehemannes übergegangen waren.

Patrizier	Ein Angehöriger oder die Gruppe der ältesten Familien Roms. In historischer Zeit bilden sie eine besondere Gruppe innerhalb der Elite, die sich auf Vorfahren berufen konnte und die höchsten Priesterämter besetzte.
Plebejer	Ein Angehöriger oder die Gruppe der Familien, die zur → *plebs* gehörten. Sie erlangten nach und nach mehr politische Rechte. Die reichen Plebejer verschmolzen im 4. Jh. v. Chr. mit den → Patriziern zu einer gesellschaftlichen Elite, der Nobilität.
plebs	Die *plebs* – das Volk
Polis	Meist übersetzt mit Stadtstaat, „ist eine in sich geschlossene, souveräne und autonome soziopolitische Einheit mit einem Volk oder einer nach außen abgeschlossenen Bürgerschaft, mit eigenen Institutionen und Regierungsorganen, einem Mindestmaß fundamentaler Normen und formaler Regeln ihrer Durchsetzung und einer eigenen politisch-ideologischen und religiösen Identität" (Hölkeskamp/Stein-Hölkeskamp in: Gehrke/Schneider 2019, 64).
Quelle	Quellen sind alle ursprünglichen Texte, Gegenstände oder Sachverhalte, die die Historikerinnen zu solchen erklären. Für die Alte Geschichte stammen alle Quellen aus der Antike, im Unterschied zur → Literatur.
res publica	Wörtlich: die öffentliche Sache, daraus: das römische Gemeinwesen.
Text	Jede mündlich produzierte oder schriftlich fixierte Äußerung, die in sich zusammenhängt und mit einem deutbaren Inhalt versehen ist. Der erweiterte Textbegriff schließt auch jede Form kommunikativen Handelns, sei es als Bildsequenz oder ritualisiertes Verhalten, mit ein.
traditionell	Der gängigen Praxis entsprechend; dagegen ist „klassisch" auf die Klassik als Epoche bezogen. Von lateinisch *classicus* („zum ersten Rang gehörig") abgeleitet.